医疗机构
合规基本原理和实务

韩根东 施祖东 ◎ 主编

机械工业出版社

本书从企业合规的基本理论引入开始，全面介绍当下在企业领域方兴未艾的合规管理的基本原理和主要做法，在此基础上对医疗机构引入合规管理的基本理论、基本要求和实施路径进行全面探讨和理论构建。同时，结合目前医疗机构管理中备受关注的合规事项（反商业贿赂、信息安全、医保物价等），提供了明确细致的专项合规计划，既是对本书中基本理论的应用检验，也是对医疗机构合规实践的演示和指导。本书适合医疗机构管理人员、合规实务人员等阅读。

图书在版编目（CIP）数据

医疗机构合规基本原理和实务 / 韩根东，施祖东主编. -- 北京：机械工业出版社，2024.9. -- ISBN 978-7-111-76511-0

I. D922.164

中国国家版本馆CIP数据核字第2024JT8605号

机械工业出版社（北京市百万庄大街22号　邮政编码100037）
策划编辑：王　涛　　　　　责任编辑：王　涛
责任校对：曹若菲　张昕妍　　责任印制：李　昂
河北宝昌佳彩印刷有限公司印刷
2024年9月第1版第1次印刷
169mm×239mm・17.5印张・216千字
标准书号：ISBN 978-7-111-76511-0
定价：68.00元

电话服务　　　　　　　　　　网络服务
客服电话：010-88361066　　　机　工　官　网：www.cmpbook.com
　　　　　010-88379833　　　机　工　官　博：weibo.com/cmp1952
　　　　　010-68326294　　　金　书　网：www.golden-book.com
封底无防伪标均为盗版　机工教育服务网：www.cmpedu.com

本书编写人员

主　编

韩根东　《中国医院人才管理与学科治理》课题组

施祖东　北京大学口腔医院

参　编（按姓氏笔画排序）

刘　扬　国家卫生健康委员会

汤敏志　德恒律师事务所

张能鲲　国合华夏健康医养研究所

娄　丹　北京大学国际医院

褚福民　中国政法大学

序 言

　　企业合规是一种以有效管控合规风险为目标的管理体系。从推进方式上看，企业合规有企业自发性的构建方式与外部推动的搭建方式之分。前者又称为"自主性合规"，是企业为应对外部监管要求或者为增强商业竞争实力而采取的主动性合规体系搭建活动。后者则属于企业在行政机关、司法部门或国际组织外部压力或推动下，为避免遭受重大损失而采取的应对性合规体系建设活动。

　　自20世纪末以来，我国行政监管部门逐渐接受了"预防性监管"和"协商性监管"的理念，通过合规指导、合规强制和合规激励等多种手段推动企业建立合规管理体系，并针对企业合规管理体系的有效性确立了验收评估标准。2020年以来，我国最高人民检察院启动并推进了涉案企业合规改革，对那些涉嫌犯罪的涉案企业，通过设立合规考察期，指派合规监管人团队进行合规考察，对企业合规整改情况进行考察验收，对考察合格的企业给予从宽处理，初步建立了合规监督考察机制。未来，随着我国法律制度的逐步完善，这一带有刑事合规激励性质的合规监督考察制度有望被吸纳进刑事法律之中。与此同时，随着诸多参与国际金融机构招投标项目的中国企业，在出现各种违法违规行为之后，接受世界银行等国际金融机构的监督指导，开展合规整改，搭建诚信合规管理体系，诚信合规的理念和制度逐渐被越来越多的中国企业接受。可以说，在企业开展自主性合规体系建设的同时，那种由行政机关、司法部门或国际金融机构推动的合规体系建设活动，已经成为我国企业建立有效合规管理体系的强大动力。

推动企业建立有效的合规管理体系，需要针对那些存在重大合规风险的领域，督促企业建立专项合规计划。迄今为止，我国行政监管部门已经在反垄断、证券管理、网络数据管理、反洗钱、出口管制等领域发布了合规管理指引，并尝试引入行政合规激励机制。但是，在医药医疗管理领域，这种以风险为导向的合规监管机制还处于初步探索阶段，尚未形成较为成熟的制度体系。而从医药医疗管理的实践来看，相关企业普遍存在商业贿赂、产品质量、环境资源保护、医药医疗安全等方面的合规风险，亟待建立有针对性的合规管理体系。

2023年7月21日，国家卫生健康委员会（以下简称"国家卫健委"）会同教育部、公安部等部门，开始开展为期一年的全国医药领域腐败问题集中整治工作。2023年7月28日，中央纪委国家监委召开动员会，部署纪检监察机关配合开展全国医药领域腐败问题集中治理工作。2023年8月15日，国家卫健委部署了全国医药领域腐败问题集中整治工作，明确提出集中整治六大方面问题。由此，医药领域拉开了腐败问题集中治理的大幕，一批医疗机构的负责人接受调查，医疗机构如何有效整治问题成为热门话题。其中，医疗机构合规成为一个有待深入探讨的重大理论和实践问题。

由韩根东、施祖东两位专家领衔的研究项目组，经过数年的研究、总结和写作，完成了这本题为《医疗机构合规基本原理和实务》的书稿。韩根东教授作为我国医院管理的资深专家，在如何把合规管理体系融入现代医院管理系统方面提出了很多精深可行的见解；施祖东研究员是北京大学口腔医院医务处处长，也是毕业于北京大学法学院的医事法学专家，在医疗医药合规管理领域做出了卓有成效的研究和探索，有诸多有分量的学术成果发表和出版。参与本书研究和写作的还有国家卫健委的法治专家、在相关医疗机构从事相关研究和管理的专家，以及在业界专门从事企业合规法律理论和实务的法学教授、资深律师。应当说，这是一个既具有较高理论造诣又具有丰富管理经验的研究团队，他们经过辛勤的研究和写作，提供了一部具有开拓性和创新性的研究成果。该书的出版，将填补我国医药医疗合规研究领域的空白，具有重要的学术价值和实践应用价值。

《医疗机构合规基本原理和实务》一书，对医疗机构合规管理的基本理论和实践问题做出了系统性的讨论和分析。作为研究医疗机构合规问题的重要著作，本书具有以下三个方面的特点：

第一，对于医疗机构的合规管理问题具有深刻的理解和精准的把握。本书作者不但认识到合规管理的重要性，而且非常了解医疗机构运行管理中的合规风险，对医疗机构的合规风险管控问题进行了深刻的思考。通过总结医疗机构合规管理的经验，将其上升到理论的高度，提出了诸多创新性的观点。

第二，提出了符合医药医疗管理规律的合规管理方案。本书系统梳理了医疗机构可能面临的具体合规风险，包括商业贿赂合规风险、信息系统安全风险、患者隐私合规风险、医疗收费和医保合规风险等，充分发挥了作者对于医疗机构运行情况精准了解的优势，明确提出了医疗机构经营管理中的制度漏洞、管理缺陷。在此基础上，本书还十分有针对性地提出构建反商业贿赂、信息系统安全和患者隐私、医疗收费和医保补偿等专项合规计划。

第三，本书提出了加强医疗机构合规管理体系建设的基本思路。针对医药行业经营管理问题频发、腐败问题严重的现状，有关部门仍在坚持传统的管制型监管、惩罚性监管的治理思路，尚未接受那种以源头治理、有效预防为核心的新型监管理念。本书作者接受了后一理念，将合规监管作为医药医疗管理的替代方式，全面探讨了一种治理医疗腐败问题的新思路。本书作者认为，对于出现问题的医疗机构，在严厉查处违法犯罪行为人的同时，应当有针对性地调查导致违法犯罪行为发生的深层次原因，诊断出医疗机构在经营管理方面的漏洞和缺陷，并在此基础上建立专项合规计划。这样，可以发现医疗机构在经营管理方面的制度漏洞、管理缺陷和内生性结构问题，通过合规整改或者合规管理体系的建立予以彻底解决，从源头上防止腐败等违法犯罪行为，实现从"治罪"到"治理"的转型。本书的结论是，加强合规管理体系建设是医疗机构防范合规风险的根本性举措，有利于解决医疗机构经营管理中的根本性问题，最终推动国家和社会的稳定发展。

本书既是一部医疗合规研究的重要参考书，也是一部医疗领域合规管理的教科书。本书的出版，对于医疗机构合规的研究将起到推动作用，对于医疗机构合规领域的立法发展将具有参考价值，对于医疗管理的转型将具有较大启发价值。期待本书作者在未来的管理和研究工作中，对医疗机构合规管理问题做出进一步的思考，做出更为深入系统的理论总结，奉献更具有原创性和开拓性的学术成果。

是为序。

北京大学法学院 教授　陈瑞华
2024 年 6 月 30 日

前 言

自2018年"中国企业合规体系建设元年"以来，合规作为一种全新的基础管理体系和国有企业全面依法治企的重要内容，理论研究和实践探索一直"很热"。但同一时期的公立医疗机构，在不断探索构建现代医院管理制度试点的过程中，在强调党委领导下的院长负责制的体制机制建设中，如何把合规作为构建和强化医院法治化建设路径的呼声尚未形成业内共鸣。

在不断推进公立医院高质量发展的道路上，在不断强调纠正行业不正之风、持续加强反腐专项整治的背景下，中国医院管理的实践者和理论研究者以医疗机构法治建设推进医院治理体系和治理能力现代化，以合规管理赋能医院新价值，构建医院新文化，重塑行业新生态，开启治理新模式，以法治护航公立医院高质量发展的行动已在路上。

组织作为一种汇集众人智慧、凝集众人力量，为实现特定目标而集中起来的社会结构，在其存续期间，风险无时无刻不在。在诸多风险之中，合规风险的影响甚大，具有基础性和全面性的风险特性。合规管理作为针对合规风险而开展的一种专门性管理活动，在保障组织按照特定目标持续前行的过程中具有特有的价值并发挥了独特的作用。显然，医疗机构作为组织的一种类型，尽管与企业存在一定的差异性，但是合规管理的价值和作用对于医疗机构而言同样重要。

现代医院管理制度是中国特色基本医疗卫生制度的重要组成部分，坚持以人民健康为中心，坚持公立医院的公益性，坚持政事分开、管办分开，坚持把社会效益放在首位，最终实现医院治理体系和治理能力现代化。

全书设计和安排如下：

第一篇简明扼要地介绍了企业合规的缘起、基本概念、历史变迁及对于企业健康可持续发展的重要意义，在此基础上初步讨论了医疗机构是否及如何引入合规的问题。

第二篇重点介绍了组织合规的基本原理，从厘清全面合规和专项合规这两种主要合规建设模式的联系和区别出发，从理论和系统的角度介绍了不同合规模式的作用和价值，进而结合医疗机构自身的特点，对医疗机构引入并实践有效的合规之路进行了探索。

第三篇着眼于医疗机构合规理论构建和实践运用，参考企业合规的发展之路，说明了合规是医疗机构法治建设的必然选择，是现代医院管理制度的有机组成部分，是保障公立医院高质量发展的有效工具。医疗机构需要在学习借鉴企业合规基本原理的基础上构建具有行业特色的合规体系。

第四篇针对当下医疗机构运行管理中普遍面临且极为关切的重大专项合规风险，如反商业贿赂、医保物价、患者隐私保护等，在学习借鉴企业专项合规管理经验的基础上，提出相应的管理因应之策和实务指南。

医院法治建设作为规则之治和众人之治，是医院治理和内部管理达到一定阶段之后的必由之路。医院法治建设作为现代医院管理体系的重要组成部分，为实现公立医院的公益属性和以人民健康为中心的责任使命提供有效的制度保障，为公立医院的高质量和可持续发展保驾护航。

作为一本系统完整地介绍企业合规基本原理，并结合医疗机构的特点和管理现状全面阐释医疗机构合规理论体系和专项合规实务指导的著作,本书特别适合涉及医院管理的卫生行政部门工作人员、各级各类医院的领导者和管理者、从事医院管理和法律实务的研究者、学习者、律师,以及与医院存在相关业务往来的上下游企事业单位的工作人员阅读。同时,医疗机构把合规管理纳入现代医院管理体系,把法治化建设纳入医院高质量发展战略规划,通过合规管理的系统整合,以期实现公立医院的法治化建设之路,本书必能帮你解答相关的理论之思和实践之惑!

本书的编著和出版得到了机械工业出版社的大力支持,在此表示衷心的感谢。

目　录

序言
前言

第一篇　组织合规管理概念导入

第一章　企业合规的基本概念……………………………………2
　　第一节　企业合规，从法人制度说起………………………4
　　第二节　企业合规的基本概念解读…………………………7
　　第三节　合规管理体系与组织其他管理体系………………15
第二章　企业合规管理模式的历史变迁…………………………20
　　第一节　国外企业合规发展历史……………………………20
　　第二节　我国企业合规发展历史……………………………26
　　第三节　合规管理模式变迁的理论借鉴……………………32
　　第四节　企业合规管理的价值诉求…………………………35
第三章　医疗机构合规管理的必要性和引入路径………………40
　　第一节　合规风险存在于所有类型的法人组织……………40
　　第二节　医疗机构实施合规管理的引入路径………………41

第二篇　组织合规管理体系架构

第四章　组织全面合规管理体系构建……………………………46
　　第一节　组织全面合规管理体系特征和要素………………47

第二节　企业全面合规管理组织体系……52
　　第三节　组织全面合规管理制度体系……59
　　第四节　组织合规管理体系的运行机制……62
　　第五节　组织合规文化……72

第五章　全面合规管理体系构建和有效性评价……75
　　第一节　建立企业全面合规管理体系的过程……76
　　第二节　全面合规管理体系的有效性评价……82
　　第三节　全面合规管理激励机制……88

第六章　企业专项合规计划打造……93
　　第一节　专项合规计划的引入优势……94
　　第二节　专项合规计划打造……96

第三篇　医疗机构全面合规建设

第七章　以合规管理推进医院法治建设……100
　　第一节　公立医院现有监管体系存在的问题分析……101
　　第二节　合规管理对于加强医院内部监管的借鉴
　　　　　　意义……103
　　第三节　以合规管理推进医疗机构法治建设之路……106

第八章　医疗机构合规管理体系构建……112
　　第一节　医疗机构合规管理基本原则……113
　　第二节　医疗机构全面合规管理体系……117
　　第三节　医疗机构全面合规管理未来展望……136

第九章　医疗机构专项合规计划打造……141
　　第一节　医疗机构典型的专项合规风险……141
　　第二节　医疗机构专项合规计划的特点……146
　　第三节　医疗机构专项合规计划与现有管理架构的
　　　　　　融合……150

第四篇　医疗机构专项合规实务

第十章　医疗机构反商业贿赂专项合规 …………………154
- 第一节　医疗机构商业贿赂规范依据…………………154
- 第二节　医疗机构相关商业贿赂表现形式……………159
- 第三节　医疗机构反商业贿赂监管体系………………162
- 第四节　医疗机构反商业贿赂专项合规的意义和基本原则………………172
- 第五节　医疗机构反商业贿赂专项合规计划打造………176

第十一章　医疗机构信息安全专项合规 …………………182
- 第一节　医疗机构信息安全合规定义…………………182
- 第二节　保护患者隐私和数据安全的重要性…………186
- 第三节　医疗机构信息安全合规现行制度体系………187
- 第四节　医疗机构信息安全合规主要义务和风险……190
- 第五节　医疗机构信息安全合规的建立与实施途径…193
- 第六节　医疗机构信息安全合规实践指引……………197
- 第七节　医疗机构信息安全合规未来展望……………200

第十二章　医疗机构医保物价专项合规 …………………206
- 第一节　医疗机构医保物价合规定义…………………206
- 第二节　医疗机构医保物价合规意义…………………210
- 第三节　医疗机构医保物价合规现行制度体系………213
- 第四节　医疗机构医保物价合规表现形式……………219
- 第五节　医疗机构医保物价合规途径…………………227
- 第六节　医疗机构医保物价合规实践指引……………231

第十三章　医疗机构财务内审专项合规 …………………235
- 第一节　医疗机构财务内审合规定义…………………235
- 第二节　医疗机构财务内审合规的意义………………238

第三节　医疗机构财务内审合规现行制度体系………242
第四节　医疗机构财务内审合规的表现形式…………244
第五节　医疗机构财务内审合规的途径………………249
第六节　医疗机构财务内审合规的实践指引…………253

参考文献…………………………………………………260

第一篇
组织合规管理概念导入

从管理体系而言，合规本质上是一套管理系统，是把合规风险作为管理对象，通过特定的管理资源和技术手段加以精准管控，从而避免违规风险的发生或者有效应对已发生的违规后果。

组织作为超越自然人而存在的社会结构，当其成立之后"新的生命"就开始了，就具备了自身的意志和使命，具有了维持自身健康、可持续甚至高质量发展的需求。对组织而言，合规就是这样的一套治理体制和管理机制，通过识别合规义务管控合规风险，并规范组织内部的运行，达到切割自然人的违规给组织带来的风险与责任的效果，从而实现自身的"基业长青"。对于承载保障健康使命的医疗机构而言，合规不仅仅是管理需求，更是践行时代使命、实现高质量发展的迫切需求。

第一章 企业合规的基本概念

合规管理最初属于企业㊀内部为督促员工遵从商业道德以预防商业贿赂和腐败而确立的内部治理方式,后来部分国家政府要求企业建立合规管理机制,对管理者和员工开展合规培训和整改教育,从而达到监督企业依法依规经营的目的㊁。经过几十年的发展,合规已经成为全球范围内企业的重要治理方式,尤其是美国的《反海外腐败法》曾有力地推动了合规在全球的快速推广和发展。

近年来,随着我国经济社会的快速发展、国家治理体系和治理能力现代化的推进,以及全面依法治国战略、"走出去"战略、"一带一路"倡议的实施,在企业中倡导建立国际通行的治理理念和管理要求已经成为必然选择。2018 年 11 月 2 日,国务院国资委发布《中央企业合规管理指引(试行)》,确立了中央企业合规管理的基本原则、组织架构和管理机制,在国有企业层面上逐步推进并建立了一整套合规体系,企业的合规管理、业务管理和财务管理逐渐成为当代公司法人治理的三大组成部分㊂。因此,理论界通

㊀ 特别说明:"企业"是组织的一种形式,本书将"企业合规"和"组织合规"视为同义概念,在表述中相互等同。
㊁ 王益谊,杜晓燕,吴学静,等.《合规管理体系 要求及使用指南》标准解读与应用[M].北京:企业管理出版社,2022:10.
㊂ 陈瑞华.企业合规制度的三个维度——比较法视野下的分析[J].比较法研究,2019(3):61-77.

常把2018年称为"中国企业合规元年"。此后，国内企业合规在较短时间内经历了快速迅猛的发展。特别是2022年《中央企业合规管理办法》的施行和《合规管理体系 要求及使用指南》（GB/T 35770—2022/ISO 37301：2021）国家标准的发布实施，以及合规不起诉改革试点推向全国，引领着企业合规管理进入全新的发展阶段。司法机关、监管部门、教育机构、商协会组织、第三方专业机构、人力资源部门等纷纷围绕企业合规发挥各自职能作用，我国企业合规生态逐渐成形。目前，不管是国有企业、外资企业，还是民营企业，都积极关注并迅速建立了企业内部的合规体系。国资企业管理部门全力推进国有企业建立合规体系自不必说，一些监管部门也积极推进在民营企业引入合规监管机制，吸引和鼓励越来越多的企业建立合规体系，"合规是'高质量发展'语境下企业的标配，是现代企业进入高端商业朋友圈的名片。没有合规就没有合作，已成为全球一流企业的共识"⊖。自2020年以来，检察机关持续开展的企业合规监督考察制度改革试点更是有效推动了这一治理理念和方法的快速推广。

一时间，对于企业合规的研究和实践，广泛引起法学理论界、律师界乃至企业界的高度关注。然而，与企业相比，以提供医疗服务为主体的医疗机构，尤其是公立医疗机构，虽然传统上很少被视为独立自主的经营主体，其面临的经营风险虽然似乎远不及企业所面临的那样复杂、严重，但与企业一样，也受涉及商业贿赂、隐私泄露、医保违规等合规风险的影响，存在各种各样可能面临严格监管的合规风险，甚至在政府部门开展的各级各类专项整治过程中成为合规的高风险行业领域。然而截至目前，无论是理论研究，还是实务探索，整个医疗管理业界对于肇始于企业合规管理的理念和方法，要么鲜有系统完整的理论探索，要么仅仅

⊖ 汤敏志，晏高兴，陆柏谕.合规管理的价值——从"两道防火墙"说起［EB/OL］.（2024-06-14）［2024-06-17］.https://mp.weixin.qq.com/s/4orTOeHbyrZwOFufcpcMfA.

从字面上理解合规的含义，不仅严重影响甚至阻碍了在医疗机构管理中引入借鉴企业合规的有效经验，还会造成诸多误解甚至谬误，不仅无益甚至有害。医疗机构作为组织的一种形式，在其逐步构建现代化医院管理制度的升级转型过程中，充分理解组织合规的概念，引入合规管理作为医院法治建设的抓手和路径，势在必行。

第一节　企业合规，从法人制度说起

法律拟制人，简称"法人"，是现代法律体系中一个非常重要的概念。当把一定的财产和人组合在一起，以一个共同的名义对外行使权利、承担义务之时，这个"法人"就具备了"人"才具备的特性，具备了民法上与其他主体进行交易，并承担各种不利行为后果的基本假设。需要强调的是，法人一旦成立，就具有了其自身的"独立人格"，就拥有了自己的"名"和"利"，拥有了自己独立的财产及在财产范围内独立承担责任的"权"与"责"——法人独立于设立它的自然人之外，具备了自己的"生命"和"使命"，在法律上具备了与自然人同等的权利并承担相应的义务和责任。

法人的出现是人类一次伟大的发明。赫拉利在《人类简史：从动物到上帝》中提到，法人是"伟大的集体想象"[1]。冯钰在《法人概念论》中提到，法人"业已成为人类最基本的组织形式之一。股份有限公司的发明可与蒸汽机相媲美，有限责任公司的出现更使公司成为现代经济中运用最广泛的组织形式"[2]。正是因为法人的出现，巨大的人类组织和巨额的社会财富得以累积起来，组织的集体意志得以超越个人的独立思考得以表达，人类的各种伟

---

[1] 赫拉利. 人类简史：从动物到上帝[M]. 林俊宏, 译. 北京：中信出版集团, 2017：30.
[2] 冯钰. 法人概念论[M]. 北京：法律出版社, 2021：7.

大设想在汇集起来巨大资源的支持下得以实现,尤其是法人得以超越自然人有限生命时长的限制得以持续存在。对于自然人而言,作为对其让渡一定财产权利的对价,他们获得了一定的"股份",在这个"股份"的范围内承担着有限责任风险,即使法人出现破产或者发生难以预料的巨大亏损,股东的法律责任也只是以其让渡的财产价值为限度。这种投资人"有限责任"的制度设计使得自然人得以摆脱可能遭受无限赔偿责任的威胁和恐慌,可以放心大胆地把自己的部分财产让渡给"法人"并享有可能获得的预期收益,此即所谓"法人的面纱"理论,不能穿透法人的保护而要求股东承担额外的责任。因此,如果不能理解法人制度中的有限责任,不理解法人本身的独立性,就很难理解法人制度的精髓和法人出现的伟大意义,也会很难理解合规管理对于"法人"的意义和重要价值之一。

　　从民商法的角度,一个自然人若要具备独立进行民事行为的能力,就应当具备独立的意思表达能力,须达到一定的年龄并精神状况正常,也即能够认知、理解交易过程中收益和风险才具备交易的能力。然而,对于法人呢?不论是"资合型",还是"人合型",法人都是由自然人来管理的,需要由自然人来形成并表达"法人"的意志,并代表法人完成民事行为。此时,如果自然人违反法人公开承诺的使命或者违背法人既往制定的规则,导致法人触犯了特定监管的要求或者其他主体的利益,甚至自然人假借法人之名来获取个人的利益并同时给法人带来不利益之时,法人如何自处,如何维护其自身的合理利益?因此,法人从保护自身的利益出发,构建一套规则来切割因为其自然人的违法违规行为可能导致需要法人承担责任的情形是至关重要的。如何构建并实践这套规则,合规体系正是这种努力之一。

　　2002年美国的"安达信案"是一个具有里程碑意义的案件。2001年,安达信会计师事务所的全球收入为91.4亿美元,位居当时全球五大会计师事务所之首。在涉及安然公司的案件中，安达信会计师事务所因为涉嫌提供虚假材料、销毁证据，被美国联邦司法部以妨害司法公正为由向法院起诉，最终被法院判定构成妨害司法公正罪。虽然安达信会计师事务所只被处以50万美元的罚款，但同时被处以"5年内不得从事会计业务"，结果这种"不得从业"的处罚很快就导致了这个当年拥有全球85,000余名雇员、全球第一大的会计师事务所分崩离析，给美国经济带来重大不利影响。

在医疗领域，发生在2015年的"魏则西事件"同样让人唏嘘不已。21岁的西安电子科技大学二年级大学生魏则西，通过百度搜索来到武警北京市总队第二医院（以下简称"武警二院"）通过"生物免疫疗法"治疗滑膜肉瘤，经过4次治疗后却不幸离世，随后其就医的经历通过网络迅速传播，引起社会广泛关注。相关部门介入调查后，对武警二院进行了处罚，除了对相关责任人和科室的处罚，还要求武警二院自2015年5月4日开始"全面停业整顿"。此后，北京的医疗服务领域再无"武警二院"。

"限制企业的从业资格，等于宣布其死刑""对待企业犯罪，只能采取一种新的政策，即放过企业，严惩有责任的自然人"，因此，不仅仅是从企业本身，从维护更大范围的秩序和利益的角度，也需要一种新的规则、一种体制和机制，需要把法人行为和个人行为区分开来，避免因为员工或者高管的违法行为而"殃及池鱼"导致更大范围的法益损害，或者构建一套防范因第三方合作伙伴或客户的违法行为而实现自身责任豁免的"隔离带"或者"防火墙"，从而实现当真正的风险到来之时，企业可以达到"交出责任人，放过企业"的效果。而要实现这一目的，企业需要建立并有效运行一整套的企业合规体系。

正如陈瑞华教授所说，对企业而言，即便被罚得"倾家荡产"也不是致命的，甚至有可能转化为企业违法经营的成本。其实，最严厉的惩罚是"资格剥夺",也就是因违法而被取消特许经营资格,被取消上市资格,甚至被吊销营业执照。所谓企业合规,就是迫使企业在被剥夺资格与建立风险防范体系之间做出选择。不仅如此,今天的企业合规已经超越了发挥内部监管的职能,已融入整个企业管理的有机体系,通过对合规风险的持续预防、监控和应对,为企业的健康发展和持续成长发挥保驾护航和文化传承作用。

第二节　企业合规的基本概念解读

对于什么是严格意义上的"企业合规",理论和实务界向来有着不完全相同的理解。合规（Compliance）,从字面上来看,即"合乎规定"之意[⊖]。这里的"规定",实践中不外乎国家的法律法规、商业惯例、企业内部的规章制度及国际组织条约之类。但是,也有学者认为,把企业合规与企业依法经营、照章办事视同一理,这是对企业合规的主要误解。现对企业合规中的几个基本概念进行解读。

一、合规义务

合规义务是理解合规管理的起点。根据《合规管理体系　要求及使用指南》（GB/T 35770—2022/ISO 37301:2021）的定义,合规义务包括"组织强制遵守的要求和组织自愿选择遵守的要求",是合规管理体系的"根概念",合规义务来源于组织的活动、产品和服务。

"组织强制遵守的要求"指的是组织在存续运行过程中必须满足的基本要求和不得从事的活动和服务,主要对应着各级监管机构、主要利益相关方不能容忍的"底线""红线""高压线",违

⊖　陈瑞华.企业合规基本原理［M］.3版.北京:法律出版社,2022:3.

反之后可能会给组织带来巨大的声誉损害、经济损失、行政处罚甚至是刑事责任。这是合规体系基于"外部监管的合规义务""外规",对于组织而言不具有弹性和可选择性——"不可以推卸或者规避",必须全面评估、有效预防、严格监视并落实的合规义务。

"组织自愿选择遵守的要求"指的是组织为了获得相关方的信赖和忠诚,对自身的生产、服务经营过程或者产品/服务品质进行的若干承诺而产生的义务。组织为了获得更好的交易机会和交易信誉,自愿选择并以公开承诺和协议的方式把特定的要求纳入自身的义务进而以一系列内部控制措施保障履行,是组织为了更好发展成长的需要,可被称为"基于契约的合规义务""内规"。此类义务具有可选择性、可协商性,但是公开的承诺和选择可以提高组织的可信度、竞争优势、市场或行业品牌商誉。

此外,很多专家和学者认为,除了上述的"外规""内规",还有一个"德规",即组织选择或者应当遵守的道德诚信规范⊖。

事实上,在组织的日常管理实践过程中,很多义务是基于监管还是基于契约已经变得模糊。例如,对于医疗机构而言,很多具有行政合同性质的合同义务,如医疗机构与医保经办机构签订的合同中需要履行的合同义务,既是履行医保服务合同的需要,也是遵守国家和特定区域关于医保监管的需要,监管的要求和合同的义务已融合在一起,无法区分。

合规义务从"外规"向"内规"和"德规"延伸的过程,也是合规管理从强化外部监管向组织运营管理领域延伸扩展的体现,是合规融入组织内部各项管理体系和各项业务过程的体现,是发挥合规体系支持和保障各项管理体系规范高效运行的价值和作用的体现。

实践中,组织的合规义务不是一成不变的,外部监管环境要求和内部业务运营的变化都会带来合规要求的变化,尤其是组

⊖ 陈瑞华. 有效合规的中国经验 [M]. 北京:北京大学出版社,2023:133.

织在调整自身的运营模式和开拓新的业务过程中，评估并纳入新的合规义务尤为重要。例如，近年来随着"互联网＋医疗"的快速发展，医疗机构如何把互联网模式下对于诊疗服务的规范运行和基于患者信息安全的监管要求纳入常态化、系统性的监管视野，成为迫切且重大的合规义务。因此，组织需根据内外部环境的变化，经过持续监测、评估、管理评审等识别新增及变更的合规义务，评估已识别变更的合规义务所产生的影响，及时调整和维护合规义务清单及应对管控措施，以确保组织的持续合规。

二、合规风险

组织不遵守合规义务而产生的不合规的可能性和后果即构成合规风险。

合规是基于合规风险的管理体系，合规风险评估构成了合规管理体系实施的基础，以便对已识别的合规风险进行管理。合规的目的是预防、避免甚至是应对合规风险对组织存续运营的影响，从而实现组织的健康可持续发展。

任何一个组织，包括医疗机构，在其发展成长过程中都会面临各种各样的合规风险，存在违背监管要求或者自身承诺的可能性。风险是固有存在的，合规管理就是希望将这种违背合规义务的可能性始终处于受控状态。事实上，合规管理体系的建立和运行不可能预防和消除所有可能的合规风险，组织依然存在剩余的合规风险，甚至合规风险防控措施本身还可能带来衍生风险。实践中，一个组织的合规管理体系在建立和完善的过程中，也不可能将面临的所有合规风险一视同仁，以同等的重视程度和资源加以应对；对于发生概率较小和严重程度较低的合规风险，并不意味着组织就可以接受不合规，组织总是集中主要注意力和资源优先处理更高级别风险，并最终覆盖所有的合规风险。组织在不同的发展阶段,其对合规风险的偏好和接受程度并不一样,合规管理是"永远在路上"的过程。

合规义务先于合规风险,组织应当基于合规义务进行合规风险的识别、分析和评价,而不是反过来基于合规风险的出现识别合规义务。前者是一种主动的、积极的合规管理,是针对义务的存在投入资源、设计过程和程序以防范风险;后者则是被动的、消极的合规管理,因为基于合规风险反推合规义务,有可能导致组织为了规避风险和歪曲义务的要求,甚至想方设法专门规避合规义务从而实现规避合规风险,这在本质上不是合规管理。当然,对企业合规来说,基于其追求利润的经济属性,合规管理与业务拓展也是一个必然要面对的矛盾命题,如何找到最佳平衡点并动态调整这种平衡,是考验一家企业是否坚持长期主义和坚守其价值观的重要方面。

合规风险以组织不遵守义务的后果和不合规发生的可能性来表征。合规风险需要通过评估实现,合规风险评估包括风险识别(包括合规风险源的识别和合规风险情况的定义)、风险分析(风险的可能性和后果)和风险评价(风险等级)三个步骤。

因此,理解合规,深刻理解"合规风险"是关键;而确定合规风险,明确合规义务又成为必需。"企业所面临的违反行政监管法规或违反刑法所遭遇的特定的法律风险"当然属于企业面临的诸多风险中的一种。"监管风险",即各级具有监管和处罚权限的行政部门、司法部门采取的自上而下的监督和处罚风险,对于这些可能影响甚至决定企业即刻生死存亡的特定风险,企业以特别的治理方式和管理体系,给予特别的资源和制度流程予以保障,从而实现当特定的风险来临时,实现"交出责任人,放过企业"的效果。

此外,企业建立合规管理体系的根本目的还在于监督员工、客户、合作伙伴、被并购企业等在经营过程中遵守相关的法律法规,只做合规的业务。从公司治理的角度来看，企业要做到依法依规经营，就需要针对自身存在的违法违规风险，建立一套防范员工、客户、第三方、被并购企业等出现违法违规行为的管理机制。针对企业内部可能出现的违法违规行为建立管理机制，这才是企业合规的根本要义。因此，从这一角度而言，陈瑞华教授认为，从本质上讲，企业合规是企业在组织内部建立起的一套自我监管机制[一]，是企业在可能受到监管处罚或者其他重大损失及积极主动建立风险防范体系之间做出的一种选择应对。

三、合规管理体系

从发展的视角来看，企业合规是企业针对出现的违法违规风险而确立的一种公司治理方式和管理体系。最初，企业合规属于一种由企业和行业协会推行的内部治理方式。后来，随着政府监管力度的加大，企业合规从原来的依法依规经营变成在行政监管激励和刑事激励下的企业治理方式。在诸多国际组织的推动下，企业合规逐渐成为一种新的跨国公司治理方式，不仅为一些国际公约所确立，还成为国际组织督促企业改变经营方式的激励机制。因此，企业合规不仅追求依法依规经营的目标，还是企业自我治理、自我监管和自我整改的治理方式，更是一种在陷入执法调查时获得宽大处理的激励机制[二]。

合规管理体系是一个框架，是由合规管理的基本要素及其相互关系、相互作用组成的管理系统，既包括制度体系、组织体系，也包括相应的运行机制，是合规的政策、基本结构、过程和程序的有机结合，其目的是实现预期的合规结果，并发挥作用以预防、发现和应对不合规的情形。在合规管理体系中，基本结构是合规的组织体系，是在一系列设计的岗位和权力构架的基础上，通过

[一] 陈瑞华.企业合规基本原理[M].3版.北京：法律出版社，2022：8.
[二] 陈瑞华.企业合规基本原理[M].3版.北京：法律出版社，2022：27.

合规政策、合规管理过程和程序确保整个体系的运行，并对体系进行维护和持续改进。

（一）合规政策

《合规管理体系 要求及使用指南》亦称为合规"方针"（Policy），是由组织的最高管理者正式表述的组织合规管理的意图和方向，是组织对于合规的基本态度和承诺，是组织合规管理的基本制度，阐述了对组织成员的基本要求，是制定合规管理具体制度的基础和依据。

合规政策相当于组织合规的"宪法""基本法"，它确立了组织实现合规的首要原则和行动承诺，并为组织设定合规职责和绩效水平及对行动进行评估的期望。合规政策融入了一个组织的价值观、宗旨和精神追求，例如："以客户为中心，以奋斗者为本"是华为核心价值观的一部分，也当然是华为进行企业合规的基本指导思想之一；"一切为了患者"是北京协和医院精神文化的一部分，是北京协和医院对所有患者的庄严承诺，自然应当融入其所有政策的内涵——不论是企业还是医疗机构，"只做合规的业务"始终应当是其事业发展的基石和最基本的原则。"切实保护患者隐私""绝不姑息欺诈骗保"对于所有的医疗机构而言，在其开展日常医疗服务监管过程中，都是必须要履行的基本要求。有了这些由组织机构最高管理层持续推进的基本原则、公开承诺，后续一系列的合规管理制度和过程、程序要求才得以建立，成为整个组织成员的日常行为指南。

（二）合规基本结构

合规基本结构是合规的组织体系，是由合规的治理和管理机构、岗位、职责组成的架构和系统，发挥着合规体系的建立、政策的确立、制度的制定和执行及过程监控和程序落实等各种职责。

企业合规的组织体系建设，包括明确企业党组织和公司治理机构"三会一层"的合规职责、公司最高管理者第一责任人的合规职责、合规管理的专门机构合规委员会和首席合规官的合规职责、公司经营层三道防线部门的合规职责，尤其是合规管理归口牵头部门的职责，以及合规队伍建设、合规管理员职责和全员合规。

一般而言，合规委员会是公司开展合规管理体系建设过程中的新设机构，合规委员会承担着重大合规事项决策和违规监督的职责，应具有较高层级和独立性，大多数央企按照国务院国资委要求单设合规委员会或者与企业法治建设领导小组合署，并由企业主要负责人任主任。公司设立董事会的，可以在董事会下设合规委员会，由一名董事担任负责人。组织的治理机构和最高管理者承担着组织合规治理的领导职能，对合规管理体系的有效性起到了决定性的作用，他们有权决定合规管理资源的配置、确定合规的基本政策、引导并建立组织的合规文化，并以其自身的决定和行为证实承诺的建立、开发、实施、评价、维护和改进一个有效且及时响应的合规管理体系。

公司应设立合规团队，合规团队应设首席合规官并直接向企业主要负责人负责；公司在所有分支机构和职能部门都应设立合规人员，合规人员应接受公司合规委员会和首席合规官的直接领导；合规人员应保持最大限度的独立性，为避免利益冲突，建议由专职人员担任。对于组织内的合规管理模式存在业务制和主题制两种模式或者两者混合模式多种⊖，可以结合具体的合规管理需求进行策划实施。

组织应建立并维持一种上下一体的合规组织结构，实现组织内合规治理和合规管理的职能并发挥各自的作用。合规管理体系显然遵循着一种自上而下式的构建路径，需要把特定的合规义务融

⊖ 周镕.企业合规管理全流程：政策讲解＋热点解析＋操作实务［M］.北京：人民邮电出版社，2023.

入日常管理运行的过程和程序，会导致运行成本增加或者运行效率的下降，甚至可能会让组织放弃存在合规风险但会让组织短期内快速发展的经营机会。而所有这些，都需要合规组织体系在各种权责运行和相互作用中实现。

组织在合规体系设计过程中，要明确合规管理的组织结构、明确治理机构、最高管理者、管理者、合规团队及人员的合规管理岗位、职责和权限，并确保相应事项在组织内得以安排和落实，确保在组织内分配并沟通相关岗位的职责和权限，从而推进合规管理体系的有效运行。

医疗机构的法人治理机制和管理体系在医疗体制改革的持续深入推进中正不断发生演进变化。"管办分开"和"政事分开"是法人治理机制改革的方向，"多路大军办医院"、医疗机构的主办实体始终存在多元化，治理机制的复杂性甚至不亚于企业组织，但是其统一规范的程度却远远落后于企业，常见的模式以强化主办实体的监管而不是优化治理结构来实现对医疗机构的控制。随着现代医院管理制度试点的推进，在"党委领导下院长负责制"内部治理模式的推动下，行风、纪检、审计、财务预算等管理职能日益得到强化，如何在现有的管理体系中引入并融合合规的管理理念和管理体系、合理地分配权力和职责，是本书后续讨论重点。

（三）合规过程和程序

过程和程序是把合规管理具体的管理事项和管控要求体现在组织的日常运行之中，组织需要将识别的合规义务融入日常的管理实践，变成具体可操作的工作规范和程序要求，从而履行合规义务。

组织需要将识别的合规风险与组织现有的业务流程进行对接、分析、评价并形成合规控制的要求，实现合规监管与实际的工作流程衔接一致，完善内部多种管理体系的整合。把合规义务的不履行转化为合规风险，并把合规风险的应对措施转变为具体、可操作、可执行的控制措施、过程文件和操作规程，并将这些控制过程和程序与业务操作层面的具体流程环节相互融合，设置需要控制的过程节点和审批流程，落实责任部门或责任人，从而在组织现有的管理体系中引入并运行合规管理体系。

仅仅设计或建立一个由要件组成的框架，并不能实现预期的合规结果、发挥作用以预防、发现和响应不合规，有效的合规管理体系需要基本结构、方针、过程和程序等要件的相互作用，形成合规风险的三道防线，识别和评估风险、采取应对策略，并实施持续改进运行起来的过程，实现对合规风险的有效控制和组织合规管理的动态可持续发展。

组织在进行合规管理体系设计、建立各项管理制度时，需要有效分析自身的实际情况、所处行业特点、地方监管要求等，充分与现有的管理模式和技术基础相结合，建立具有针对性的、层次清晰的合规管理体系，同时应当将合规义务转化而来的管理要求与既往规章制度充分融合，与合规管理基础工具和方法进行结合，与其他管理体系一体化协同，唯有如此才能确保组织的合规管理体系具有可操作性和指导意义。合规管理体系无法完全避免错误的发生，但有应对的过程确保对错误做出适当的反应，对过程、体系和受影响方进行及时补救，对系统存在的漏洞进行及时补充和完善，争取以合规管理体系的建立和运行获得监管机构的政策激励，从而实现合规管理体系的不断完善和持续改进，皆是合规管理体系建立并有效运行的应有之意。

第三节　合规管理体系与组织其他管理体系

合规管理是基于合规风险而开展的一项专门性的管理活动。它是完全独立于企业、医疗机构等组织现有的管理体系而独立存在的吗？要知道，在现有的组织管理体系当中，具有监管职能的部门和职责很多，合规是要在现有的各种监管部门和监管机制上另辟蹊径，构建完全独立的管理体系，还是与现有的监管机制进行融合，发挥各自的功能与价值，需要在职责区分的的基础上进行系统化的考量。

一、合规与反腐倡廉

合规促进反腐倡廉，但反腐倡廉并非是合规管理目标的全部。对于国内的组织机构而言，反腐倡廉是所有国有企业、事业单位尤其是国家机关都必须开展的一项重要工作，当然会体现在组织的管理要求中，是组织应当实现的一项基本的管理要求和结果。例如，反商业贿赂专项合规就是反腐倡廉在合规领域的重要体现和基本任务之一，但是合规的主题除了防范商业贿赂，国际上还包括反垄断、反洗钱、出口管制、环境保护、隐私保护等。可以说，反腐倡廉是合规领域中当下整个国家和组织管理都特别关注和强调的一个专题，尤其在加强对于公务人员和党员干部的管理过程中特别强调的行为要求，专项的合规管理为有效预防商业贿赂提供了极其有效的监管方式和手段，但反腐倡廉只是合规管理要实现的目的之一，并非全部。

二、合规与内控机制

狭义的内控机制多聚焦于组织内部的财务管理，广义的内控机制包括组织内部的财务管理、质量安全管理、审计管理等管理体系。所谓"内"，其实包含两层含义：一是内部的管理机制，区别于组织之外的第三方的管理和审核评估机制。在这一点上，合规管理是组织内部的管理机制，也是组织内控体系的一部分。二是内部的管理要求，是组织内部对于某项管理的要求和规范的具体管理。在这一点上，合规管理与现有的内控机制存在差异性，合规更多是基于外部监管的压力，将外部监管要求转化为内部监管压力的管理系统，某种程度上合规管理承担着外部监管机构在组织实现"内部执法者"的角色和职能，使得外部监管能够"穿透"组织现有的管理边界，实现替代外部监管的公共职能，发挥社会公益的作用和价值。

三、合规与审计

审计是一种有效的财务监管手段，也是合规管理常用的一种手段。在某些涉及财务风险专项合规管理的主题领域中，审计起到了有效监控和评价合规管理有效性的重要作用，是合规监管体系的重要组成部分。但是，在类似于隐私保护、环境保护等不涉及财务风险或者未发生不正当经济利益往来的专项合规领域，审计就缺乏发挥监管作用的空间。在企业的合规管理组织体系中，存在于各业务、职能部门的合规部门和合规管理部门分别构成合规风险防控的第一道防线和第二道防线，审计与纪检监察等则构成第三道防线，它们相互协同，共同构成企业合规管理的纵深防御体系。实践中，"合规审计"正在成为企业审计的一个新的专项审计科目。

四、合规和行风管理

行风即行业作风建设，是由纪委的纠风工作演化而来，通过采用各项工作措施实施教育感化，形成一种文化和氛围，熏陶和引导组织内的成员形成一种普遍的做法和倾向，纠正和避免不正之风，杜绝为本单位、小团体或个人谋取不当利益的现象和行为。好的行风建设可以为组织的合规管理带来良好的氛围和精神动力，有助于形成合规文化；同时，合规体系建设也为构建组织内良好的风气提供更加可靠的制度保障和方法手段。但是显然，单凭行风建设解决不了合规管理所关注的风险问题，在具体的风险面前，行风管理显得过于宽泛、笼统和脆弱，必须通过更加体系化和规范化的合规管理来应对。

五、合规与纪检监察

纪检监察是基于特定身份的人或者某一管理事项的履职效果进行的监管，与合规基于风险管理显著不同。在实际工作中，"监督""执纪""问责"是纪检监察的主要职能，其主要工作职责包括维护党的章程和其他党内法规，检查党的路线、方针、政策和决议的执行情况，贯彻落实《中国共产党党内监督条例（试行）》和各级党委关于加强党风廉政建设工作的决定，协助党委加强党风建设，组织协调党风廉政建设和反腐败斗争，进行查处大案要案和纠风等相关工作，保证工作顺利进行和保证纪律的公平公正。这些职责和重点显然与合规管理不同。

综合上述的区分可以看出，合规管理与其他国有企业和医疗机构现有的管理部门和职能之间存在职责、管理手段和方法的重叠，但也存在显著的差别，不能完全替代、彼此取舍。究其原因，合规管理也好，其他专项管理也好，都是组织管理的有机组成部分，需要相互协作，在相对清晰职责边界的基础上彼此配合、相互强化，最终共同实现组织规范运行、依法运行和高效运行的管理效果。合规管理相较于其他既有管理体系一个独特的优点是具有"后发优势"，其他既有管理体系早已运行多年，其运行过程中存在的不足和劣势或者不能与组织业务运行有效融合落地之处得到充分暴露，合规管理体系建设过程中能够汲取教训，寻找更优解。同时也提醒人们，组织的资源和投入是有限的，组织总是在寻找以更小的成本实现更大的收益。因此，在建设合规管理体系时，应当了解并充分尊重既有管理体系，在保证能够达到合规管理目标的前提下，对既有管理体系坚持"最小改动原则"，不必追求推倒重来，另搞一套。因此，对于医疗机构而言，合规管理体系的引入和建立，必须与现有机构内各种监管体系进行嵌入和融合，把合规监管的理念和要求与现有的监管和业务流程进行嫁接和植入，在关键的节点设置评估、监视和审核的控制过程，从而实现合规管理效果。

第二章　企业合规管理模式的历史变迁

"合规"（Compliance）是一个英语概念，意指"遵循""遵守""遵从"，原在医学领域运用，意指遵循医嘱。借用到法学领域，"合规"意指法规遵循。企业合规（Corporate Compliance）发端于美国，并在20世纪90年代之后迎来高速发展期。在美国，企业合规定义最早出现在企业财务管理和反腐败领域。时至今日，合规风险已成为所有公司都可能面临的复合风险，企业合规也演进为刑事司法部门和行政执法部门通过激励机制促进企业强化自我管理与预防犯罪相结合的规制进路[一]。企业合规至少包括两个层面的含义：一是企业层面的含义，指企业为了保证所有职员行为合法的整体性组织措施；二是国家层面的含义，指保证企业守法、促进法益保护的制度工具。企业层面的合规主要关注合规的程序机制问题，即如何进行合规管理；国家层面的合规主要关注如何保证企业合规问题，即如何通过外部激励机制推动企业制订并推行合规计划[二]。

第一节　国外企业合规发展历史

企业合规最早出现在美国。早在20世纪60年代以前，合规

[一] 解志勇，那扬. 有效企业合规计划之构建研究［J］. 法学评论，2022（5）：161.
[二] 李本灿. 企业视角下的合规计划建构方法［J］. 法学杂志，2020，41（7）：76-77.

就出现在美国的商业监管实践之中。当时，一些企业针对社会对公司不信任的情况，试图通过规范员工的行为加强自我监管，督促员工依法依规行事。同时，一些行业协会也尝试制定合规指南，督促企业依法依规进行经营活动。当然，无论是企业还是行业协会，建立合规体系的目的都并不仅仅在于依法依规经营，还在于有效地划分市场和控制价格。尤其是在政府部门逐步加强监管的情况下，企业和行业协会加强合规管理，还有助于防止政府部门过度加强行政监管○。20世纪60年代，美国曝出电气行业反垄断案件，多家电气公司联合串通投标，以垄断电气市场价格。美国政府对这些电气公司和涉诉公司高管提起刑事诉讼，其中全球知名公司通用电气（GE）最终被处罚金近44万美元。在诉讼过程中，通用电气曾以公司已制订反垄断合规计划作为减轻公司责任的抗辩事由，但法官最终没有采纳，理由是"公司虽然制订了反垄断合规计划，但仍实施了反垄断行为"。虽然通用电气在这次诉讼中败诉，但作为其抗辩事由的反垄断合规计划引起了行业的广泛关注。此后，反垄断合规计划在电气行业内普及开来。美国"水门事件"所暴露的政商勾结，以及同期大量美国公司被曝出的海外贿赂行为，使美国民众对美国公司的经营能力和企业信用度产生怀疑。参议院立法报告中指出，"我们需要更强有力的反海外贿赂法来规制海外贿赂行为，借以重振公众对于美国公司守法经营的信心"。在这一背景下，美国于1977年出台了《反海外腐败法案》（Foreign Corrupt Practices Act），要求上市公司通过建立反腐败内部控制机制、加强留存会计账簿和记录等，对上市公司海外贿赂行为进行规制。《反海外腐败法案》所推行的强制企业内控机制，促使更多公司接受并设立公司内控机制，这种体现为公司内部行为指引等形式的内部规章被视为企业合规的雏形。这一阶段的企业合规更多体现为企业维度下的合规，通过企业内部制

○ 陈瑞华.论企业合规的性质［J］.浙江工商大学学报，2021（1）：51-52.

度建设保证企业在经营过程中遵守法律和遵循规则，并督促员工、第三方及其他商业合作伙伴依法依规进行经营活动①。

20世纪80年代，美国国防产业中的浪费和承包商欺诈丑闻引发大众和媒体的关注，时任总统里根组建了国防管理的帕卡德委员会进行调查。调查结果显示，国防产业存在严重的浪费和承包商欺诈问题。帕卡德委员会针对上述问题提出了一系列制度完善建议，如强化对国防承包人内部管理政策和内部管理流程等企业合规计划审查、完善员工举报机制、设立员工培训机制和高管负责制等。另外，美国国防部提出如果国防承包商设立有效企业合规计划，并且自愿披露其违法犯罪行为，可以作为减轻处罚的情节考虑。同期发布的国防系统内的《承包商风险评估指南》，成为后续许多规制或者监管机关采用的样本。之后，美国司法部在政府采购中也采用了类似的制度。从美国国防部开始，企业合规逐渐进入第二个维度，成为监管部门要求采用的一种一般机制，监管部门为了促进企业建立合规机制，将企业合规机制的建立和完善作为检察机关不起诉、法院不定罪或者减轻处罚的依据，甚至成为对企业做出有条件不起诉的激励机制，合规进入国家维度阶段②。

美国联邦量刑委员会（United States Sentencing Commission）于1991年发布《联邦量刑指南》（United States Sentencing Commission, Guidelines Manual）修正案，首次将"组织机构量刑"（Sentencing of Organizations）一词编入，以此作为法院对企业犯罪定罪量刑的依据。美国联邦量刑委员会表示，修订《联邦量刑指南》的首要立法目标，是构建刑事激励机制，促进企业实现自警自监。该指南采取了"胡萝卜加大棒"的政策，一方面，企业如果制订有效预防违法犯罪的合规计划，可以获得宽大处理，量刑指南同时列

---

① 解志勇，那扬.有效企业合规计划之构建研究[J].法学评论，2022（5）：161-162.
② 陈瑞华，李玉华.企业合规与社会治理[M].北京：法律出版社，2021：29-56.

示企业合规计划构成的七项要素;另一方面,如果企业没有设立有效合规计划,将不能从轻、减轻处罚○。2000年以来,美国上市公司出现了"安然事件"、WorldCom等一系列财务作假丑闻,引起了社会公众对上市公司治理和内部控制的关注。在这一背景下,2002年美国通过了《萨班斯-奥克斯利法案》,旨在加强对会计师职业及上市公司行为的监管。《萨班斯-奥克斯利法案》的主要内容是上市公司的公司治理结构和内控体系的要求,但它的部分内容也对上市公司提出了建立合规体系的要求。基于《萨班斯-奥克斯利法案》,美国证监会加大了对公司财务舞弊的执法力度。美国证监会在对违反萨班斯法案的犯罪公司执法过程中,同样延续了"拥有完善的合规体系的公司,可以减免处罚"的原则。美国联邦量刑委员会随之于2004年对《联邦量刑指南》进行修正,修正案对企业合规文化做出要求,指出企业合规文化对于推动合规建设的重要性,并单独列示且细化了有效合规计划的要素。此外,美国联邦量刑委员会于2010年通过的修正案,强化了企业高管的合规责任,引起了企业高管对公司合规管理的重视,进而进一步自上而下促进了企业合规机制的发展。《联邦量刑指南》为美国企业合规的发展提供了原动力,一方面,该指南细化了有效合规计划的要素和配套裁量标准;另一方面,通过合规刑事激励机制,企业自身和其高管层有了更强的设立有效合规计划的内驱力,使预防性管理和自我管理成为可能○。

除了《联邦量刑指南》,美国还确立了暂缓起诉协议制度(Deferred Prosecution Agreement,DPA)和不起诉协议制度(Non-Prosecution Agreement,NPA)。在美国,对涉嫌犯罪的企业是否适用暂缓起诉协议或不起诉协议,完全由联邦或州检察官自行决定。法官对暂缓起诉协议的审查或者批准,经常是形式上的,而

○ 解志勇,那扬.有效企业合规计划之构建研究[J].法学评论,2022(5):161-162.
○ 李铁铮.合规管理的历史溯源:从美国司法实践到ISO19600合规管理国际标准[EB/OL].(2017-05-25)[2024-06-10].https://www.senior-rm.com/newsmorelist.aspx?nid=114.

不具有实质性的意义。暂缓起诉协议可以被应用于包括垄断、欺诈、贿赂、逃税、环境污染、违反出口管制、侵犯个人数据信息等在内的诸多公司犯罪案件。这些案件通常涉及证券法、贸易法、反不正当竞争法、环境保护法、反海外贿赂法、食品药品安全法、税务和货币交易法、反欺诈法和反洗钱法等诸多方面的法律法规。美国法律赋予检察机关较为广泛的执法权，也授予检察机关与涉案企业较为自由地达成暂缓起诉协议或不起诉协议的权力。对于涉嫌犯罪的企业，检察机关可以根据其是否执行有效的合规计划，预防和杜绝今后发生类似的违法违规行为的情况，来决定是否达成和解协议，并通过建立考验期，责令企业缴纳高额罚款和建立或完善合规计划，以换取考验期结束后的撤销起诉。由于建立或完善合规计划可以获得撤销起诉的结果，并避免受到定罪判刑，涉案企业在建立合规计划方面具有强大的动力[一]。美国的暂缓起诉协议制度和不起诉协议制度对于企业建立合规体系形成了巨大的推动作用[二]。

美国关于企业合规的管理实践对其他国家也产生了影响。随着经济和商业活动的全球化，各国国内的监管要求将会影响跨国企业之间的国际竞争的公平性。由于全球化缺乏统一的国际监管标准，来自高监管标准国家的企业可能在竞争中处于不利地位，或许会导致各个国家为了保护本国企业经济利益而降低监管标准。美国的跨国企业认为美国国内严格的"海外反腐败"合规要求，会让他们在国际竞争中处于不利地位。特别是在一些法治落后的国家和地区，索要、收受贿赂是当地商业活动的潜规则，严格执行合规政策可能影响市场收益。为创造更为公平的国际竞争环境，以美国为主导的跨国公司与倡导国际反腐败的民间组织共同努力，推动各国政府达成国际反腐败的全球标准。1997年，经济合作与

[一] 陈瑞华.企业合规制度的三个维度——比较法视野下的分析［J］.比较法研究，2019（3）：71-77.

[二] 陈瑞华.企业合规视野下的暂缓起诉协议制度［J］.比较法研究，2020（1）：18.

发展组织（OECD）成员国，主要是发达国家政府，率先达成了全球反腐败合作的国际公约——《OECD反对国际商业活动中向海外政府官员行贿行为公约》。在此基础上，OECD颁布了《内部控制、企业道德及合规最佳实践指南》，对成员国和跨国企业提出了预防腐败行为的要求，并确立了有效合规的十二项准则。这些准则主要包括：企业高层管理人员对于合规计划的支持；企业政策对于贿赂行为的禁止；所有员工对于遵从内部控制和合规计划的共识；合规工作向董事会直接汇报，由专职高管负责，并确保合规机构的独立性、权威性和充足资源；有针对性的企业道德与合规措施；将合作第三方纳入合规计划；确保会计账簿和记录的准确性；对全体员工的合规培训；鼓励全体员工对合规计划的支持；鼓励员工举报违规行为；对合规计划的有效性进行定期评估等，成为发达国家的大型跨国企业在商务活动中共同遵守的合规管理标准。2014年，国际标准化组织（ISO）发布了《合规管理体系指南》，以国际法律文件的形式确立了有效合规的基本标准。这些标准主要包括：企业管理机构和管理者应展示和承诺进行合规体系建设；合规政策应加以记录和存档，以简单语言表述；所有员工和合规官员，应当履行与企业有关的合规义务；负有合规义务的人应有效处理这些义务，接受教育和培训，以便确保所有员工的角色与合规承诺保持一致；企业应采取适当方法，包括教育和培训，让所有员工理解企业的期望和违规的后果；对合规管理体系的有效性进行持续监督；对合规风险应进行识别和评估；企业应采取纠正措施应对违规行为；企业应持续不断地提高合规管理体系的适当性、充分性和有效性等○。

美国的制度设计与司法实践也对其他国家立法产生了积极的影响。例如，英国于2007年颁布的《企业过失杀人与企业杀人法》改变了传统通过个人到组织体的归责模式，对企业提出了组织结

○ 陈瑞华.企业合规制度的三个维度——比较法视野下的分析［J］.比较法研究，2019（3）：17.

构上的要求。该法规定：如果因组织和管理活动严重背离其应当承担的义务而导致人员死亡，那么组织应当承担刑事责任；在判断是否存在重大义务违反时，应考虑组织是否遵守相关健康和安全法规，同时应当考虑是否存在容易导致犯罪行为的态度、政策及惯例。2010年的《反贿赂法案》第7条"商业组织预防腐败失职的法律效果"第（2）部分规定，如果该商业组织拥有旨在预防组织成员实施犯罪行为的足够的措施，则构成合法辩护。意大利立法机关于2001年6月8日颁行了第231号法令，强调组织体自身的罪责，即企业组织责任。如果组织的高级职员或者其下属职员从事犯罪活动，则企业要为此负责，但企业可以通过证明其已经采取了适当的措施预防、监督犯罪而免除责任。合格的内部管理机制应具备以下5个要素：①确定可能发生法令规定的犯罪的活动范围；②针对必须予以预防的犯罪制定预防议案；③确定可以有效预防实施上述犯罪的公司财务资源管理的程序；④实施向负有监督该内控机制职责的董事会的报告程序；⑤引进合适的惩罚不遵守规章行为的内部制裁机制。英国在2010年通过了《英国反腐败法案》，该法案中也提到了有一个充足的合规程序、合规制度可以协助公司免责。

第二节　我国企业合规发展历史

随着我国改革开放的深入推进，企业间的国际交流合作越发密切。一方面，越来越多的跨国企业进入我国，企业合规制度逐渐被引入我国；另一方面，随着我国企业前往欧美国家（地区）投资、经营或者上市，遵守所在国家和地区的法律法规，规避现实的法律风险，成为中国企业在当地开展业务的首要任务，越来越多的国内企业开始研究、实施合规制度。跨国企业间的交往合作促成了企业合规机制在我国的发展，并逐渐被视为公司治理的重要方式。

我国政府对企业合规管理体系的监管始于金融领域。2006年，中国银监会发布《商业银行合规风险管理指引》，为引导银行业金融机构加强公司治理、培育合规文化、完善流程管理，提高银行业合规风险管理的有效性，更好地应对银行业全面开放的挑战，确保银行业金融机构安全稳健运行提供了制度依据。该指引主要规定了三方面内容：一是建设强有力的合规文化。合规管理是商业银行一项核心的风险管理活动，合规必须从高层做起，董事会和高级管理层应确定合规基调，确立正确的合规理念，增强全体员工的诚信意识与合规意识，形成良好的合规文化。二是建立有效的合规风险管理体系。董事会应监督合规政策的有效实施，以使合规缺陷得到及时有效地解决。高级管理层应贯彻执行合规政策，建立合规管理部门的组织结构，并配备充分和适当的资源，确保发现违规事件时及时采取适当的纠正措施。合规管理部门应在合规负责人的管理下，协助高级管理层有效管理合规风险，制订并执行风险为本的合规管理计划，实施合规风险识别和管理流程，开展员工的合规培训与教育。三是建立有利于合规风险管理的三项基本制度，即合规绩效考核制度、合规问责制度和诚信举报制度，加强对管理人员的合规绩效考核，惩罚合规管理失效的人员，追究违规责任人的相应责任，对举报有功者给予适当的奖励，并给予举报者充分的保护。2007年，中国保监会印发《保险公司合规管理指引》，要求保险公司应当按照该指引的要求，建立健全合规管理制度，完善合规管理组织架构，明确合规管理责任，构建合规管理体系，有效识别并积极主动防范化解合规风险，确保公司稳健运营。该指引对于董事会、监事会和总经理的合规职责提出了明确要求，要求保险公司应当设立合规负责人，合规负责人是保险公司总公司的高级管理人员，并强调合规负责人不得兼管公司的业务部门和财务部门，同时要求保险公司总公司应当设置合规管理部门,并根据业务规模、组织架构和风险管理工作的需要,在分支机构设置合规管理部门或者合规岗位,明确保险公司应当以合规政策或者其他正式文件的形式,确立合规管理部门和合规岗位的组织结构、职责和权利,规定确保其独立性的措施。除此之外,该指引还要求保险公司应当制定合规政策,以及员工和营销员行为准则、岗位合规手册等文件,落实公司的合规政策,并为员工和营销员执行合规政策提供指引等内容。2017年,中国证监会发布《证券公司和证券投资基金管理公司合规管理办法》,以部门规章形式对各类证券经营企业实施合规管理提出了法律要求。该项办法规定中国证监会及其派出机构对证券企业实施监督管理,中国证券业协会和中国证券投资基金业协会对证券基金经营企业合规管理工作实施自律管理。该项办法确立了强制合规制度,要求中国境内的证券企业全面建立合规管理体系,确立了年度合规报告制度,要求证券企业向中国证监会派出机构报送年度合规报告,同时确立了合规评估制度,要求证券企业组织有关机构和部门或者委托外部专业机构对证券公司合规管理的有效性进行评估,及时解决合规管理中存在的问题,并对违反该办法的行为设置了行政处罚㊀。

　　随着在金融领域的不断深化和实践探索,企业合规管理逐渐被推广到所有中央国有企业。2018年,国务院国资委发布《中央企业合规管理指引(试行)》,对中央企业强化合规经营、构建合规体系提供了全面的指导意见。2022年,国务院国资委以委令形式发布部门规章《中央企业合规管理办法》,在《中央企业合规管理指引(试行)》的基础上对中央企业进一步深化合规管理提出明确要求,更加突出刚性约束,内容更加全面,要求更加严格,主要包括以下内容:一是明确合规管理相关主体职责。

㊀ 陈瑞华.论企业合规的中国化问题[J].法律科学(西北政法大学学报),2020(3):34-48.

按照法人治理结构，规定了企业党委（党组）、董事会、经理层、首席合规官等主体的合规管理职责，进一步明确了业务及职能部门、合规管理部门和监督部门合规管理职责。二是建立健全合规管理制度体系。要求中央企业结合实际，制定合规管理基本制度、具体制度或专项指南，构建分级分类的合规管理制度体系，强化对制度执行情况的检查。三是全面规范合规管理流程。对合规风险识别评估预警、合规审查、风险应对、问题整改、责任追究等提出明确要求，实现合规风险闭环管理。四是积极培育合规文化。要求中央企业通过法治专题学习、业务培训、加强宣传教育等，多方式、全方位提升全员合规意识，营造合规文化氛围。五是加快推进合规管理信息化建设。推动中央企业运用信息化手段将合规要求嵌入业务流程，利用大数据等技术对重点领域、关键节点开展实时动态监测，实现合规风险即时预警、快速处置。六是强化对违规行为的监督问责。明确了国务院国资委对中央企业的违规问责方式，包括约谈、责成整改和责任追究。同时强调了在违规追责之外，合规审查不严、合规人员履职不当本身也构成违规行为并应当追责问责。该办法特别规定中央企业应当结合实际设立首席合规官，对企业主要负责人负责，领导合规管理部门组织开展相关工作，指导所属单位加强合规管理，并特别强调首席合规官应当对重大决策事项的合规审查意见签字并提出明确意见，是强化合规管理工作的一项重要举措，体现了中央企业对强化合规管理的高度重视和积极态度，对推动各类企业依法合规经营具有重要示范带动作用。2018 年，国家发展改革委、外交部、商务部等六部门印发《企业境外经营合规管理指引》，为推动企业增强境外经营合规管理意识，提升境外经营合规管理水平提供了制度依据。该指引明确合规是指企业及其员工的经营管理行为符合有关法律法规、国际条约、监管规定、行业准则、商业惯例、道德规范和企业依法制定的章程及规章制度等要求，在强调境外经营活动全流程、全方位合规的同时,重点针对对外贸易、境外投资、对外承包工程和境外日常经营四类主要活动,明确了具体的合规要求,对于企业结合自身实际加强境外经营相关合规制度建设、不断提高合规管理水平、解决企业境外经营面临的"合哪些规""怎么合规"等实际问题,提供了可操作的具体指引。

从上述制度规范的出台可以看出,我国主要是通过行政主导机制来推进企业合规管理体系建设的,通过强制合规、合规报告、合规评估、合规监管等行政措施要求企业按照政府相关要求建立合规管理体系,对于未按要求建立合规管理体系或者在建立合规体系方面存在违法违规行为的企业,通过行政处罚等措施促使其按照要求开展合规工作。除了以行政措施要求企业建立合规体系,我国还在刑事领域探索建立一定程度的合规激励机制,促进企业主动建立合规体系。为推动企业合法合规经营,更好地服务经济高质量发展,最高人民检察院自 2020 年起开始探索推进涉案企业合规改革。涉案企业合规是检察机关对于企业在生产经营过程中涉嫌犯罪的案件,基于对犯罪社会危害与公共利益等因素的综合考量,督促涉案企业在做出合规承诺并积极整改落实后,在诉讼过程中对犯罪嫌疑人依法慎重采取羁押性强制措施,在处理结果上依法做出不起诉决定或者根据认罪认罚从宽制度提出轻缓量刑建议,促推企业合规建设和社会治理的一项创新○。2020 年 3 月,最高人民检察院率先在上海、江苏、山东、广东等省市的 6 个基层检察院进行第一轮企业合规改革试点。2021 年 3 月,第二轮试点扩大至北京、辽宁、上海、江苏、浙江、福建、山东、湖北、湖南、广东 10 个省市的 27 个市级检察院、165 个基层检察院试点。

○ 行海洋.【新京报】专访最高检第四检察厅厅长张晓津:推进涉案企业合规改革刑事诉讼全流程适用[EB/OL].(2024-03-06)[2024-06-18]. https://www.spp.gov.cn/spp/zdgz/202403/t20240306_647533.shtml.

2022年4月，涉案企业合规改革试点在全国检察机关全面推开○。截至2023年12月，全国检察机关已累计办理涉案企业合规案件9016件○。

涉案企业合规改革试点初期，企业合规主要适用于法定刑三年以下有期徒刑等轻罪案件，适用环节也局限于检察环节。随着改革实践的不断深入，涉案企业合规改革在遵循改革精神和基本原则的前提下，案件类型和适用环节也在逐步调整。涉嫌犯罪企业被纳入合规监督考察的对象，一般应当包含以下基本的合规整改要素：在认罪认罚的前提下停止犯罪行为，积极配合刑事追诉，采取补救挽损措施，处理责任人；查找犯罪原因，发现导致犯罪发生的制度漏洞、管理隐患和治理结构缺陷；针对上述漏洞、隐患和缺陷，进行针对性的制度纠错和管理修复，切断犯罪发生的因果链条，避免同一犯罪的再次发生；逐步建立整体、全面、长远的预防犯罪机制，引入针对性的专项合规管理体系。为了保证涉案企业合规整改到位，2021年最高人民检察院、司法部、财政部、生态环境部等九部门印发《关于建立涉案企业合规第三方监督评估机制的指导意见（试行）》，建立第三方监督评估机制，对第三方机制的职责、启动和运行、评估内容等进行规定，加强涉案企业合规承诺和合规整改开展监督评估。当前，随着"合规不起诉"改革的深入推进，我国合规从宽制度正在向两端延伸。向前，从司法改革红利向行政监管优待延伸，合规管理建设是市监、商务、海关、税务、土地等部门在监管执法时采取暂缓或从轻处罚措施的重要考量因素；向后，从检察机关刑事追诉阶段的合规不起诉，向刑事审判、执行阶段的合规从宽量刑、从宽处罚延伸，覆盖刑事诉讼全流程，甚至有一些法院正在结合诉源治理、

○ 李玉华.企业合规与刑事诉讼立法［J］.政法论坛，2022（5）：97.
○ 行海洋.【新京报】专访最高检第四检察厅厅长张晓津：推进涉案企业合规改革刑事诉讼全流程适用［EB/OL］.（2024-03-06）［2024-06-18］.https://www.spp.gov.cn/spp/zdgz/202403/t20240306_647533.shtml.

能动司法政策，积极探索商事审判的合规从宽机制。一切组织开展合规建设的动力正在司法推动和政府监管引导之下变得越来越强。

在行政监管和司法改革引领下，我国正在形成蓬勃向上的企业合规建设生态。2021年，国际标准化组织ISO发布A级合规管理体系认证标准ISO 37301：2021。该标准于2022年被等同转化为我国可认证的国家标准GB/T 35770—2022，合规管理体系国标认证成为组织取得技术性信任的重要载体，合规管理体系的标准化发展正在推动所有组织重新审视自己的风险管控水平。2021年，人社部批准企业合规师成为一种新的职业。2022年，企业合规师被正式列入《中华人民共和国国家职业分类大典（2022年版）》。合规师虽然不是一种资质型准入性职业，但作为一种技能型职业，其仍有利于推动合规职业建设和合规队伍发展。近年来，许多高校、科研院所纷纷设立合规研究院、合规治理理论研究中心等专门机构，开展合规理论研究，一些高校也正在组织编写"合规学"教材，并申请设置合规学二级学科，合规理论的研究正在引领和规范着合规实践的发展。特别是企业、组织作为合规管理建设的主体，合规意识越来越高，正在通过合规管理建设积极拥抱而不是逃避当前的"强监管"时代。许多行业的重新洗牌让企业认识到，合规管理是企业的生死问题，适应并主动融入当前的新时代，提升合规管理能力和风险防控水平，是顺利跨过经济周期、转危为机、实现高质量发展的必由之路。

第三节　合规管理模式变迁的理论借鉴

如果单纯从美国金融行业的合规发展历程来看，其合规管理模式大致经历了"管制缺乏导致风险严重—为应对风险实施严格管制—为促进市场效率放松管制—为防止新的风险,强调外部监管与内部自我约束并重"的历史轨迹⊖,其背后蕴含的监管理念和方式变革为企业综合监管和依法治理体系构建提供了诸多可资借鉴的成功经验。

一、引入合规管理以实现组织内外协同共治

外部监管系统通过制定统一的硬性规则,以及监管部门的强势介入,能够迅速实现对于被监管主体的行为规范,但也存在明显的缺点:一方面,外部监管过于强调规则的统一性而往往忽略个体的差异性,"一刀切"的监管模式常常成为备受诟病的主要问题之一;另一方面,外部监管常常具有滞后性,往往是现实中出现了诸多问题之后以强制性手段进行"重拳出击""专项整治"。因此,"一管就死、一放就乱"是外部监管天生具有的劣势,监管部门和被监管主体之间的信息不对称,甚至被认为是利益冲突成为严重制约外部监管的非常重要的原因。

相反,内部监管则是通过加强机构内部的监管体系建设和监管能力提升,把外部监管的压力内化为机构内部规范运行的动力和日常行为,能够实现监管的系统性、连续性和实时性。首先,合规治理降低了行政机关的监管成本,弥补了行政监管力量不足、监管能力有限的缺憾,行政机关通过指导和监督被监管单位建立合规治理体系并监督其有效运行,使全流程、全覆盖的监管成为可能;其次,合规管理的生命在于有效,合规治理遵循国际通行的精密体系和成熟标准,从组织、制度和文化到预防、识别、应对等,能够最大限度地防范合规风险、提高监管效能;最后,合规治理与行政合规监管相辅相成、互促互进,既能调动自我治理的积极性,又能确保监管机制的科学性、有效性和激励性,实现双方主体协同共治、合作共赢。

⊖ 肖远企.合规管理模式的变迁路径及其启示[J].银行家,2006(9):34-38.

因此，在外部监管向内部监管转换过程中，实现的是监管理念和方法的转换，即外部监管由监管具体的工作和细节转变为监管机构内部监管系统规范建立和有效运行的效果，从而实现行为和责任的转变。这与2018年国务院办公厅发布的《关于改革完善医疗卫生行业综合监管制度的指导意见》文中提及的政府"放管服"改革和进一步推进现代公立医院"管办分开"等诸多理念不谋而合。

二、引入合规管理以明确责任主体

各种组织机构都会建立一套确保自身有序运行的系统和程序，从而保证组织运行的规范和效率。但是组织自身追求的最终目标与监管机构追求的更大层面上的规范和效率往往存在一定的差异性，具有自身经济利益的组织尤其如此。因此，从外部监管转向内部监管一个非常重要的前提，就是把外部监管所要达到的目标和宗旨转变为机构内部监管的评价与考核指标，并专门设计出一套特别的组织体系来保障这一特定目标的达成。对于合规管理而言，最重要的是把行政法律甚至刑事法律层面上对于组织最基本、最重要的监管要求在组织内部得以落实，来保障组织本身的健康持续发展，从而实现在特定事件中"组织责任已尽，而犯错的是个人"的管理效果。因此，把合规管理从组织内部的管理体系中分离出来，作为专门的职能并以特定的组织资源、文化理念、制度流程和效果评价来落实这一监管职责，从而实现组织这一实体免受个人违法犯罪行为的影响而得以健康持续地存在和运行下去。

因此，合规管理体系是一套有别于现有组织内部质量与能力、规范和效率运行的系统，它需要在现有的组织架构中重新去构建并赋予特定的职能，从而有机会让医院的主要负责人承担"第一责任"。

三、引入合规管理以建设诚信文化

合规治理作为独立于经营治理和财务治理的现代企业三大治理体系之一，诞生之初就与诚信道德文化密切相关。美国《组织量刑指南》明确提出，有效的合规计划必须促进一种鼓励道德行为和合规的组织文化；美国检察机关在对建立合规计划的企业做出不起诉决定时，也会将企业文化作为重要考量因素。每个单位主体都有自身独特的文化，以此来指引各成员的思想和行动。美国司法部前部长拉里·汤普森认为，这种文化是一个态度和实践的网络，它倾向于自我复制和延续，并超越了任何一个管理者的任期。这种文化既灌输对法律的尊重，又滋生对法律的蔑视和渎职，企业本身必须对其所提倡的文化和行为负责。

第四节 企业合规管理的价值诉求

有关企业合规的价值诉求存在一系列的学术探讨。所谓价值，是相对于主体意义而言，判断的主体不同，其价值和意义显然是有差异的。企业合规对于企业本身、企业的所有者和利益相关者、监管机构及社会公众，其价值显然是不同的。

对于企业合规的价值，可以从积极的和消极的两个层面进行理解。在积极层面，合规有助于企业构建更加合规合法的经营模式，让企业赢得更多商业交易机会、增强市场竞争力，树立更好的企业品牌和声誉，使得企业可以更加长久可持续地发展下去，为企业的所有者和利益相关者带来更多利益；而在消极层面，企业合规为避免企业出现违法违规行为，防止或减轻因违法违规而遭受的各种损失，避免或者减轻迫在眉睫的处罚危险，或者企业在面临行政监管调查、刑事追诉的情况下，为避免受到严厉的行政处罚、刑事责任追究，以危机应对为目的，针对已经发现的管理漏洞、制度隐患及其他造成违法犯罪行为出现的原因，做出针对性的制度整改，防范企业发生新的违法犯罪行为，以换取较为宽大的处理。企业建立合规管理体系的根本目的在于预防和发现企业内部的违法违规行为，并形成一种遵守规则、信守承诺并尊崇道德的文化和行为体系。

一、合规是企业健康可持续发展的保障

企业作为独立的民商事主体，具有自身独立的利益和价值追求，其首要的使命是维持自身的存在和可持续发展。正如在本书前文提出的，合规是一套法人与个人责任的切割机制，保障法人免受个人行为导致的法律责任，维护法人的自身存在和利益。从这一意义上，对于企业而言，合规是法人健康可持续发展的"护身符""防火墙"抑或"避雷针"，是企业实现自身生存、成长和可持续发展的基石。通过构建企业责任和个人责任的"隔离带"，企业有机会从可能遇到的特定的行政或者刑事责任中解脱出来，或者通过自身治理机制和管理能力的持续进化，获得新的生存和成长机会，从而实现自身的存续和持续发展。

二、合规是实现长远可预期利益的保障

有效的合规管理不仅可以帮助企业提升管理能力和效率，节约管理成本，创造良好的信誉和形象，而且能够为企业带来更多的商业机会，增强业务稳定性和持续性。对于企业的所有者或者利益相关者而言，如股东、企业的员工、上下游的商业伙伴，甚至是企业的顾客，维护企业的存在和正常运营同样重要。企业倒闭必然导致股东让渡的财产利益和相关付出受到损失，让企业员工所付出的劳动无法获得应有的回报，更会导致其他企业组织或者顾客的交易行为出现变数甚至损失。合规使得这种风险显著降低，因为企业自身的存在和发展是实现相关预期利益的最大保障，一

旦企业不复存在,"皮之不存,毛将焉附"。因此,一个能够持续存在的企业,是对其股权所有者和利益相关者最重要的利益保护,合规体系的建立和运行为这种保护提供了一套切实可行的体制和机制,提供了一套保险体系。

三、合规是实现企业自我监管的需要

合规是企业为了应对监管而生的企业内部管理体系,本质上是组织内部的一套自我监管机制。监管是外部监管机构的强制行为,组织面对外部监管往往是被动的。合规是组织自愿选择遵守要求的行为,是企业参与社会法治建设并提升社会治理能力的重要过程和手段。企业合规通过把外部监管的压力内化为机构内部规范运行的动力和日常行为,能够实现系统内外监管的系统性、连续性和实时性。

通过建立合规管理体系,企业建立了商业行为规范,为员工确立了行为准则,并建立了合规风险防范体系、风险识别体系和违规行为应对体系。通过对企业和员工经营行为的及时监控和处置,企业实现了自我监管、自我报告、自我披露和自我整改,可以实现对违法违规行为的有效预防、及时监控,对于制度上的漏洞和缺陷进行及时的堵塞和修补。在一定程度上,企业合规发挥了替代政府监管、防范企业及其员工出现违法行为的作用[一]。

四、合规是企业的社会和道德责任的体现

合规治理从诞生之初就与诚信道德文化密切相关。通过内部合规机制的建立,政府"预防违法"和"发现违法行为"的公共责任从国家转移到各个企业内部,这种合规机制赋予了企业及其内部管理人员服务于社会的属性。合规机制的建立必然会增加企业运行的成本,在某种程度上造成了企业决策运行效率的降低,而

[一] 陈瑞华. 企业合规基本原理 [M]. 3 版. 北京:法律出版社,2022:10.

企业建立内部合规机制的义务和职责能够保障企业的活动遵循国家和社会的价值诉求，让企业放弃短期迅速盈利的冲动，建立内部合规机制的行为和使命具有了外部监管的职责，从而体现了企业的社会责任和道德义务。同时，随着监管部门监管的能力越来越强和要求越来越细致，企业合规目前几乎融入了企业所有的业务范围和领域，与企业的日常运行和业务高度融合。

五、合规是内外部利益和价值的融合

企业合规的价值满足了不同主体的价值诉求，对于企业本身、企业的所有者和企业的利益相关者而言，具有某种"功利主义"的属性和意味。一方面，正如西门子所谓的"只赚取干净的钱"，合规并没有影响或否定企业的盈利目的，甚至是为了更好地保障企业"持续盈利的能力"，但是在某种程度上，这样的体制和机制降低了整个社会预防和监管违法的成本，实现了整个社会效益的增加；另一方面，国家通过一系列行政和司法的激励机制，以责任切割和宽大处理来换取企业建立并运行一套有效的合体管理体系，在减轻监管成本的同时，最大限度地维护了整个社会的稳定和大多数人的利益，实现了企业内外部利益和价值的融合。

因此，企业合规不仅具有外在的功利性价值，而且具有内在的道德性，表现为合规可以促使企业遵守道德义务，并承担必要的社会责任。对于企业的生存和发展而言，企业合规有助于减少损失，切割责任，获得行政和刑事上的宽大处理，实现长久的可持续发展。从政府监管的角度来看，企业合规可以克服行政监管外部监管的局限性，通过引入协商、对话、妥协和契约的理念，激活企业自我监管的能力，提高外部监管的有效性，为大型企业防范违法犯罪活动开辟一条新的监管方式。而从社会公共利益衡量的角度来看，企业合规机制的推行，表面上使企业付出了高额管理成本，使涉案企业获得额外收益，却有利于维护众多关联人员的利益，有利于维护社会公共利益；也只有将合规融入组织文化及组织工作人员的意识和行为，合规才能更好地实现其价值，才能保障企业实现成功和持续发展。

综合上述观点，"仅仅把强化合规管理聚焦于防范合规风险是不够的。强化合规不仅为了防范和化解合规风险，更是为了企业管理体系的完善及企业文化的提升，最终是为了增强企业软实力，即合规竞争力的增强。只有明确强化合规对于企业持续发展的重要意义，才会使企业从应对外部监管压力而被动地接受合规，上升到自觉自动地推进合规"⊖，最终实现从"要我合规"走向"我要合规"的深刻转变。

⊖ 郭凌晨，丁继华，王志乐.企业合规管理体系有效性评估［M］.北京：企业管理出版社，2021：8.

第三章 医疗机构合规管理的必要性和引入路径

公立医院改革是整个医疗体制改革过程中最难啃的骨头,其中现代公立医院的法人治理结构是研究的重点;坚持公立医院在我国医疗服务体系中的主体地位,合理区分公立医院的"管办分开"和"政事分开",是公立医院改革既定的方向之一;如何调动公立医院的公益性和积极性,如何充分使用好"政府"和"市场"两种手段,是公立医院体制机制改革面临的主要问题。正如前文所言,一般认为,今天的公立医院运行尚难以界定为"经营行为",医院负责人更多承担的是各级各类办医主体代言人的角色,更多在于执行上级的政策和要求,所以有人认为公立医院不存在所谓的"合规风险"问题;或者公立医院一般是事业单位,即使出现了"合规风险",基本上也是由直接责任个人承担相应的行政和刑事责任,对于医疗机构自身而言不存在生存和发展的问题,但事实并非如此。

第一节 合规风险存在于所有类型的法人组织

合规风险存在于所有类型的法人组织。具有独立名称和财产的法人组织在制度设计上区分了组织和个人的财产和责任,但是毕竟组织需要由人来实现其意志、完成其使命,在个人代表组织履行使命的过程中，不排除一些个人借助组织之名之利来获取个人不当利益的行为，合规风险由此产生。对于组织而言，合规治理体系的功能和价值之一就在于防范个人利用组织之名之利谋取个人名利而给组织带来的不利益。

尽管医疗机构的所有制属性不一，除了部分以个人或者合伙制形式组建的诊所和门诊部，其他各级各类医疗机构多是以法人主体的形式出现，各类公立医院更是如此。尽管不是完全的商事主体，但是医疗机构对内部人、财、物负有全面的管理责任，对外承担着各类医疗服务提供、各类货物交易和其他等价交换的行为等，这些也都是以医疗机构的名义而由相应的部门和人员来具体实施，并最终由医疗机构承担责任。显然，对于医疗机构而言，合规风险当然存在，甚至结合医疗机构组织自身特点和行为特点看，其合规风险还具有行业的特殊性。

从国家卫健委网站上公布的针对各类医疗机构处罚的文件来看，处罚的方式基本上都是双罚制，即对于直接的责任人追究个人的刑事或者行政责任，对于医疗机构则剥夺或者限制一定时限内的评奖评优、项目申报或者开展某项业务的资格。这些对于机构资格或者资质的限制，无疑都会导致医疗机构一系列经济、声誉、业务发展或者进步机会等方面的损失。

第二节 医疗机构实施合规管理的引入路径

分析可见，作为法人单位的医疗机构，在运行过程中存在大量的具有自身行业特色的合规风险。从实现和保障自身长远可持续发展的角度出发，医疗机构有必要学习和借鉴中央企业的治理经验，构建一套反映行业特色的医疗机构合规管理体系。从新的治理体系引入的角度，具体建议如下。

一、建立医疗机构合规治理法规体系

医疗机构的合规风险是显然存在的,目前已引起各级各类管理部门的高度关注,由一系列"零散"的法律法规和规范性文件予以强调,如行业内关于打击商业贿赂、行风管理"九不准"、严格限制公款招待等规定,以及近年来全国范围内重点开展的关于医疗服务价格专项督查等工作,但是现有的管理尚未把医疗机构的合规风险管理上升到医疗机构法人治理体系的高度,尚没有形成统一和系统管理的合力,尚没有成为医疗机构绩效考核的重要指标之一。在医疗机构内部,纪委、监察、审计、行风等各部门条块分割、职责交叉或者管理缺位,难以应对日益复杂的现实环境,群龙无首、各自为政、各管一块的情形屡见不鲜。

因此,在医疗机构内推行合规治理体系需要从顶层制度设计、从国家层面制定总体的要求和规范,以自上而下的实施路径来实现医疗机构内部管理体系的构建并逐步完善。在初级阶段,以国家卫健委部门规章的方式,明确医疗机构合规管理的必要性、形成主要的合规管理的原则、规定医疗机构合规管理的组织框架和重点管理的内容,并将医疗机构合规管理的效果纳入绩效考核的重点指标,是有力推进合规治理体系在医疗机构运行的有效手段。

二、构建医疗机构内部合规管理体系

医疗机构内部合规管理体系的构建和有效运行,需要从以下四个方面不断推进和完善:一是构建一整套医疗机构合规管理的制度体系,从医疗机构章程到各项具体的管理要求和程序规则,把合规的要求融入各重点管理事项的具体操作细节,实现对重要合规风险的制度化管理;二是有效整合医疗机构内部合规管理的资源,重新构建合规管理的组织体系,形成系统合力,结合各项合规风险，有体系、有组织、有计划地开展工作；三是合理规划并有效落实一整套合规管理的运行机制，从风险的评估、合规的培训、重点环节的干预、违规信息的收集、问题的调查和处置、危机的应对、典型违规事件的警戒等方面，实现合规管理的全流程、闭环式管理，从而提升整个医疗机构内部合规管理体系的效能；四是构建基于结果的合规管理考核体系，把合规管理的效果与医疗机构主要负责人的绩效而非医疗机构的绩效结合起来，通过强化和夯实主要负责人的监管职责，以其表率和带头作用来塑造和维持医疗机构合规管理的文化和氛围。

法人组织的合规风险伴随着法人制度的设计会必然存在，合规治理的需要也将伴随着法人规模的发展和监管的日趋严格显得愈加迫切，对于医疗机构而言情况更是如此。随着公立医院法人治理体系的日益完善、行业监管的日益强化，将合规管理体系纳入医疗机构现有的管理体系显得必要而迫切。自上而下的制度设计和推动路径，以及整合医疗机构内部的管理资源、理顺管理机制、落实程序细节、加强监督考核，必将有效提升医疗机构依法依规执业的效果，有力保障医疗质量和患者安全。

第二篇
组织合规管理体系架构

合规管理体系是一个制度系统框架，该框架是基本结构、政策、过程和程序的有机结合，其目的是实现预期的合规结果，并发挥作用以预防、发现和响应不合规。合规管理体系无法完全避免错误的发生，但体系化的设计能确保组织对违规做出及时有效的应对。

全面合规管理体系主要是针对不确定性的、抽象的合规风险而搭建的完整的管理系统；专项合规计划是针对某一具体风险而建立的精准和简约的合规体系。"全面性和针对性"始终都是一对矛盾，实践中需要结合组织所要完成的主要合规任务，进行全面了解，进而有所选择。

第四章　组织全面合规管理体系构建

2018 年，在我国企业的合规历史上是极具意义的一年，有关国有企业合规改革的相关规章制度相继出台，包括《中央企业合规管理指引（试行）》《企业境外合规经营管理指引》等有效在用的重要规则，掀起了我国企业合规管理体系建设的热潮。目前，对于如何构建企业的全面合规管理体系，《合规管理体系　要求及使用指南（GB/T 35770—2022/ISO 37301：2021）》（以下简称《指南》）[一]和《中央企业合规管理办法》（以下简称《办法》）是两个成熟且系统全面的指导性文件。例如，对于中央企业如何进行全面合规，建立全面的合规管理体系，《办法》第 5 条规定了"全面覆盖"原则，企业需要将合规要求嵌入经营管理各领域各环节，贯穿决策、执行、监督全过程，落实到各部门、各单位和全体员工的履职行为当中。在现实的企业管理中，中央企业按照《办法》的要求逐步建立了全面合规管理体系。企业在运行中所遵循的合规义务来源，涉及法律法规、许可授权、监管规定、法院判决或行政决定、条约、公约和协议，以及企业章程、规章制度、签订的协议或合同要求[二]等几乎所有的领域，全面、全域、全员的合规

[一] 由于国标《合规管理体系　要求及使用指南（GB/T 35770—2022）》等同采用国际质量体系标准《合规管理体系　要求及使用指南（ISO 37301：2021）》，本书为了论述方便，均直接引用国标的内容。

[二] 王益谊，杜晓燕，吴学静，等.《合规管理体系　要求及使用指南》标准解读与应用[M].北京：企业管理出版社，2022：4.

管理要求已经成为企业及其人员经营和履职行为的基本要求。

第一节　组织全面合规管理体系特征和要素

根据企业合规管理体系的覆盖领域、表现形式等的不同，可以大体将企业的合规体系分为全面合规和专项合规。其中，全面合规往往是整体性、全方位、全领域的合规，也被称为"大合规"体系⊖，是在没有面对具体、急迫的合规风险的情况下，为预防、控制企业未来可能发生的违法违规风险，确保企业依法依规经营而建立的预防性合规管理体系⊖，体现了一种以管理为导向的合规理念。在企业管理领域，基于企业依法依规经营、避免或减少违法违规可能带来的影响而言，预防是更加重要和有效的手段。与之相对，专项合规强调围绕某一特殊领域和特定风险展开合规，是与某项业务相关的具体风险防控机制。不同行业、不同业务、不同规模的企业，在专项合规方面有不同的需求和侧重。国有企业常见的专项合规包括反商业贿赂合规、反垄断合规、反不正当竞争合规、知识产权合规、出口管制合规、反洗钱合规、数据保护合规、税收合规、证券合规、环境保护合规等。合规全景分类如图4-1所示。

A	B	C	D	E	F	G	H	I	J	K	L	M	N	O	P	Q	R	S	T	U	V	W	X	Y	Z
机构治理	资质资格	行业监管	个人信息保护	网络信息安全	知识产权保护	商业秘密保护	国有资产监管	反垄断	反不正当竞争	反贿赂	反舞弊	质量管理	安全生产	环境保护	职业健康	传播内容监管	工作场所行为	劳动用工	财务税收	消费者权益保护	反洗钱	上市公司监管	出口管制	经济制裁	国家安全

图4-1　合规全景分类

⊖ 郭凌晨，丁继华，王志乐.企业合规管理体系有效性评估［M］.北京：企业管理出版社，2021：2.
⊖ 陈瑞华.有效合规管理的两种模式［J］.法制与社会发展，2022（1）：5-24.

在合规管理体系的建设过程中，"体系化"和"针对性"是一对经常发生冲突的目标[1]。全面合规管理体系建设主要是基于企业在经营过程中可能遇到的各种"抽象性的风险"而建立的一套大而全的"风险防范体系"，希望系统性发挥合规体系"长久和全面"的风险防范作用。相比较而言，专项合规是针对某一特定的风险而开展的具有"补救"或者强化作用的、具有"短期效应"或者应急特色的风险防范和补救体系。

近年来，我国检察机关主导开展的企业合规改革中，更加侧重涉案企业专项合规计划，具有明显的"补救"或者"堵漏"作用——为避免因为违反相关特定的法律规定而遭受行政处罚、刑事追究及其他方面的损失而建立特定专项的合规管理体系[2]。尽管专项合规与全面合规存在一定的区别，但从合规体系的构建而言，只有在充分理解全面合规体系的基本特点之后，才能更加有效地在实际管理过程中打造有效的专项合规计划。

全面合规管理体系的落地，是新时代企业依法执业的重要抓手，是依法治国、法治建设在企业治理实践中的具体体现，可以减少不合规行为对企业的损害；营造风清气正的企业内部环境，有助于企业集中精力提升经营能力；厘清合规的边界及合规底线，有助于企业人员明确并了解相关信息，提前知道做事和推动纠偏的底线，助力各级人员放开手脚，推动企业可持续发展。企业通过全面合规体系的设计和运行，可以赢得客户和外部相关机构的信任，使企业获得更多市场准入的门槛，获得更广阔交易市场的"入场券"，进入高端商业朋友圈的"名片"。即使企业出现问题，也可以在内部按要求切割责任，明确责任来源，成为企业和管理层的保险单。

---

[1] 陈瑞华.有效合规的中国经验［M］.北京：北京大学出版社，2023.
[2] 陈瑞华.企业合规基本原理［M］.3 版.北京：法律出版社，2021：152.

一、组织全面合规管理体系的主要特征

一般而言,组织全面合规管理体系具有以下三方面特征。

(一)全面合规管理体系之全面性

可以从以下三个角度进行理解:

一是合规风险覆盖的全面性。全面梳理合规风险,是企业制定全面合规管理体系的前提。不仅如此,企业还需要动态地结合最新的内外要求,定期评价和更新企业的风险数据库,一个有效、适宜的全面风险防范体系必须要结合最新的监管要求、企业承诺和社会责任来履行自己的义务、防范风险。

二是要将合规要求嵌入企业经营管理的全部领域、各个环节。例如,要求中央企业将合规审查作为必经程序嵌入经营决策管理流程即是如此。《办法》中明确要求对于重大决策事项的审查,需要由首席合规官签字、提出明确意见,这也是对重点环节的合规要求。

三是全面合规还体现在对于企业所有人员履职的合规要求。《办法》中对于国有企业董事长、经理层、主要负责人、工作人员等都规定了相应的合规职责,既强调要发挥企业负责人的"高层承诺"和对合规体系有效运行的领导职责,又明确了企业员工在履职过程中的合规义务。

(二)全面合规体系之风险预防性

这是全面合规体系与专项合规体系的一个重要区别。企业的生产经营活动往往会受到法律规则、商业惯例、国际条约、行业规范等的限制,一旦违反相关的强制性规定,企业可能面临行政处罚甚至刑事追诉的后果。不仅如此,企业在经营过程中,为了获得相关方的信任、竞争优势和交易机会等,对自身的生产经营过程和产品服务品质进行若干承诺,由此会产生一系列的"契约型合规义务";企业内部开展的一系列自愿选择而进行的内部控制,

如"排队不超过十分钟"等类似的可供外部知晓的规定；出于企业社会责任和道德责任而宣称的承诺，如在自然灾害期间承诺进行"捐赠"等，都会转化为企业需要履行的合规义务。为了避免上述"外规""内规""德规"的不履行可能给企业带来的各种不利益，构建一套事前的风险防范体系是当然的选择。

因此，从本质上而言，一方面，企业是承载合规义务的主体，而合规管理是基于风险防范的管理体系，需要通过全面、全过程和全员的风险预防体系的构建预防风险的发生；另一方面，随着外部合规激励机制的建立，当企业出现因未遵守相关的法律规定而受到行政处罚、刑事追诉的现实危机时，希望通过已经建立并有效运行的合规体系来减轻、免除不利的法律后果，也成为企业推动合规、减少风险的新动力。

(三) 全面合规体系之义务前提

对于合规义务，通常认为来自企业外部的合规监管要求和企业自身的合规承诺，前者是强制遵守的合规要求，后者则是自愿选择遵守的合规要求。《指南》将其界定为"组织必须遵守的要求，以及组织自愿选择遵守的要求"。"外规""内规""德规"是对企业应当履行的合规义务的另一种分类方式和范围界定。

根据对《指南》规定的理解，"合规义务"是整个企业合规风险管理体系的"根概念"，是合规管理体系得以建立的基础，合规风险是出于不履行合规义务而导致的不利后果。企业的合规管理体系的构建应当是基于义务分析而非规避风险构建的体系，前者是在分析所有的监管规则、承诺和社会责任的基础上构建的一套行为规则，而后者可能只是为了规避风险而故意寻找漏洞和边界不清的地方，两者之间存在明显的区别。合规是为了在明确义务的前提下履行既定的行为责任而防范风险，为了逃避责任、规避风险而建立的合规体系显然不是合规管理所要追求的宗旨和使命。

二、全面合规管理体系基本要素

对于如何构建全面而有效的企业全面合规管理体系,《指南》提供了非常细致全面的指导,对于中央企业而言,具有代表性的指引性文件是国务院国资委制定的《办法》。《指南》中的规定主要包括组织环境、领导作用、策划、支持、运行、绩效评价、改进等部分,涉及组织建立、实施、评价、维护和持续改进有效合规管理体系应满足的要求,并对如何使用该标准提供了建议和指导[一]。《办法》中对合规管理体系规定了组织与职责、制度建设、运行机制、合规文化、信息化建设、监督问责等部分内容和要求。

对于全面合规管理体系应当具备的基本要素,学者的观点不尽相同。有研究者认为,合规管理体系应当包括以下8个要素:高层承诺、组织机构、制度流程、风险评估、培训宣贯、合规审计、报告与举报、激励与惩罚[二]。也有研究者将构建合规管理体系概括为10个支点:决策和战略的确定,组织机构到位,职能和机制到位,对合规现状的全面诊断,梳理合规义务,分析、评估合规风险,提出合规体系建设方案,制定和优化制度流程、培训和宣传,合规体系建设有效性评估等[三]。

上述标准、规定和学术讨论从不同角度对全面合规管理体系如何构建给出了很好的指导,有些涉及合规管理体系的要素,有些关于合规管理体系的方法、流程等。其实,合规管理体系的有效性评价一直是合规管理理论研究、管理运行和司法实践中持续关注和不断深入推进的重要内容。"纸面合规"是合规管理体系构建和运行中应当重点防范的首要问题。诚然,不论是全面合规体系,

---

[一] 王益谊,吴学静.《合规管理体系 要求及使用指南》标准解读[J].冶金管理,2023(14):24-31.
[二] 法盟,孔祥俊.企业合规实务指引[M].北京:中国法制出版社,2023.
[三] 恒兵.企业合规理论与实践[M].广州:羊城晚报出版社,2022.

还是专项合规体系，都不可能完全预防违规事件的发生，但是通过"秀才工作""纸面文章"或者通过虚假的宣誓和空洞的承诺建立起来的完全形式化的合规管理体系，是不可能达到合规风险防范、特定风险整改效果的，也是需要在体系设计和构建过程中尽力避免的。

通常认为，有效的全面合规管理体系应当包括四维支柱：健全的合规管理组织体系、完备的合规管理制度体系、完善的合规管理运行机制及浓厚的诚信合规文化氛围⊖，这四个方面比较准确地涵盖了合规管理体系的基本要素。本章以《办法》的规定为基础，结合《指南》的相关要求，对此四个要素分别加以论述。

第二节　企业全面合规管理组织体系

全面合规管理组织体系是全面合规管理体系的一项核心要素，也是全面合规管理体系的建构主体、实施主体，《指南》中将其表述为合规领导与组织体系。从合规管理体系基本要素的角度，合规管理组织体系既包括企业中合规管理的领导机构，又包括合规管理活动的执行主体。有研究者认为，健全的合规管理组织体系包括以下要点：明确董事会的合规责任，首席合规官的授权与独立性，组建专业的合规管理团队，保证合规团队所需资源⊖。有研究者提出，通常而言，合规管理机构一般包括合规委员会、合规负责人和合规管理部门，以及合规专员⊖。本书认为，合规管理组织体系可以概括为合规管理的领导、决策层，专业的合规管理团队，以及职能、业务部门的合规专员。

⊖ 丁继华.六步法创建有效的企业合规管理体系［J］.中国外汇，2019（14）：42-44.
⊖ 最高人民检察院涉案企业合规研究指导组.涉案企业合规办案手册［M］.北京：中国检察出版社，2022.

不同层级的、不同职能的合规组织，是确保合规管理体系得以建立和运行的基础。

一、全面合规管理的领导、决策层

全面合规管理体系的运行首先需要有做出合规决策的组织管理主体，能够启动合规管理体系并确保其有效运行。合规管理的领导、决策层可以从以下两个角度进行理解：

一是从企业组织架构和管理体系的角度来说，合规管理的领导、决策层包括企业的董事会、董事长、实际控制人等。其中，作为合规管理的领导、决策层的董事会，应当具有合规专业人员，董事会要接受专业的合规培训㊀；企业不设董事会的，董事长或者实际控制人应当发挥合规管理的领导者、决策者作用。另外，国有企业中的党委虽然不负责合规管理的具体领导工作，但是往往负责把握企业合规管理的基本方向，确保合规的要求体现到企业的治理和日常管理过程中，因此在合规管理组织体系的角度也可以纳入合规管理的领导、决策层。

二是从专业的合规组织体系的角度来说，合规管理委员会或者合规领导小组也属于合规管理的领导、决策层。合规管理委员会、合规领导小组是企业在管理体系中设立的专门负责合规管理工作的组织架构，负责领导合规管理的具体工作。通常而言，在设立了董事会的企业中，应当设立合规管理委员会，作为合规管理的领导机构；而在没有设立董事会的企业中，可以设立合规领导小组，负责企业内的合规管理工作。合规管理委员会或者合规领导小组的成员，通常应包括董事长、主要职能业务部门的负责人及合规管理部门的负责人。合规管理的重大事项，由合规管理委员会或者合规领导小组提交董事会、董事长或者实际控制人决定。

从合规管理的权限而言，董事会、董事长、实际控制人等合

㊀ 丁继华.六步法创建有效的企业合规管理体系［J］.中国外汇，2019（14）：42-44.

规管理的领导、决策层/者,负责企业合规管理中重大事项的决策和领导工作,通常包括以下事项:①确定企业合规管理委员会、合规管理小组的设置,以及首席合规官或者合规部门负责人;②确定、批准企业的合规政策、合规目标、合规管理制度、运行体系和规章制度;③批准、决定企业合规管理的计划等;④决定企业合规管理的重大事项,确保合规管理体系的有效运行和完善;⑤对企业合规管理做出承诺,推动合规文化的建立。

企业的合规管理委员会或者合规领导小组在企业合规管理中的职责主要包括以下事项:①负责确定合规管理制度、运行体系、规章制度的建设方案;②领导企业合规管理部门的日常工作,包括合规管理体系的运行、工作计划的实施、合规风险的应对和合规管理体系有效性的评估等;③负责协调合规管理部门与职能、业务部门在合规管理方面的具体工作;④负责指导、监督职能、业务部门的具体合规管理工作。

企业合规管理体系的领导、决策层的组织体系问题,已经在相关法律规范和标准中有所体现。例如,《办法》中规定了党委、董事会、经理层、主要负责人、合规管理委员会等在合规管理体系中的职责问题。其中,党委负责合规管理的方向性把握[一];董事会发挥定战略、做决策、防风险的作用[二];经理层发挥谋经营、抓落实、强管理作用[三];企业主要负责人作为应当切实履行依法合规经营管理重要组织者、推动者和实践者的职责,积极推进合规管理各项工作。

[一] 《办法》第7条规定,中央企业党委发挥把方向、管大局、促落实的领导作用,推动合规要求在本企业得到严格遵循和落实,不断提升依法合规经营管理水平。

[二] 《办法》第8条规定,董事会的职责主要包括以下事项:(一)审议批准合规管理基本制度、体系建设方案和年度报告等;(二)研究决定合规管理重大事项;(三)推动完善合规管理体系并对其有效性进行评价;(四)决定合规管理部门设置及职责。

[三] 《办法》第9条规定,经理层的职责主要包括以下几点:(一)拟订合规管理体系建设方案,经董事会批准后组织实施;(二)拟订合规管理基本制度,批准年度计划等,组织制定合规管理具体制度;(三)组织应对重大合规风险事件;(四)指导监督各部门和所属单位合规管理工作。

二、专业的合规管理团队

在合规管理的领导、决策层之下，应当建立专门的合规管理团队，最为典型的是首席合规官领导下的专业合规管理部门。由于企业合规管理是一种专门性的管理活动，有别于传统的企业管理体系，因此合规管理体系的运行和合规管理工作的开展有赖于专业的合规管理团队。

专业的合规管理团队包括团队负责人和团队成员。其中，合规管理团队的负责人通常称为首席合规官，他是专门负责企业合规管理工作的主管人员，负责企业具体合规管理的组织、领导工作，合规管理团队在其领导下开展日常具体的合规管理工作。合规团队具有一定的专业性和相对独立性。在很多企业中，鉴于规模、人员编制、成本等方面的考虑，合规管理团队的负责人也可能由法务、审计等部门的负责人兼任。需要强调的是，合规管理团队的负责人应当在企业中具有必要的职权和地位，应当是合规管理委员会或者合规领导小组的成员，具有参加董事会等企业决策会议、发表意见的权利。基于合规治理原则的要求，合规管理团队负责人应当能直接接触企业的最高层管理者，如董事会、董事长、实际控制人等，汇报合规管理工作，并就企业的经营、业务等发表意见。另外，企业应当为合规管理部门配置必要的资源，确保其正常开展工作。

专业的合规管理团队的职责主要包括以下几点：①组织起草企业合规管理制度、运行体系、规章制度等相关文件；②开展企业合规风险的识别、评估等工作，提出合规风险的预防、识别和应对方案；③负责实施合规管理的具体工作，包括参与有关业务、经营等活动的决策并提出意见，接受合规举报、开展合规审查、提供合规咨询、负责合规培训等；④具体负责合规管理体系有效性的评估，并提出完善方案建议；⑤负责与职能部门、业务部门在合规管理方面的具体协调、指导、监督;⑥负责合规管理的具体日常工作,包括制订工作计划等。

对于合规管理中的专业团队问题,《办法》第12条、第14条分别规定了首席合规官和合规管理部门㊀,并列举了相应的职责。有研究者将《办法》明确要求设置首席合规官,视为其一个突出特点㊁,它从组织层面对中央企业强化合规管理提供保障,并通过制度化方式确定下来,将为推动中央企业开展更加权威、专业和独立的合规管理工作创造必要条件。《指南》在合规领导与组织体系中规定了岗位、职责与权限,其中规定的合规团队的职责主要涉及三类:负责合规管理体系的运行,对合规管理体系运行情况进行监督,对开展合规管理工作提供支持㊂。有学者认为,与企业合规管理组织体系和《指南》的要求相比,虽然《办法》规定首席合规官由总法律顾问兼任,但不利于保障其独立性原则,未来可以考虑予以分离㊂,并且应当明确规定首席合规官拥有必要的职权和独立性。

三、职能、业务部门的合规专员

根据合规管理体系的建设要求,合规管理工作需要和企业的管理体系有效融合,要成为企业日常经营管理活动的组成部分。因此,对于职能、业务部门的具体合规工作,专门的合规管理团队

㊀ 《办法》第12条规定,中央企业应当结合实际设立首席合规官,不新增领导岗位和职数,由总法律顾问兼任,对企业主要负责人负责,领导合规管理部门组织开展相关工作,指导所属单位加强合规管理。
《办法》第14条规定,中央企业合规管理部门牵头负责本企业合规管理工作,主要履行以下职责:(一)组织起草合规管理基本制度、具体制度、年度计划和工作报告等;(二)负责规章制度、经济合同、重大决策合规审;(三)组织开展合规风险识别、预警和应对处置,根据董事会授权开展合规管理体系有效性评价;(四)受理职责范围内的违规举报,提出分类处置意见,组织或者参与对违规行为的调查;(五)组织或者协助业务及职能部门开展合规培训,受理合规咨询,推进合规管理信息化建设。中央企业应当配备与经营规模、业务范围、风险水平相适应的专职合规管理人员,加强业务培训,提升专业化水平。

㊁ 丁继华.央企合规管理体系建设迈上新台阶[J].企业管理,2023(3):14-19.

㊂ 王益谊,杜晓燕,吴学静,等.《合规管理体系 要求及使用指南》标准解读与应用[M].北京:企业管理出版社,2022.

还不足以完成有效的合规管理工作，职能、业务部门需要既懂业务又懂合规的专业人员，他们通常就是合规专员。当业务、职能部门中出现合规风险预警、合规报告时，合规专员可以及时接收、识别，分情况进行处理；对于合规咨询、合规审查等问题，合规专员可以及时予以回应或者联系合规管理部门进行处理。由于合规专员对于职能、业务部门的运行、管理非常熟悉，其对于部门内的合规风险预防、识别、应对等工作更加具有优势，所以合规专员是合规管理组织体系中非常重要的组成部分。基于企业的规模不同，企业可能会由合规负责人兼任合规专员，甚至只设置合规专员[一]。

基于合规管理体系的差异，企业的职能、业务部门在合规管理中的地位、作用也有不同类型。一种是专业的合规管理部门担任企业合规管理工作的主导者，职能、业务部门予以配合。在这种情况下，合规专员往往是业务、职能部门内的工作人员，基于合规管理工作的需要，参加合规管理部门组织的统一培训，成为该部门中的合规专员。另一种是企业的职能、业务部门在合规管理体系中发挥主导作用、承担主体责任，合规专员是本部门开展合规管理工作的执行主体。例如，《办法》中对于职能、业务部门的合规管理职责做出规定，并规定了类似合规专员的合规管理员[二]。业务及职能部门负责本部门合规管理体系的运行、合规审查、合规处置、整改等具体工作；挑选业务骨干，经合规管理部门业务指导和培训后，担任合规管理员。

[一] 最高人民检察院涉案企业合规研究指导组.涉案企业合规办案手册［M］.北京：中国检察出版社，2022：25.

[二] 《办法》第13条规定，中央企业业务及职能部门承担合规管理主体责任，主要履行以下职责：（一）建立健全本部门业务合规管理制度和流程，开展合规风险识别评估，编制风险清单和应对预案。（二）定期梳理重点岗位合规风险，将合规要求纳入岗位职责。（三）负责本部门经营管理行为的合规审查。（四）及时报告合规风险，组织或者配合开展应对处置。（五）组织或者配合开展违规问题调查和整改。中央企业应当在业务及职能部门设置合规管理员，由业务骨干担任，接受合规管理部门业务指导和培训。

四、合规管理组织体系中的高层承诺原则

从企业合规管理体系的角度来说,董事会、董事长、实际控制人等属于企业高级管理人员。以上人员在企业合规管理中的职责体现出一项非常重要的原则——高层承诺原则,即企业的董事会和高级管理人员对企业的合规治理做出权威的承诺和高度的关注,在有效合规治理方面发挥领导、监督和推进的作用。通常而言,高层承诺原则包含三方面基本含义,也是该原则在企业合规管理体系中的具体体现:一是企业最高层应承担搭建合规管理体系的职责;二是最高层应在企业内部传达合规文化;三是企业最高层应承担维护合规管理体系有效运行的职责[一]。

高层承诺原则直接体现在合规管理组织体系中。例如,《指南》第5条"领导作用"中规定的合规治理机构和最高管理层,其实就是针对企业高级管理层。该标准要求治理机制和最高管理者能够证实他们对合规管理团队的领导作用和承诺:治理机构和最高管理者要确保确立合规方针、合规目标并实现;确保制定方针、过程和程序,将要求融入业务,保障资源可获取,强调沟通重要性;促进、支持和指导人员做出贡献,确立提出合规疑虑机制、获知合规事件,妥善处理不合规,促进持续改进[二]。

以此为标准,《办法》中对国有企业董事会、董事长等领导作用的规定还有完善的空间。例如,《指南》中要求企业高层对企业合规管理进行公开承诺并予以落实,确保合规管理体系获得适当的资源保障等,这是企业建立有效的合规管理体系、确保合规管理体系发挥实际作用的重要步骤,但是在《办法》中缺少明确的规定。再如,《指南》5.1.3规定的合规治理原则包括:合规团队应能直接接触治理机构,合规团队的独立性,合规团队具有适当

[一] 陈瑞华. 有效合规的中国经验[M]. 北京:北京大学出版社,2023:106.
[二] 王益谊,杜晓燕,吴学静,等. 《合规管理体系 要求及使用指南》标准解读与应用[M]. 北京:企业管理出版社,2022.

的权限和能力。确保合规治理原则得到确立和实施，是企业高层领导作用的重要体现，也是确保合规管理体系有效性的必要条件，体现此原则的规则应当被纳入合规管理组织体系的相关规定。

第三节　组织全面合规管理制度体系

全面合规管理制度是合规管理体系的重要组成部分。有研究者认为，企业合规管理制度是企业与员工在生产、经营活动中需要共同遵守的行为指引、规范和规定的总称，是企业合规管理的核心内容，包括合规行为准则、合规管理办法、合规业务手册㊀。有研究者提出，合规管理制度是针对若干重点合规领域建立的专项合规指南㊁。也有研究者认为，合规管理制度体系包括三层内容：一是明确的合规价值观念，以何种精神指导企业合规方针政策制定；二是全员遵守的行为手册，向员工说明组织的合规承诺和合规要求，引导员工行为；三是细化专项制度与流程，植入业务流程，加强内部控制与审计，对员工行为进行监督与控制㊂。有研究者从谁来管理、管理什么、如何管理三个方面确定合规管理制度的内容㊃。还有研究者将合规管理制度分为通用合规管理制度和专项合规管理制度。其中，通用合规管理制度是每家企业必须具有的管理制度，具体包括企业领导的职责，以及管理部门和相关配套制度，即人员保障、经费保障、办公场所、培训计划、宣传措施、绩效考核制度等。专项合规管理制度是企业针对某一合规风险点，为避免行政处罚或者刑事追究就某一特定事项制订的合规管理计划，包括设立专项合规管理部门，以及明确规定专项合

㊀　刘相文，王德昌，刁维俣，等.中国企业全面合规体系建设实务指南［M］.北京：中国人民大学出版社，2019.
㊁　陈瑞华.企业合规管理体系建设的两种模式［J］.法学评论，2024（1）：15.
㊂　丁继华.六步法创建有效的企业合规管理体系［J］.中国外汇，2019（14）：42-44.
㊃　法盟，孔祥俊.企业合规实务指引［M］.北京：中国法制出版社，2023：145.

行为及管理流程，使员工在从事相关业务时可以得到明确的合规行为指导和操作指引⊖。

关于上述学理讨论，相关规范性文件中也有涉及。例如，《办法》中规定，应当根据适用范围、效力层级等，分级分类构建合规管理制度体系，这是中央企业构建合规管理制度的基本思路⊖。在此之下，合规管理制度体系主要包括两部分：一部分是全面合规管理基本制度，包括合规管理的总体目标、机构职责、运行机制、考核评价、监督问责等内容；另一部分是专项合规管理制度。《办法》要求，中央企业应当针对反垄断、反商业贿赂、生态环保、安全生产、劳动用工、税务管理、数据保护等重点领域，以及合规风险较高的业务，制定合规管理具体制度或者专项指南；应当针对涉外业务重要领域，根据所在国家（地区）法律法规等，结合实际制定专项合规管理制度。可见，《办法》要求将合规管理基本制度与专项合规制度相结合，从而实现全面合规制度建设⊖。

基于以上考察，本书认为企业合规管理制度应该包含两大部分内容：

一是企业、员工在生产、经营活动中需要共同遵守的行为指引和规范。也就是说，合规管理制度应当为企业及其员工提供明确的行为指引和规范，使企业、员工知道什么可以做、什么不可以做、应当如何做。企业通过明确的合规行为准则、重点领域的专

⊖ 最高人民检察院涉案企业合规研究指导组.案企业合规办案手册［M］.北京：中国检察出版社，2022.

⊖ 《办法》第16条规定，中央企业应当建立健全合规管理制度，根据适用范围、效力层级等，构建分级分类的合规管理制度体系。

《办法》第17条规定，中央企业应当制定合规管理基本制度，明确总体目标、机构职责、运行机制、考核评价、监督问责等内容。

《办法》第18条规定，中央企业应当针对反垄断、反商业贿赂、生态环保、安全生产、劳动用工、税务管理、数据保护等重点领域，以及合规风险较高的业务，制定合规管理具体制度或者专项指南。中央企业应当针对涉外业务重要领域，根据所在国家（地区）法律法规等，结合实际制定专项合规管理制度。

⊖ 也有研究者认为，全面性是合规管理制度的一个突出特点。法盟，孔祥俊.企业合规实务指引［M］.北京：中国法制出版社，2023：142.

项合规计划或者明晰的合规义务手册等，规定企业、员工需要遵守的合规行为规范。

二是企业为了确保合规行为指引和规范得以落实，并且有效实现合规风险的预防、监控和应对，需要制定的必要企业合规管理制度，包括基础性的合规管理制度及专项合规管理制度。其中，基础性的合规管理制度包括合规章程（合规行为准则）、合规组织、合规管理人员配置、合规风险防范制度（合规风险评估、尽职调查、合规培训、合规承诺、内部沟通和宣传）、合规风险监控制度（合规报告、合规举报、合规调查、合规审计）及合规风险应对制度（内部调查、违规惩戒、修复制度漏洞）⊖，合规管理体系有效性审查制度及合规文化建设。此外，企业还需针对重点合规领域，建立专项合规管理制度。例如，针对反垄断、反商业贿赂、生态环保、安全生产、劳动用工、税务管理、数据保护等重点领域，建立专项合规管理具体制度或者专项指南。

在企业的合规管理制度体系中，合规政策具有特别重要的意义。合规政策，又称为合规方针、合规章程，是由企业的合规领导、决策主体正式表述的企业合规管理的意图和方向，包含总体目标在内的合规管理体系的纲领性文件，是制定具体的合规管理制度和合规运行机制的基础和依据，是指导企业合规管理的最高规范性文件⊜。

根据《指南》的规定，确立合规政策要符合企业的宗旨，包括企业的战略目标、具体业务、企业文化、经营理念等，与企业的价值观、目标和战略保持一致，同时要遵守企业的合规义务，为合规目标提供达成框架。制定企业的合规政策，需要考虑可以通过合规管理体系满足相关方的需求，包括持续改进合规管理体系的承诺。在内容方面，合规政策的内容除了要与企业的价值观、

⊖ 陈瑞华. 企业合规管理体系建设的两种模式［J］. 法学评论，2024（1）：15-28.
⊜ 陈瑞华. 有效合规的中国经验［M］. 北京：北京大学出版社，2023：142.

目标和战略保持一致,还要阐释合规治理原则,明确要求确保该原则的实现;要描述企业的合规职能,以及与其他职能的关系;要阐释企业要遵守的合规义务,明确不遵守合规义务、政策等需要问责,鼓励所有人提出疑虑,禁止任何形式的报复。在执行方面,企业要确保所有人员能够理解、遵守合规政策,与相关方进行沟通,合规政策应当通俗易懂,以文件等方式提供给需要的人员,如员工手册、商业行为准则等⊖。

为了体现企业的合规政策,企业往往需要制定合规行为准则,它整合了一系列行为指引,用以为公司雇员和任何代表公司行事主体的行为提供规范。合规行为准则应当聚焦企业最主要的潜在风险和最核心的合规要求,可能包括公司的价值观、公司与员工的关系、政府与社区的关系、公司财产与财务诚信等内容。在形式方面,合规行为准则往往是以企业最高领导人的名义发布,通常包含企业的合规政策、合规目标,企业的合规承诺、员工承诺书,以及合规的举报途径等部分。合规行为准则需要简明扼要、提纲挈领,并不是为员工提供各种情况下的合规指南,员工在无法确定行为是否合规性时,可以向相关部门或者人员咨询⊖。

第四节　组织合规管理体系的运行机制

全面合规管理体系的生命,在于静态的合规管理体系能够在企业实际的运行中发挥作用。合规管理体系真正发挥合规风险预防作用,有赖于一套行之有效的运行机制。从合规风险的角度区分,全面合规管理体系的运行机制包括合规风险防范机制、合规风险监控机制、合规风险应对机制。合规风险防范机制包括合规风险

⊖ 王益谊,杜晓燕,吴学静,等.《合规管理体系　要求及使用指南》标准解读与应用[M].北京:企业管理出版社,2022.
⊖ 刘相文,王德昌,刁维俣,等.中国企业全面合规体系建设实务指南[M].北京:中国人民大学出版社,2019:84.

识别评估、尽职调查、合规培训、合规承诺、内部沟通和宣传等内容，通过一系列前置性的制度防止合规风险的发生。合规风险监控机制则包括合规报告、合规举报、合规调查、合规审计等程序。合规风险的发现，既可能由相关主体举报，又需要依靠合规报告、合规调查、合规审计等机制，这些都是发现合规风险的必要环节。合规风险应对机制包括内部调查、违规惩戒、修复制度漏洞等过程。面对已经发现的合规风险，企业内部需要建立应对制度，停止违法违规行为，堵住合规风险带来的漏洞；对于造成合规风险的相关违规人员，需要进行问责追责，这也是合规管理运行的一个环节⊖。以上都是合规管理体系运行机制的重要组成部分，各个环节相互支持、有机组合，编制成一整套全面合规的网络系统，只有具备完善的运行机制，合规管理体系才有可能真正发挥作用。

一、全面合规风险防范机制

有效防范合规风险是企业建立合规管理体系的重要目标，需要通过一系列具体的措施得以实现，如合规风险识别评估、尽职调查、合规培训、合规承诺、沟通和宣传等，又被称为事前风险预防程序。

一是合规风险识别评估。它是对潜在的合规风险进行识别和评估的制度设计，包括识别与评估两部分内容。在合规风险识别方面，企业通过建立合规风险识别制度，有效发现生产经营活动中可能存在的合规风险源和风险点，从而为开展相关的预防活动奠定基础；在识别合规风险是否存在的基础上，还需要对已经发现的合规风险进行评估，确定风险等级，从而采取差异化的预防措施。

《办法》中所指的合规管理，是以有效防控合规风险为目的

⊖ 法盟，孔祥俊. 企业合规实务指引［M］. 北京：中国法治出版社，2023.

的，因此其中对合规风险的识别评估预警机制专门做出规定，这是合规管理体系发挥预防作用的重要方式○。根据该规定，为了实现预警机制、及时防范合规风险，企业需要做到以下两点：第一，企业在建立合规管理体系时，全面梳理经营管理活动中的合规风险，建立并定期更新合规风险数据库，以此作为有效识别、分析合规风险的基础；第二，根据合规风险数据，以及合规风险的识别、评估标准，及时识别合规风险，并分析风险发生的可能性、影响程度、潜在后果等，对风险类型、等级予以确认。通过合规风险的识别、分析，确认存在典型性、普遍性或者可能产生严重后果的合规风险时，发出合规预警。合规风险识别预警制度，可以包括内部控制监控、核心业务流程监控、审计监控、第三方尽职调查监控和外部信息预判等方面○。

二是尽职调查。尽职调查，通常是由企业的合规部门针对合规风险进行调查和研究，提交合规风险报告，研究制定和实施降低风险的措施。例如，企业在与第三方建立合作关系或者开展投资等活动时，应当事先开展有效的尽职调查，及时发现、评估可能存在的合规风险，进行适当的合规风险预防与管理，从而有效切割责任，防止因与第三方合作、投资等给企业带来合规风险。研究者提出，第三方尽职调查应遵循以下原则：第一，作为基于风险的尽职调查的一部分，企业应了解第三方合作伙伴的资格和关联，包括其商业信誉及其与外国官员的关系；第二，企业应了解将第三方纳入商业贸易的理由，了解第三方合作伙伴的作用和需求；第三，企业应当对与第三方的关系进行持续不断的监控○。

三是合规培训。合规培训是企业合规管理体系的重要环节，其

○ 《办法》第20条规定，中央企业应当建立合规风险识别评估预警机制，全面梳理经营管理活动中的合规风险，建立并定期更新合规风险数据库，对风险发生的可能性、影响程度、潜在后果等进行分析，对典型性、普遍性或者可能产生严重后果的风险及时预警。
○ 最高人民检察院涉案企业合规研究指导组.涉案企业合规办案手册[M].北京：中国检察出版社，2022：38.
○ 陈瑞华.企业合规的基本理论[M].2版.北京：法律出版社，2021：133.

最终目的是增强企业管理者、员工、第三方合作者等主体的合规意识和合规能力，预防企业合规风险的发生。企业合规培训可以包括定期培训、临时培训、强制性培训等多种形式。定期培训是企业常规性、制度化的合规培训制度，可以针对企业的合规风险点逐项开展培训，也可以针对企业在某一时间段、某一领域中的风险点开展针对性培训；与定期培训相对应，当企业出现突发的重大合规风险时，企业可以开展临时性的专项合规培训。强制性培训是企业针对培训事项，要求特定培训对象必须参加的培训，如新入职员工必须参加的合规培训、特定岗位人员参加的合规培训等。对于强制性培训，企业在开展合规培训时会以签到、奖惩等加以配套，确保相关人员必须参加。合规培训的内容可能包括企业的合规政策、行为准则等普遍性的合规要求，也可能是针对管理层的合规管理制度，还可能是针对企业员工、第三方合作方等的具体合规行为指引、奖惩制度等，因主体不同而存在差异。

　　四是合规承诺。合规承诺是企业管理层和员工对于企业合规经营，以及遵守企业合规管理的相关要求做出的意思表示。根据合规承诺的主体不同，合规承诺可以分为管理层的合规承诺和企业员工的合规承诺。管理层的合规承诺正如前文所分析的，是高层承诺原则的具体体现，高层应当向社会和企业员工公开表态，支持、保障企业合规经营，确保企业的合规管理体系得到有效建立、运行，推动企业合规文化的建立。高层承诺往往通过合规政策、合规行为准则等文件呈现出来，并体现在企业高层对于企业合规管理的具体工作中。企业员工的合规承诺是员工做出的遵守企业合规管理制度、合规行为准则的意思表示，可以通过签署合规承诺书的方式体现出来。员工做出的合规承诺往往是在员工经过合规培训之后，因此合规承诺是员工了解企业合规管理制度的外在表现形式，也是有效预防企业发生合规风险的一项制度。

五是沟通和宣传。企业在合规管理过程中应当加强沟通与宣传，把合规信息传递出去，让利益相关者理解公司的合规政策，为公司推动合规工作营造良好的内外部环境⊖。沟通分为内部沟通和外部沟通。内部沟通是面向企业内部各层级、职能的沟通；外部沟通是面向企业的相关方开展的沟通，包括监管机构、客户、承包商、供应商、经销商、分销商、投资者等。沟通的主要内容是企业的合规文化、合规目标、与合规管理体系有关的信息等。内部沟通侧重于与企业人员相关联的内容，如合规行为准则等；外部沟通包括业务沟通和监管沟通。沟通的时间需要关注重要的时间节点，如合规管理体系发生变化或者合规风险出现时等。沟通的方式多种多样，包括网站、电子邮件、新闻稿、广告、年度报告、开放日、社区对话、热线电话等。沟通需要遵循透明、适当、可信、响应、可接触和清晰的原则⊜。

二、合规风险的监控机制

合规风险的监控是企业运行合规管理制度的具体体现，也是及时发现合规风险、采取应对措施的前提条件。无论是预防合规风险，还是应对合规风险，都需要企业建立有效的合规风险监控制度（也称为事中风险识别程序）。通常而言，合规风险的监控机制包括合规审查机制、合规报告制度、违规举报制度、合规审计制度等。

一是合规审查机制。合规审查是发现合规风险的有效手段，也是企业的合规管理融入经营管理活动、流程的重要方式。合规组织机构通过对企业经营管理中的重大事项进行审查，实现对合规风险的控制、预防、及时发现，从而减少企业经营管理活动中的合规风险，或者降低合规风险带来的影响。合规审查是对企业的产品或者业务进行合规性审查的机制，通常赋予合规管理部门和

⊖ 丁继华．六步法创建有效的企业合规管理体系［J］．中国外汇，2019（14）：42-44．
⊜ 王益谊，杜晓燕，吴学静，等．《合规管理体系 要求及使用指南》标准解读与应用［M］．北京：企业管理出版社，2022：141．

合规管理人员审查的权力，甚至对违法违规业务具有"一票否决权"[一]。例如，《办法》中对此专门做出了规定[二]。根据该条文，合规审查活动的事项，既包括重大决策事项，又包括经营管理中的一般事项。对于重大决策事项，合规管理部门应当进行审查，并由首席合规官明确签署合规意见；对于经营管理中的一般事项，则由合规管理部门与业务、职能部门根据职权进行审查，并进行后续评估。合规审查活动体现出合规管理部门与业务、职能部门之间的相互配合与协作，推动合规管理体系的有效运行。

二是合规报告制度。合规报告是企业内部就合规信息进行沟通的重要方式，具体包括业务部门向合规部门和管理层提交的报告、合规部门管理层和董事会提交的报告，以及管理层向董事会提交的报告等形式。合规报告可以是企业管理体系中的相关信息，如合规义务的变化、合规管理体系的调整、合规管理体系有效性的评价等，也可以是针对不合规情况的通报。在合规报告中，重点是系统性和反复发生的违规问题[三]。从合规风险监控的角度来说，当企业的合规风险被发现后，相关业务部门、职能部门需要向合规管理部门或者企业高层进行报告，这是企业主动开展合规风险监控的重要方式。例如，《办法》第 22 条对合规风险报告制度做出规定[四]。当合规风险出现时，企业的业务及职能部门应当按照规定向合规管理部门报告，便于合规管理部门协调应对；当重大合

[一] 陈瑞华.有效合规的中国经验［M］.北京：北京大学出版社，2023：141.
[二] 《办法》第 21 条规定，中央企业应当将合规审查作为必经程序嵌入经营管理流程，重大决策事项的合规审查意见应当由首席合规官签字，对决策事项的合规性提出明确意见。业务及职能部门、合规管理部门依据职责权限完善审查标准、流程、重点等，定期对审查情况开展后评估。
[三] 王益谊，杜晓燕，吴学静，等.《合规管理体系 要求及使用指南》标准解读与应用［M］.北京：企业管理出版社，2022：183.
[四] 《办法》第 22 条规定，中央企业发生合规风险，相关业务及职能部门应当及时采取应对措施，并按照规定向合规管理部门报告。中央企业因违规行为引发重大法律纠纷案件、重大行政处罚、刑事案件，或者被国际组织制裁等重大合规风险事件，造成或者可能造成企业重大资产损失或者严重不良影响的，应当由首席合规官牵头，合规管理部门统筹协调，相关部门协同配合，及时采取措施妥善应对。中央企业发生重大合规风险事件，应当按照相关规定及时向国务院国资委报告。

规风险出现时，基于中央企业性质的特殊性，需要向国务院国资委报告。

三是违规举报制度。企业员工、第三方合作方等可以针对违规行为进行举报，它们是发现合规风险的基本方式，也是合规风险监控制度的重要环节，可保障合规管理体系的有效运行。企业的员工、第三方合作者等与企业的生产、经营活动直接相关，所以当他们发现合规风险时，可以通过违规举报制度向企业的高层或者合规管理部门举报，实现有效监控合规风险的目的。《办法》第24条对违规举报制度做出了专门规定⊖。根据该规定，违规举报制度涉及以下几个关键环节：第一，违规举报的方式，包括电话、邮箱、信箱等多种方式，设置方式的核心目的是便捷性和保密性，确保举报途径的畅通与安全⊖，既方便举报人的举报活动，又对举报人严格保密，避免因举报行为受到侵害。第二，接受违规举报的主体，应当是合规管理部门或者其他监管部门。尽管业务、职能部门也是合规风险的应对主体，但是由于业务、职能部门可能与被举报的违规行为有利益牵连，如果由其担任违规举报的处置主体，可能会出现"担任自己案件法官"的问题。因此，接受违规举报的主体，应当是合规管理部门，或者与业务、职能无关的监管部门。第三，对违规行为的查处。对于违规举报事项，相关主体负责调查，并根据不同的情况移交不同的部门进行处理，对于只造成财产损失或者不良后果的，由责任追究部门负责，对于涉及违规违法的，移交纪检监察等相关部门或者机构。《指南》中专门规定了"提出疑虑"问题，即合规违规问题的举报制度，旨在确立、实施、维护一个报告过程，以鼓励、促进报告试图、

⊖ 《办法》第24条规定，中央企业应当设立违规举报平台，公布举报电话、邮箱或者信箱，相关部门按照职责权限受理违规举报，并就举报问题进行调查和处理，对造成资产损失或者严重不良后果的，移交责任追究部门；对涉嫌违纪违法的，按照规定移交纪检监察等相关部门或者机构。中央企业应当对举报人的身份和举报事项严格保密，对举报属实的举报人可以给予适当奖励。任何单位和个人不得以任何形式对举报人进行打击报复。

⊖ 法盟，孔祥俊.企业合规实务指引[M].北京：中国法治出版社，2023：132.

涉嫌、实际存在的违反合规方针或者合规义务的行为[1]。

四是合规审计制度。企业内部根据管理的需要，大多建立了审计等内控部门，通过合规审计等定期对企业的生产、经营情况进行审计，从而监控合规风险。例如，在《指南》中规定了内部审核制度，这被视为评价合规管理体系符合性和有效性的重要手段。企业通过内部审计，确定合规管理体系的运行是否符合企业对于合规管理体系和相关文件的要求，是否得到了有效实施和维护[2]。《办法》第15条对审计部门监督合规要求的落实情况做出了规定[3]。通过合规审计活动，可以定期审查合规管理制度的运行情况，从而实现合规风险的监控效果。

三、合规风险应对机制

一旦企业发现了合规风险，就应当立即展开调查，并通过合规整改、违规惩戒等方式加以应对。因此，合规风险应对制度往往包括内部调查制度、合规整改制度、违规惩戒制度等，也被称为事后合规管理应对程序。

一是内部调查制度。基于合规风险监控的相关机制发现合规风险后，企业应当采取内部调查制度，发现合规风险点及其发生的原因。从合规管理的角度来说，内部调查制度的目的包括以下两点：①对合规举报等进行公正公平的调查；②对违规者予以追责，使合规管理措施令行禁止。良好的调查制度需要具备以下五方面条件：①调查过程能够确保公正、公平地做出决策；②开展一视同仁的调查；③调查过程要独立进行；④调查人员之间没有

---

[1] 王益谊，杜晓燕，吴学静，等.《合规管理体系 要求及使用指南》标准解读与应用[M]. 企业管理出版，2022：168.

[2] 王益谊，杜晓燕，吴学静，等.《合规管理体系 要求及使用指南》标准解读与应用[M]. 企业管理出版社，2022：191.

[3] 《办法》第15条规定，中央企业纪检监察机构和审计、巡视巡察、监督追责等部门依据有关规定，在职权范围内对合规要求落实情况进行监督，对违规行为进行调查，按照规定开展责任追究。

任何利益冲突；⑤企业为保障调查的公正、独立提供保障。调查活动需要注意查明不合规的原因和合规管理体系的缺陷，统计分析不合规行为发生的特点，据此改进合规管理体系○。在《办法》中，根据合规风险严重程度不同，区分了不同的调查、应对要求。如果是一般性的合规风险，由发生合规风险的业务及职能部门采取应对措施；如果是重大合规风险，则由首席合规官牵头，合规管理部门统筹协调，相关部门协同配合，及时采取措施妥善应对。对于重大合规风险，包括中央企业因违规行为引发重大法律纠纷案件、重大行政处罚、刑事案件，或者被国际组织制裁等风险。同时，《规定》中要求针对问题和线索及时开展调查。

二是合规整改制度。在合规风险被发现、调查后，应对引起合规风险的违规问题和合规管理体系的漏洞加以整改。从合规理论的角度分析，违规问题的整改机制通常可以分为两个层面：第一，制度纠错，堵塞管理漏洞。也就是说，已经出现的合规风险体现出企业合规管理体系中存在问题，那么整改的第一步就是针对问题纠正错误，通常包括停止违规违法犯罪行为，修复违规行为造成的社会关系损害，赔偿损失，废除存在漏洞和缺陷的治理结构和管理方式。第二，合规管理体系的完善、重建，或者有针对性地构建专项合规管理体系。在制度纠错的前提下，通过健全规章制度、优化业务流程等方式，改造企业的治理结构、经营管理、财务管理、对相关方的管理模式，这是对于各类合规风险都通用的整改方式。当面对上述重大合规风险时，企业应当有针对性地构建专项合规管理体系，或者完善原有的专项合规管理体系，预防相同或者同类违法犯罪行为的再次发生。例如，《办法》第23条对违规问题的整改机制做出了概括性规定○。

○ 王益谊，杜晓燕，吴学静，等.《合规管理体系　要求及使用指南》标准解读与应用［M］.北京：企业管理出版社，2022.

○ 《办法》第23条规定，中央企业应当建立违规问题整改机制，通过健全规章制度、优化业务流程等，堵塞管理漏洞，提升依法合规经营管理水平。

三是违规惩戒制度。对于引起合规风险的违规问题需进行整改，对于相关责任人应当追责问责，由其承担相应的责任。违规惩戒制度要确保相关的奖惩措施得到及时、公正的适用，违规行为与惩戒后果相适应。没有追责制度的合规管理体系是无效的合规管理，没有对责任人的惩处会对合规管理造成伤害○。例如，《办法》第 25 条对此做出规定○，主要包括两方面内容：第一，企业要制定、完善违规行为的追责问责机制，明确责任范围，细化问责标准。具备完善、可操作性的违规追责问责制度，是对违规人员追究责任的前提和基础。第二，责任追究。对于管理责任、违法违规责任，主管部门依据规定做出相应处理。在合规管理体系中，较为特殊的责任追究要求是建立所属单位经营管理和员工履职违规行为记录制度，并将违规行为性质、发生次数、危害程度等作为考核评价、职级评定等工作的重要依据。

监督问责是在对合规管理负有职责的人员没有依法履职时，对其进行监督和追究责任的制度，这是从制裁的角度推动合规管理人员积极履职，确保合规管理体系有效建立、运行、维护。《办法》从两个角度规定了监督问责制度：一是监督问责的基本要素。监督问责的主体是国务院国资委，对象是中央企业；问责的条件是因合规管理不到位引发违规行为；可采取的问责方式是约谈相关企业并责成整改，造成损失或者不良影响的，国务院国资委根据相关规定开展责任追究。二是对履职单位、个人的失职渎职进行问责追究。中央企业是问责的主体；问责的对象是负有合规管理职责的单位和人员；问责的具体情形是负有合规管理职责的人员，在履职过程中因故意或者重大过失应当发现而未发现违规问题，

○ 法盟，孔祥俊. 企业合规实务指引［M］. 北京：中国法治出版社，2023：133.

○ 《办法》第 25 条规定，中央企业应当完善违规行为追责问责机制，明确责任范围、细化问责标准，针对问题和线索及时开展调查，按照有关规定严肃追究违规人员责任。中央企业应当建立所属单位经营管理和员工履职违规行为记录制度，将违规行为性质、发生次数、危害程度等作为考核评价、职级评定等工作的重要依据。

或者发现违规问题存在失职渎职行为，给企业造成损失或者不良影响。后果是对相关单位和人员开展责任追究⊖。

第五节　组织合规文化

制度是文化的先导，文化为制度的有效执行提供了思想保障和精神动力。合规文化通常由贯穿整个企业的价值观、道德规范、信仰和行为构成。有研究者认为，合规文化是企业的高级管理层通过各项措施自上而下营造的，使良好的合规计划日常性、持续性、长期性运行的状态⊖。合规文化反映了组织的治理结构、最高领导者、各级管理层、员工和其他相关方应对合规风险的意识和态度，是合规管理体系不可或缺的重要组成部分。合规文化具有以下价值：提供原则性指引，应对合规风险；增强主动合规；提升合规管理有效性，促进实质性合规⊖。在合规文化建设方面，《办法》中强调企业领导人员的合规意识，建立常态化培训机制，加强合规宣传教育，培养具有企业特色的合规文化。

一、领导层合规意识

正如前文在高层承诺原则中所论述的，企业领导人员等高层的合规意识、合规承诺对于企业合规文化建设至关重要。企业高层通过各种方式形成合规意识，并通过发布合规章程、合规行动准则等方式向企业内外部宣示，是企业合规文化建设的重要步骤。例如，《办法》第29条规定，中央企业应推动企业领导人员强化合规意识，带头依法依规开展经营管理活动。领导人员合规意识

⊖ 郭华，周游，李伟，等.中央企业合规管理办法理解与适用指南[M].北京：中国法制出版社，2022：224.
⊖ 最高人民检察院涉案企业合规研究指导组.涉案企业合规办案手册[M].北京：中国检察出版社，2022：42.
⊖ 王益谊，杜晓燕，吴学静，等.《合规管理体系　要求及使用指南》标准解读与应用[M].北京：企业管理出版社，2022：74.

的建立，强调高层定调并以身作则⊖。所谓定调，主要体现在制定合规章程、确定企业的基本价值观、对于合规经营管理的重视等方面。以身作则体现在多个方面：企业领导人员积极实施、遵守体现企业价值观的合规章程；不论职位高低，只要不合规都会一致性处理；在指导下属、辅导员工和领导工作中以身作则；关注企业合规文化，对其进行监督和指导等。

二、合规培训

合规培训是预防合规风险的有效制度，也是形成合规文化的重要途径，是合规管理体系得以落实、运行的人员素质保障。《办法》第 30 条对此做出规定⊜。按照合规管理体系的构建要求，需要关注合规培训的频次、时机。当出现新入职人员、新业务产品，合规管理体系的要求发生变化，或者某些领域、部门出现不合规行为时，应当重点开展合规培训；培训形式方面可以丰富多样，最终目标是提升合规培训的实效，由此逐步培养员工的合规意识，奠定合规文化的基础。企业需要对合规培训的有效性进行评估，并以此作为改进培训体系、提升培训效果、发现培训需求的方式。合规培训中也要注意培训记录的留存。

三、合规宣传教育

合规文化建设需要采取多种宣传教育的方式。《办法》中规定的宣传教育方式包括发布合规手册、组织签订合规承诺等⊜。合规手册是企业基于合规章程、合规管理体系的要求等，为员工、合作伙伴、第三方供应商等制作的合规管理要求汇编，其中对不同

⊖ 王益谊，杜晓燕，吴学静，等. 合规管理体系　要求及使用指南 标准解读与应用［M］. 北京：企业管理出版社，2022：74.

⊜ 《办法》第 30 条规定，中央企业应当建立常态化合规培训机制，制订年度培训计划，将合规管理作为管理人员、重点岗位人员和新入职人员培训必修内容。

⊜ 《办法》第 31 条规定，中央企业应当加强合规宣传教育，及时发布合规手册，组织签订合规承诺，强化全员守法诚信、合规经营意识。

领域、不同环节、不同人员的合规要求予以明确规定。为了促进企业员工、合作伙伴、第三方等能够遵守合规管理的相关要求，企业可以组织相关主体签订合规承诺书，督促其遵守合规管理要求，推动合规文化的形成。

《指南》从全面建设合规文化、高层对于建设企业合规文化的作用等角度，对合规文化问题进行了规定。全面建设合规文化，主要指企业合规文化的建立，应当贯穿企业的各个层级，而不仅仅是高层的责任。高层对于建设企业合规文化的作用，有两方面的明确要求：一是对企业共同行为准则，高层要做出积极、明示、一致且持续的承诺，这是高层承诺原则的直接体现；二是高层需鼓励创建和支持合规的行为，阻止且不容忍损害合规的行为。除此之外，影响合规文化的因素还有很多，包括制定和公开企业的合规价值观，对价值观的宣传、沟通，以及落实情况进行考核与奖惩；从主体的角度分析，除了高层对于合规文化建设的承诺和支持，职能、业务部门在宣传、沟通和培训及对合规行为的鼓励与不合规行为的处置等方面都应当建立相应的制度，推动合规文化的建立和落实⊖。有研究者提出，合规培训应当以合规考试等方式进行考察、评估，确保培训效果；合规培训需要全面覆盖企业的各项管理工作，以及上下游合作伙伴⊜。

⊖ 王益谊，杜晓燕，吴学静，等.《合规管理体系　要求及使用指南》标准解读与应用［M］.北京：企业管理出版社，2022.
⊜ 法盟，孔祥俊.企业合规实务指引［M］.北京：中国法治出版社，2023：130.

第五章　全面合规管理体系构建和有效性评价

对于一家企业而言，如何开启策划并建立全面合规管理体系，是一个重要且现实的问题。有研究者提出企业建立全面合规体系的六个步骤，即：调查研究，识别合规风险；风险导向，健全合规制度；管理协调，强化合规职责；保障运行，完善合规机制；效果评审，推进持续合规；持之以恒，形成合规文化[一]。也有研究者认为全面合规管理体系的构建包含十个支点，尽管在时间顺序上有一定的脉络，但没有绝对的先后之别[二]。还有研究者提出，全面合规管理体系建立和实施需要遵循以下路径：基于全面合规，合理确定合规管理体系范围；基于能力建设，全面加强合规管理体系组织保障；基于合规诊断，精准对标合规管理体系要求；基于风险评估，紧抓合规管理体系控制重点；基于内规优化，完善合规管理体系文件；基于协同共享，有效落实合规管理体系要求；基于长效机制，持续提升合规管理体系绩效[三]。

全面合规管理体系的建立需要包含企业全面合规的所有基本要素，即需要完成合规组织机构、合规管理制度、合规管理体系的运行机制和合规文化的系统建设。关于如何构建，《指南》明确

[一] 丁继华.六步法创建有效的企业合规管理体系[J].中国外汇，2019（14）：42-44.
[二] 于恒兵.企业合规理论与实践[M].广州：羊城晚报出版社，2022：29.
[三] 王益谊，杜晓燕，吴学静，等.《合规管理体系　要求及使用指南》标准解读与应用[M].北京：企业管理出版社，2022.

了两种思路：一是从应对风险和机会的角度，构建合规管理体系；二是从合规目标及其实现的角度，策划合规管理体系。尽管两者存在一定的关联，但是从构建合规管理体系的角度来说，它们代表两种思路。两相比较，基于应对合规风险的角度建立完善全面的合规管理体系，更加符合合规管理体系的构建规律，是一条建立合规管理体系的基本路径。

第一节　建立企业全面合规管理体系的过程

一、明确全面合规管理体系的适用范围

确定合规管理体系的适用范围就是组织确立其合规管理体系所适用的物理边界和组织边界的过程。此处所说的适用范围，指在建立全面合规管理体系之前，需要明确合规管理体系是针对企业整体还是仅针对企业的一部分。特别是在大型企业集团、上市公司中，其范围很大、包含的公司很多，此时建立全面合规管理体系必须首先明确适用范围问题，确定全面合规管理体系的建设主体和适用对象，因为不同的建设主体在建设合规管理组织体系、制度体系、运行机制、合规文化时都会有所差别。当然，明确全面合规管理体系的适用范围，并非一成不变。如果根据各种考虑，全面合规管理体系的建设主体只是企业的一部分，那么当条件成熟时，就可以将部分企业建设的全面合规管理体系推广至整个集团。当企业的合规管理只涉及其部分区域时，需要强调的是要尽量避免在同一个组织内出现明显不同的两种标准，因为这很可能会给企业带来巨大的经营风险。

二、梳理合规义务，识别合规风险

在建立全面合规管理体系的过程中，梳理企业面临的合规义务

是一个基础且重要的步骤。可根据外部环境（监管环境、投资者责任投资意识等）的要求，以及企业业务、所在行业、规模、地域等特点，识别出企业所要履行的具体合规义务，并在此基础上识别、分析、评估合规风险。合规风险发生的可能性和合规风险发生后的严重性，是选择、确定合规管理体系的重要指标。对于发生可能性高和发生后程度严重的风险，企业应该予以高度关注，并匹配相当的资源和监管方式予以防范。这一阶段的工作目标是建立合规义务清单与合规风险清单，并就各项合规风险的高低进行排序。

根据《指南》，在明确建立全面合规管理体系所面对的合规风险时，企业需要考虑以下五方面因素：

一是企业的内外部环境。通常而言，内外部环境包括业务模式，与第三方业务关系的性质和范围，法律和监管环境，经济状况，社会、文化、环境背景，内部机构、方针、过程、程序和资源，以及合规文化等。

二是相关方的需求。相关方的需求和期望是识别可能影响合规管理体系、受合规管理体系影响，或者自认为受合规管理体系影响的人或者组织，对于建立、实施、运行、改进合规管理体系所期望达到的目标，这是企业识别合规义务、合规风险和明确合规管理体系范围的保障。相关方包括外部相关方，如政府部门、监管机构、客户、承包商、供应商等，以及内部相关方，如企业管理层、员工等。相关方的需求和期望，有些是强制性的，有些不是强制性的，如果它们通过一定的识别和评估程序被企业所确认，就会成为企业的合规义务。

三是合规目标。合规管理体系的建设也应当以合规目标作为参考因素。企业应当在相关职能和层级上确立合规目标。因为不同职能部门、不同层级的合规目标可能是不同的，投入的资源也是不同的，所以合规管理体系的建设应当考虑不同的合规管理目标而加以区别。

四是合规义务。合规义务指企业强制性地必须遵守的要求,以及组织自愿选择遵守的要求。从来源分析,合规义务可以包括法律法规,许可执照或其他形式的授权,监管部门发布的命令、规则或指南,法院的判决,条约、公约或议定书,与社区团体或非政府组织的协定,企业的方针和程序,企业自愿遵守的原则或行为守则,企业的自愿标识或环境承诺,企业基于其合同安排所产生的义务,以及相关组织和行业标准等。不同部门、职能和不同类型的组织性活动可能都对应不同的合规义务,它们都是建立合规管理体系的合规义务来源。

五是合规风险评估结果。在策划合规管理体系前,企业需要确定各部门、各岗位、各类活动可能存在的合规风险源,以及合规风险源对应的合规风险点及风险情形,以便为合规管理体系的建立打好基础[一]。

三、设计全面合规组织管理架构

企业全面合规管理体系的建立和运行都要依靠企业内部具体的机构和人员,因此在建立合规管理体系的过程中,首先需要建立组织体系。根据对于全面合规管理体系要素的分析,合规管理组织体系建设包括以下三个步骤:

一是建立不同层次的合规组织。在领导层面,明确企业的董事会、董事长、实际控制人等在合规管理组织体系建设中的地位;在此基础上,建立合规管理委员会或者合规领导小组。在专业合规管理团队方面,应建立企业的合规管理部门,并在条件允许的情况下设立首席合规官,作为合规管理团队的领导者。在职能部门、业务部门设立合规专员,具体负责职能、业务工作中的合规

[一] 王益谊,杜晓燕,吴学静,等.《合规管理体系 要求及使用指南》标准解读与应用[M].北京:企业管理出版社,2022.

管理工作。

二是赋予不同层面的合规组织和人员相应的权限。例如，合规组织的领导、决策机构，负责决定合规管理体系建设中的重大事项。首席合规官领导下的专业合规管理团队，具体负责领导企业合规管理体系的建设工作。首席合规官作为公司高管，参加合规管理委员会或者合规领导小组，具有向董事长、董事会汇报的权力，同时是专业合规管理团队的负责人。职能部门、业务部门的合规专员，具体负责落实合规管理的要求和审查工作，实现职能、业务工作与合规管理工作的融合。

三是确保合规管理团队具有相应的权限和资源保障。例如，首席合规官应当具有企业高管的身份，能够将合规管理工作向企业最高决策机构直接汇报；具有相对独立性，不受职能部门、业务部门的领导，以确保合规管理工作的有效性[1]。

四、编制全面合规管理制度

在合规风险识别、分析、评估后，企业需要根据是否已有相应的合规管理制度，分别加以建立或者健全。对于尚不存在合规管理制度的企业，合规管理团队负责制定企业的合规管理制度、运行机制。例如，企业的合规管理制度需要制定合规政策、合规手册、合规管理体系的有效性审查制度等；在运行机制方面，需要针对企业面临的合规风险，制定合规风险防范制度、合规风险监控制度、合规风险应对制度，具体包括合规风险识别评估、尽职调查、合规培训、合规承诺、内部沟通和宣传、合规报告、合规举报、合规调查、合规审计，以及内部调查、违规惩戒、制度漏洞修复等具体内容，确保合规管理制度的有效运行。对于每一项制度，企业需要制定相应的规则。对于企业存在合规管理制度的，需要根据合规风险、建设标准进行对标、发现问题，对合规管理

---

[1] 丁继华. 六步法创建有效的企业合规管理体系 [J]. 中国外汇, 2019 (14): 42-44.

体系进行完善。

企业经过合规风险的分析、评估,会发现高风险的领域、业务,因此也需要据此建立相关的专项合规管理体系。正如《指南》所规定的思路,中央企业应在建立全面合规管理体系的同时,针对反垄断、反商业贿赂、生态保护、安全生产、劳动用工、税务管理、数据保护等重点领域,以及合规风险较高的业务,制定合规管理具体制度或专项指南。企业建立的所谓专项指南,其实就是针对特殊合规风险而建立的专项合规管理体系。

五、融入合规运行机制

将针对合规风险的措施融入业务活动和企业的管理体系,是企业建立合规管理体系的一项重要要求,有研究者将其界定为一项原则。企业现有的管理体系是合规管理体系建立和有效运行的基础。因为一项合规管理体系可能适合一些企业,但是未必适用于所有企业。企业的管理制度、面对的合规风险等各不相同,因此合规管理体系的建立只有分析企业的自身情况、合规风险、合规目标、内外部环境等因素,与企业现有的管理体系有效融合,才能建立有针对性的、有效的合规管理体系。这种一体化的管理体系,是鼓励企业在依托管理体系核心内容的基础上,建立企业合规管理体系,以此提高企业合规管理的效率,提高市场竞争力。合规管理体系是企业管理的一部分,需要与其他管理体系实现有机融合,而不是简单叠加⊖。

在具体操作过程中,一些中大型企业已经建立了法务、审计、风控、内控等职能部门,在建立合规管理体系时,可以通过组织体系、制度体系、运行机制等方面的资源共享、流程优化、业务协同等,在确保整体管理效能的前提下,以最低的成本和最好的

⊖ 王益谊,杜晓燕,吴学静,等.《合规管理体系 要求及使用指南》标准解读与应用[M].北京:企业管理出版社,2022.

效果，落实合规管理体系要求。例如，在合规管理组织体系建设过程中，要充分发挥职能、业务部门人员的优势，对管理流程、业务产品等进行合规审查，有效防止合规风险。

六、全面合规的持续改进

企业的合规管理体系建立之后，并非一劳永逸。基于外部环境、自身业务的变化，企业需要不断调整合规管理体系；合规管理体系建立以后，企业需要对其有效性进行持续评估，并针对其中的问题进行改革，从而确保合规管理体系的适宜性、充分性和有效性。

合规管理体系需要持续更新的原因，包括内部原因和外部原因。从内部原因来说，合规管理体系的构建本身是否适宜、充分、有效需要进行评估，如果存在适宜性、充分性、有效性方面的问题，则需要进行更新；企业的业务、产品等发生变化，那么针对原来业务、产品的合规管理体系未必能适应新的业务和产品，为了调整合规管理体系的适用性问题，需要对其进行更新。从外部原因来说，很多因素都会成为合规管理体系持续更新的驱动力。例如，法律规定的修改、监管要求的调整、相关方要求的变化等都会给合规管理体系带来影响，都会要求合规管理体系的持续更新。

对于发现合规管理体系需要持续更新原因的途径，可能包括企业的内部审计、管理评审、员工反馈、问卷调查、举报等。通过这些方式发现企业合规管理体系中的问题，并通过持续更新加以解决。从企业的角度来说，为了发现合规管理体系中的问题，也会设计专门的合规管理体系有效性的评审机制，或者邀请第三方对企业的合规管理体系有效性进行评审，促使企业进行持续更新。

合规管理体系的持续改进，会涉及合规管理体系中任何有缺陷的地方，包括合规管理体系建立、开发、实施、评价、维护和改进的某个过程，也有可能是合规管理体系的组织机构、风险评估、规章制度、运营实施、宣贯教育、举报调查、持续监控、合规文化等各个环节。无论针对的是合规管理体系的哪个部分，持续更新的最终目标都是提升合规管理体系的适宜性、充分性和有效性。

第二节　全面合规管理体系的有效性评价

所谓有效合规体系，是执法部门在对涉案企业做出宽大处理的决定时，对其合规管理体系能否发挥防范、监控和应对违规行为的作用所采用的评估标准。陈瑞华教授认为合规管理体系的有效性可以从三个维度进行评价，即合规计划设计的有效性、合规计划运行的有效性和合规计划结果的有效性[一]。

"任何合规方案都无法阻止公司员工的所有违法犯罪行为"，合规体系未能有效阻止犯罪，并不代表该公司的合规管理体系是无效的。通常情况下，由于企业的性质、业务和合规风险各不相同，执法部门很难确立一种整齐划一的有效合规体系标准，只能要求企业按照其业务、规模及特有的合规风险量身打造一套合规管理体系。

尽管如此，执法部门通常会从监管的角度发布一些最低限度的合规要求。这些有效合规要求具有哪些特征呢？首先，企业合规计划应当得到良好的设计，也就是要有一套大体完整合理的合规政策和程序；其次，企业合规计划"绝不只是一套写在纸面上的合规文件"，而应得到真实的应用，如是否建立独立、权威和拥有必要资源的合规组织体系，以及是否建立了一个合规奖励和惩戒机制；最后，企业合规体系应得到有效的运转，包括在违规

[一] 陈瑞华. 有效合规的中国经验［M］. 北京：北京大学出版社，2023：102-105.

行为发生时，企业合规体系能够有效识别违规行为，并能够及时采取纠正和自我报告措施。根据公认的合规管理机制的要素，陈瑞华教授认为可以从以下十个方面简要概括有效合规计划的基本要素○。

一、高级管理层的承诺和阐述

一家企业即使精心设计了书面的合规计划，但假如内部管理层为达成业务目标而明确鼓励或者默许员工从事不法行为，这种合规计划也将是无效的。因此，为确保合规计划的有效执行，执法部门应考虑企业高层对建立合规文化的承诺，并审查这种承诺是否得到中层管理人员和所有员工的有效执行。与此同时，执法部门还应评估企业高级管理层是否在整个组织结构中清楚地阐明了合规要求，确保合规计划在中层管理人员和全体员工中得到了明确的传达。

二、合规政策和程序

企业制定员工行为准则是建立有效合规计划的基础。一般来说，员工行为准则必须是清晰、简明的，并适用于所有代表公司开展业务的员工。而对于公司员工来说，假如没有适当的员工手册，将很难执行合规计划。为此，企业应定期审查并更新这些行为准则，确保全体员工随时获取最新的行为准则。

除发布员工行为准则，企业还应制定合规政策和程序，包括详尽的内部控制机制、审计制度、文件政策及纪律惩戒程序。这些政策和程序应根据企业业务的性质、规模及相关的风险加以确定。而一种有效的政策和程序，则要与企业的商业模式有密切关系，并涵盖其产品和服务、第三方代理商、客户、与政府的关系及其他方面的风险。例如，在反商业贿赂领域，企业需要规避的

○ 陈瑞华.有效合规的中国经验［M］.北京：北京大学出版社，2023：102-105.

风险可能涉及与外国政府交易的性质和程度，向外国官员的付款，对第三方的利用，礼物、旅行和娱乐费用，慈善和政治捐款等。

三、合规人员和资源

在评估合规计划时，执法部门会考虑企业是否将监督和执行合规计划的职责分配给一个或者若干高级管理人员，这些人员是否具有适当的权威地位。

要确保合规计划得到有效实施，企业应确保合规人员具有足够的自主权和充足的资源。足够的自主权，通常指可以直接接触企业最高管理层，如董事会及其下设的委员会（如审计委员会）。

在评估企业是否进行了合理的内部控制时，执法部门会根据企业的规模、结构和风险情况，评估其是否投入了足够的合规人员和资源。

四、合规风险评估

合规风险评估是执法部门评估企业合规计划有效性的重要因素。通常，那种将所有合规风险一视同仁的"一刀切"的合规计划（One-size-fits-all Compliance Program）会被视为无效的和不充分的。毕竟，将合规资源分散适用于低风险市场和交易，会忽略对那些高风险领域的关注。

企业应实施一种全面的和基于风险的合规计划。这类企业通常将更多精力和资源投入较高风险领域。相反，假如一家企业由于未能实施与交易的规模和风险相适应的尽职调查，未能阻止高风险领域违规行为的发生，该企业的合规计划就有可能被视为低质量和有效程度较低。

随着违规行为的增加，企业应及时调整包括尽职调查和内部审计在内的合规程序。尽职调查的方式和频率应根据行业、国家、交易规模和性质及第三方赔付的方法和数额加以确定。

五、合规培训和认证

合规政策只有在整个公司范围内进行有效的沟通才能产生切实的效力。执法部门通常会评估企业是否已采取措施，确保相关的政策和程序在企业内部得到了传达，包括对所有董事、管理人员、相关雇员、代理商和商业伙伴进行定期培训和认证。无论企业如何组织培训，都应以当地语言向接受培训的人员提供培训课程和培训材料。此外，企业还应根据其规模和复杂程度制定适当的措施，向上述人员提供有关遵守企业道德和合规计划的指导和建议，以确保他们都能了解并遵循合规计划。

六、激励和惩戒措施

企业建立良好的纪律处分程序和奖励机制，被视为有效合规计划的重要标志。第一，在实施合规计划过程中，企业要建立适当而明确的纪律处分程序，确保这一程序得到可靠而迅速的适用，确保该程序与违规行为是相称的。唯有如此，企业才能通过纪律处分对违规者和潜在违规者产生威慑作用，表明不道德和不法的行为会招致迅速而确定的后果。第二，积极的激励机制也可以推动企业有效地实施合规计划。这些激励机制可以包括员工的职务晋升、改进合规计划及领导合规团队所带来的奖励等。

无论采取怎样的惩戒程序和奖励机制，执法部门都应考虑惩戒和奖励是否在企业内部得到了公平而统一的适用。不能有任何管理人员凌驾于合规之上，也不能有任何员工被排除在合规之外，任何人都不能因为被视为最有价值的人而规避纪律处分程序。唯有对合规行为加以奖励，对违规行为加以惩戒，才能在整个企业内部建立一种合规和道德的文化。

七、第三方尽职调查

企业在商业交易过程中，经常通过代理商、顾问和分销商等第三方掩盖其违法违规的事实。在评估企业合规计划时，执法部门应针对第三方实施一种基于风险的尽职调查方法。尽管尽职调查会根据企业所在行业、国家、交易规模和性质及与第三方的历史关系等而有所区别，但这种调查一般都要遵循以下三项原则：一是作为基于风险的尽职调查的一部分，企业应了解第三方合作伙伴的资格和关联，包括其商业声誉及其与外国官员的关系。二是企业应了解将第三方纳入商业交易的理由，包括第三方的作用和需求等，确保合同条款明确描述了后者要提供的服务。三是企业应对与第三方的关系进行持续不断的监控。必要时，可以定期更新尽职调查，实施审计，进行定期培训，对第三方进行年度合规资格认证。

除了考虑企业对第三方进行尽职调查，执法部门还要评估企业已将其合规计划和对道德和合法商业惯例的承诺告知第三方，以及是否已寻求第三方通过资格认证或其他方式做出承诺保证。这可能是降低第三方风险的有效方法。

八、合规报告和内部调查

有效的合规计划应包括一种报告机制，企业的员工和其他人员可以秘密地举报违规行为，而不必担心遭到打击报复。执法部门建议使用匿名热线或设立监察员。除此之外，企业一旦发现违规行为，应当建立一种有效、可靠并有适当资金支持的调查程序，以及包括纪律惩戒和补救措施在内的企业回应程序。企业根据所报告的违规行为吸取教训，更新其内部控制和合规计划，并将未来的合规培训集中在相关问题上。

九、持续改进

有效的合规计划建立在不断改进的基础上。随着企业业务、经营环境、客户及相关法律或政策的变化，也随着书面的合规计划不断暴露其缺陷和不足，企业应定期审查和改进合规计划。执法部门对于那些不断改进合规计划并建立合规更新机制的企业，会给予必要的合规激励。

十、并购前的尽职调查和并购后的整合

企业在合并和收购环节通常面临多种风险。假如企业在并购之前不进行充分的尽职调查，就有可能导致合规风险不断出现，损害企业的商业潜力和声誉，甚至可能承担民事责任和刑事责任。相反，对收购目标公司进行有效的尽职调查，可以准确地评估其价值，并对目标公司因实施违规行为带来的后果进行协商。通过进行相关的尽职调查，企业可以向执法部门证明其所做的合规承诺，并使其成为执法部门采取执法行动时所要考虑的因素。例如，收购方在收购前实施了尽职调查，将发现的被收购方的腐败行为主动向政府披露，配合调查，并将被收购方纳入合规计划和内部控制系统，那么，执法部门可能不会对收购方采取执法行动。又如，即便收购方在收购前没有实施尽职调查，但在收购完成后进行了全面尽职调查并将被收购方纳入合规计划，监管部门在收购完成之后，也可以对收购方给予适当的奖励。

当然，尽职调查只是合并和收购环节合规计划的一部分，执法部门还会评估收购企业是否迅速将被收购企业纳入其所有内部控制体系。企业应考虑对新员工进行培训，根据企业标准对第三方进行重新评估，并对新的业务部分进行审计。

总之，评估企业合规管理有效性，不仅是企业不断评估合规风险防范能力、不断优化与提升自我合规管理能力的重要方式，也

是执法机构对企业合规管理有效性评估做出责任减免与减轻处罚必经的审查过程，还是企业开展合规管理体系认证所必要的审核程序。不管是来自企业内部、外部的评估，还是内部与外部结合的评估，其主要目的都是对合规管理体系的有效性进行评估，审查企业开展合规管理是否达到了合规管理的目标○。

第三节　全面合规管理激励机制

对于企业而言，建立合规管理体系不仅要面临巨大的成本压力，包括人员、时间、资金投入等，而且往往在短时间内难以直接产生经济效益，特别是在刑事追诉、行政处罚、国际制裁等严重后果没有出现时，更难以显现建立合规管理体系的价值和作用。那么，如何推动企业有效建立全面合规管理体系？要解决该问题，需要考察全面合规管理体系的激励机制问题。

综合考察全面合规管理体系的激励机制，可以将其概括为以下三方面：

一是行政激励○。也就是说，对于已经建立并有效运行合规管理体系的企业，如果未来发现行政违法等问题，行政监管机关可以企业已经建立了合规管理体系为由，对其从宽或者免除处罚。以美国为例，企业建立合规管理体系后，能够有更多的机会与行政机关达成和解协议，从而为行政机关做出宽缓处罚提供制度基础；即使行政机关没有与企业达成和解协议，合规管理体系的建立也会成为对企业减轻、免除民事罚款或者做出宽大处罚的依据。

二是刑事激励。根据一些国家的制度设计，企业开展合规的刑事激励机制可以分为五种模式：以合规为根据做出不起诉决定；

○ 郭凌晨，丁继华，王志乐. 企业合规管理有效性评估［M］. 北京：企业管理出版社，2021：2.

○ 陈瑞华. 企业合规基本理论［M］. 2版. 北京：法律出版社，2021：1-40.

以合规作为无罪抗辩事由；以合规作为从轻量刑情节；以合规换取和解协议并进而换取撤销起诉结果；以对违法行为披露获取宽大刑事处理结果。也就是说，根据不同国家的刑事法律规定，企业涉嫌犯罪被刑事追诉时，如果企业在此之前建立了合规管理体系，那么可以此为由对涉案企业及相关人员做出不起诉、无罪判决、轻缓量刑、暂缓起诉、撤销起诉、减少罚金等决定，这是非常重要的刑事激励制度。

三是应对国际组织制裁的依据。根据介绍，对于违规企业，已经建立的合规管理体系可以作为减轻制裁的依据，在国际组织做出"附解除条件的取消资格"和"附条件的免予解除资格"的情况下，企业只有与国际组织达成和解协议，才有可能获得解除制裁的机会，以及重新获得贷款或者参加招投标的机会。

根据我国相关法律的规定，企业建立合规管理体系，相关的激励机制主要体现在行政和刑事方面。

一是企业建立合规管理体系可以作为行政处罚中轻缓处罚的依据，这是行政合规激励机制的体现。行政合规激励指行政机关启动行政执法调查程序后，对建立或承诺建立有效合规管理体系的涉案企业，做出宽大行政处理的制度。行政合规激励可以分为事前合规激励、事中合规激励和事后合规激励。事前合规激励指对于那些在发生行政违法事件之前已经建立合规管理体系的企业，行政机关根据其合规体系的有效性情况，做出宽大行政处理。事中合规激励指在发生行政违法行为之后，企业主动采取制度补救措施，建立或改进合规管理体系，以换取行政机关做出宽大行政处理。事后合规激励指在企业发生行政违法行为、行政机关启动行政执法程序之后，企业主动承认违法事实、配合行政执法调查并承诺做出合规整改，行政机关启动合规监督考察程序，设定合规考察期限，责令企业建立或者完善合规计划，并根据合规整改的验收评估结果,对其做出宽大行政处理的决定⊖。

以上三种行政激励机制在我国行政法规中均有所体现,医疗机构合规领域也期望引入相关规则。例如,《江苏省卫生法学会医院合规管理指南》第 7 条规定,对于积极建立健全合规体系、采取合规措施、实施有效合规的医院,行政主管部门可以依法根据具体情形不予行政处罚、减轻或从轻行政处罚,激励、增强医院合规风险防范能力。这属于行政机关从轻缓处罚的角度做出的合规激励规定。具体的激励内容可以包括不予行政处罚,或者减轻、从轻行政处罚。从合规激励的阶段来说,上述规定并未做出明确限定,从理论上说可以包括事前合规激励、事中合规激励和事后合规激励。当然,由于该规定仅是江苏省卫生法学会制定的指南,其实对于行政机关的激励措施并没有实质上的约束力。换个角度来说,只有在行政机关出台相应的规范性文件,明确规定医疗机构合规可能带来不予行政处罚、减轻或从轻行政处罚的后果时,这样的合规激励措施才可能真正有效;如果没有行政机关的相应规范性文件作为基础,仅仅是卫生法学会制定的指南,对于行政机关并无约束力,那么业界对于这种行政合规激励机制是否真正有效是存在疑问的。

二是企业建立合规管理体系可以作为刑事诉讼中轻缓处罚的依据,这是刑事合规激励机制的体现。从 2020 年开始,最高人民检察院启动并推进了涉案企业合规整改的改革,对于符合特定条件的涉案企业通过启动第三方监督评估机制或者自行组织合规等多种方式进行合规整改。当涉案企业的合规整改通过验收,且案件符合法定条件时,检察机关、审判机关可以将涉案企业的合规整改作为从轻、减轻、免除处罚的依据。

例如,根据《涉案企业合规建设、评估和审查办法(试行)》第 2 条之规定,对于涉案企业合规建设经评估符合有效性标准的,

⊖ 陈瑞华. 行政机关推进合规管理的三种方式 [J]. 当代法学, 2024, 38 (1): 3-16.

人民检察院可以参考评估结论依法做出不批准逮捕、变更强制措施、不起诉的决定，提出从宽处罚的量刑建议，或者向有关主管机关提出从宽处罚、处分的检察意见。在最高人民检察院发布的四批企业合规典型案例中，有四个案例提到检察机关在审查起诉阶段开展涉案企业合规整改，据此提出轻缓量刑建议，法院采纳了检察机关的量刑建议，对涉案被告人和企业轻缓量刑。具体包括第一批典型案例二"上海市 A 公司、B 公司、关某某虚开增值税专用发票案"，第二批典型案例六"海南文昌市 S 公司、翁某某掩饰、隐瞒犯罪所得案"，第三批典型案例二"王某某泄露内幕信息、金某某内幕交易案"，第四批典型案例一"北京李某某等 9 人保险诈骗案"。

从以上规范性文件和典型案例中可以发现，目前我国企业合规的刑事激励制度主要为事后合规，即企业和特定人员涉案后，企业在诉讼过程中按照规定开展合规整改，并接受第三方机构或者检察机关的评估、审查，验收合格后检察机关、审判机关在起诉、定罪、量刑等方面给予的优惠激励。激励的具体方式有三种：一是在强制措施方面的激励措施。包括不批准逮捕或者变更强制措施，从而使犯罪嫌疑人、被告人获得人身自由。二是在定罪方面的激励机制。对于符合条件案件中的涉案单位、个人，检察机关做出不起诉决定，这实际上是一种出罪化的处理方式。三是在量刑方面的激励机制。对于仍然需要提起公诉的案件，检察机关提出从轻量刑的建议，法院可以根据检察机关的建议，对被告单位、个人从轻量刑。

上述企业建立合规管理体系的刑事激励机制，在涉及医疗机构的案件中也是适用的。具体而言，如果涉嫌单位犯罪的主体是医疗机构，或者医疗机构的实际控制人、经营管理人员、关键技术人员等涉嫌实施与生产经营活动密切相关犯罪的，医疗机构都可以被认定为涉案单位。如果涉案的医疗机构符合启动合规整改的条件，那么根据检察机关的启动或者医疗机构的申请，医疗机构就可以进行合规整改。经过第三方机制、检察机关对合规整改进行评估和审查，如果认为合规整改通过的，检察机关、审判机关可以对涉案的医疗机构及相关人员从强制措施、定罪、量刑等方面予以激励，从而对企业建立合规管理体系发挥激励作用。

合规激励机制的存在使得企业建立合规管理体系具有一定的"功利属性"，从而抵消因为合规管理体系的建立给企业所带来的成本和效率方面的影响，并产生足够的动力让企业去建立并不断推动、完善合规管理体系的有效运行。

第六章　企业专项合规计划打造

企业合规体系有效性的关键并不是打造一个大而全的宏大的全面合规管理体系，而在于能够针对企业内部关键的"合规风险点"制订一个精准且极具操作性的合规计划并有效运行。从企业合规的发展脉络和成功经验来看，专项合规计划比强调体系完备和覆盖全面的全面合规体系可能更加有效且实用㊀。

所谓"专项合规计划"，是指企业针对特定领域中某一明确的合规风险，为避免因违反合规义务而遭受行政处罚、刑事追究以及其他方面的重大损失，系统建立的专门性合规管理体系㊁。与全面合规体系相比，专项合规计划更加精准细致，目标明确，是强调以专门问题为导向的企业合规管理体系。

在企业策划和实施合规管理体系的过程中，不可能盲目地、不计成本地制定"一刀切"的合规管理体系，应契合可以基于风险管理的"最低合理可行原则"（As Low As Reasonably Practical，ALARP）来确定自身的合规管理体系范围。所谓"最低合理可行原则"指企业通过投入相当的资源，将风险降到可容忍的合理水平以内。可容忍的合理水平指满足相关法律法规要求等合规义务和企业确定的合规风险容忍标准，投入合理，达到合规，以最小

㊀ 陈瑞华.中兴公司的专项合规计划［J］.中国律师，2020（2）：87-90.
㊁ 陈瑞华.企业合规基本理论［M］.2版.北京：法律出版社，2021：115-117.

的经济成本获得最大的合规安全保障。如果要继续降低法律法规规定不明确的合规风险,则要考量实施的难易程度,权衡为此需投入的时间和成本等资源与相关方期望达到的效果,来进一步确定合规管理体系的范围。

第一节 专项合规计划的引入优势

管理大师彼得·德鲁克强调:"管理是一种实践,其本质不在于知,而在于行;其验证不在于逻辑,而在于成果;其唯一的权威就是成就。"㊀合规体系的生命在于对特定合规风险的有效防范和及时有效应对。在企业管理中,制定政策、宣示政策与确保政策得到有效落实是完全不同的层面,不能有效执行政策存在多方面的原因,专项合规计划正是直面这样的难点和困惑的手段之一。与体系庞大、面面俱到、人财物全方位投入的全面合规体系相比,专项合规显然具有更强的"可引入性"和"可操作性",更加精巧、更易显效,医疗机构在学习借鉴和不断引入企业合规治理理念和制度体系的过程中,结合本机构的规模、面临的主要风险,尤其是结合各级监管部门开展的、针对特定问题专项整治过程中有计划地引入并开展专项合规,既是大势所趋,又是可行路径。

一、专项合规计划管理措施更加精准

专项合规计划所谓的"专",指该合规监管是充分结合某一特定合规风险所量身打造的精准方案,目的在于实现对合规风险的"点状聚焦""一险一策"——精准是专项合规计划的最大特点。过于分散或者模糊的管理目标往往无法集中监管资源、精细配置监管手段,难以发挥系统监管的合力,从而妨害了监管目标实现的可靠性。

㊀ 德鲁克.卓有成效的管理者[M].许是祥,译.北京:机械工业出版社,2019:122-127.

与全面合规相比，专项合规放弃了很多"面"上的工作，更多是从业务条块的角度来关注特定的风险，与专项合规相关的业务部门和人员是专项合规计划重点关注的对象，相关的规则和要求容易被理解和执行；而对于专项合规监管之外的其他组织成员来说，这些专项合规的理念及为此制定的流程和措施则显得过于烦琐甚至苛刻，在工作中需要更多的沟通和理解。

二、专项合规计划更加强调系统治理

专项合规计划以精准的合规问题为线索，全流程、全方位梳理与问题相关的所有因素、环节、部门和监管资源，以有力的组织架构、明确规范的工作流程，系统构建风险防范体系、运行监控体系和事后应对体系。它不是在现有分散、部门和权限交叉重叠的"多重监管"的基础上强化某一个部门和环节的力量，而是对现有体系的系统梳理和流程再造，从而实现以问题为导向的全面、综合监管。

因此，专项合规是以突出强调某一特定重大的风险为目标集中资源开展重点监管，具有很强的专项行动的性质和目标诉求。企业可以结合自身管理中存在的重大问题，尤其是以上级监管部门提出的专项整治要求为契机，系统设计专项合规计划并系统推进，可以在短时间内实现对特定合规风险的全面治理和效果提升。

三、专项合规计划更加突出管理实效

合规理念强调的是社会责任和公共利益，强调组织把上级监管部门对于重大事项的监管要求内化为组织自身积极能动的管理目标，并把良好的管理效果作为对组织的奖励，以此调动监管人和被监管人的积极性和能动性，从而保障监管效果。正是基于这样的理念，专项合规计划更是强调以良好监管效果换来可能的"从轻、减轻或者免除处罚"的管理激励效果，从而保障监管效果的有效落实。

对于企业管理而言，结合特定的行政和刑法处罚条款，开展专项合规监管显得更加具体、要求也更加明确，更容易在工作过程中被相关的工作人员理解和接受；同时，专项合规计划打通了监管过程中所有环节和链条中的工作流程、规则要求和监管口径，统一了大家的认知和工作节奏，减少了很多不必要的沟通和误解，在提升工作效率的同时，保障了监管效果的可靠性。

对于企业引入和有效开展合规工作而言，专项合规计划的打造和实施无疑是切实可行的实践路径。它有助于企业结合自身的需求、上级特定问题的监管需要，在自身能力和资源可及的现实情况下，以专项问题的系统监管为突破口，体现专项合规的价值和意义，并在此基础上逐步拓展专项合规的范围、挖掘专项合规的意义，实现在医疗机构监管过程中构建系统全面的合规体系和文化。

合规管理是具有功利性的管理方式和手段，成本和效益是引入和实践合规必须要考虑的重要因素。从这一角度看，对于企业引入并开展合规管理体系，专项合规计划的打造更具有优势。

第二节　专项合规计划打造

如何看待全面合规管理体系与专项合规计划的关系？一家企业是否可以通过建立全面合规管理体系而覆盖并防范所有的合规风险？或者企业是否可以跳过全面合规管理阶段而直接进入专项合规计划的打造阶段？对此，学者存在不同的观点。一种观点认为全面合规其实是众多专项合规计划叠加的结果，正是一个个特定合规风险防范体系的组合，形成了企业全面合规管理体系；另一种观点与此类似，认为全面合规管理体系可以分解为很多个不同的专项合规计划，两者之间是整体和部分的关系。更多的观点认为，全面合规管理体系是基于预防性的体系建设，针对企业运行过程中各种抽象的风险而建，是一种标准、"范式"的合规体系，在不同的企业中具有体系本身的规范性和一致性；而专项合规计划则是一种具有补偿或者整改性质的合规体系建设，根据不同合规风险的特点及应对监管和整改的需要，构建具有个性化特征的合规体系，因此是一种所谓的"简式"的合规体系建设。

除了上述观点，学者还有一类观点，这也是本书非常赞同的观点。与专项合规计划相比，全面合规管理体系是一套基于风险管理而设计的完整、规范和系统的体系架构，所有的合规风险，无论是某个特定的还是抽象完整的，其管理应对的体系都是一致的，其差别可能仅在于某些具体管理手段和重点，而这个完整应对的体系就是前文讨论的企业的全面合规管理体系建设。结合特定的风险需要强化应对的方案或措施则是专项合规计划在打造过程中所要解决的问题。

从某种意义上说，全面合规管理体系的构建是一家企业引入合规、建立合规必须要学习和策划的合规管理体系的骨架、基础架构。试想一家企业如果不能建立自己合规体系的"宪法""实体法""组织法""程序法"规则，不能从企业治理的角度匹配与之相适应的权力和资源，不能建立一整套的合规运行机制和效果评价手段，那么即便是针对某一项具体的特定风险，也是无从防范的。

当通过梳理合规风险、确定需要重点解决的若干项合规问题后，如果企业之前没有建立合规管理体系中的基础性制度，那么在针对特定合规风险的专项合规计划打造过程中，需要围绕全面合规管理体系的基本要素建立合规管理体系的基础性制度，包括组织体系、合规制度、运行机制、合规文化等，从而在此基础上结合特定风险管控的需要，强化某些风险管理的手段和方式，形成有效的专项合规计划。同时，当企业已经建立若干专项合规管理体系后，也意味着企业已经具备了合规管理体系的基础性制度并具备了防控特定风险的制度，此时无论是建立更加系统完整的全面合规管理体系，还是结合新的合规风险拓展专项合规计划的范围，都具有体系上的拓展性和一致性。

第三篇
医疗机构全面合规建设

合规管理是现代医院管理制度体系的标配,是医院法治建设的重要路径和抓手。医疗机构的全面合规管理体系建设,是对医院现行管理体系的一次流程再造,是医院适应外部监管变化、提升内部管理软实力的转型升级。

合规管理不仅是医疗机构应对风险管理的被动反应,而且是在新的时代管理要求下,通过对自身治理结构和管理体系的优化重构,打造以社会责任为中心、塑造新的品牌传承的医院文化,以便获得新的竞争优势,实现在新的管理系统支撑下高质量发展的新起点、新跨越。

第七章 以合规管理推进医院法治建设

2018年8月,国务院办公厅发布《关于改革完善医疗卫生行业综合监管制度的指导意见》(国办发〔2018〕63号,以下简称"63号文"),这是近年来我国为构建医疗卫生领域全行业、全要素、全流程监管体系而出台的具有纲领性和指导性的政策文件。该文件在强化政府主导责任和行业组织自律作用的同时,还明确提出了"落实医疗卫生机构自我管理主体责任"的基本要求,强调了医疗机构要按照健全现代医院管理制度的要求,在服务质量和医疗安全、依法执业、财务资产、医药采购等方面建立相应的内部管理体制和治理机制,落实主要负责人的"第一责任"。"63号文"没有为医疗机构内部监管体系规定专门的组织方式和运行机制,但这种涵盖要素准入、机构运行、从业人员的全过程监管模式,以及风险预警和评估机制等创新型综合监管机制,显然让此前讨论较多的以"财务和资产管理"为主要内容的医院内控体系难堪重任[一]。为了妥善应对综合监管制度建设给医院监管理念、体制和方式带来的重大转变,尤其是适应"从注重事前审批转向注重事中事后全流程监管"的改革方案,提升医疗机构自我治理的能力和水平,亟须克服系统性研究不足和成熟经验缺乏的

[一] 夏荞,黄炜.我国公立医院内部控制建设现状分析——基于公立医院内控体系框架研究的发展历程[J].中国医院,2014,18(2):76-78.

困难，设计并建构一套架构清晰、功能健全、标准明确的医疗机构综合性内部监管体制机制。

结合本书前文分析，放眼世界，合规管理作为现代企业治理方式和行政监管激励机制，在美国、英国、法国等主要西方国家和世界银行等国际组织持续推动下取得了长足发展，形成了蔚为壮观的制度体系和成熟的评价标准。尤其在2018年以后，合规管理从国有企业开始在我国企业界逐步成为加强企业内部监管、落实依法执业、构建法治企业的重要措施，并得到持续深入的推进。在深入研究合规管理基本理论和制度的基础上，将其与医院的内部监管系统兼容并轨，实现深度融合，构建以合规管理为核心的医疗机构内部监管体系，并以此为抓手和路径，构建法治医院、实施依法治院，成为医院落实"63号文"、强化在党委领导下现代医院管理体系构建的因应之道。

第一节　公立医院现有监管体系存在的问题分析

随着公立医院体制机制改革的持续深入和现代医院管理制度的不断健全完善，区分政府的办医主体责任和医院自身运营的自主权利思路越来越明确。这其中要解决的重要课题是，作为特殊的主体，公立医院的发展宗旨必须要符合其在国家健康事业中特有的功能定位和社会责任，公立医院在医疗服务提供中的主体责任及其公益属性不能在改革的过程中出现偏离。在公立医院"办"和"管"的边界上实现有效区分，以及在公立医院现有的内部监管体系上保障落实国家健康战略的价值诉求、实现各级政府部门的监管需求，以此确保公立医院高质量发展的方向和使命，需要一套体制机制提供根本保障。长久以来，以外部监管来实现医院内部规范运营的监管模式随着"63号文"的出台变得难以为继，尤其是党的十八大以来，依法治国、法治建设已经成为发扬民主、集中民智、关注民生，提升社会治理水平的重要手段和基本方略。在此背景下，要通过加强医疗机构的内部监管贯彻落实医院的法治建设，需在分析现有监管体系的基础上结合问题实现对现有体系的转型升级。

一、外部监管体系过于强势影响医院自主运营的主体地位

一直以来，"管"与"办""政"与"事"如何区分一直是公立医院改革过程中非常重要的基本概念和探讨的重要话题。公立医院习惯于按照上级各类部门的各种指令开展院内各项具体工作，从患者排队不超过10分钟、卫生间必须备有厕纸等非常微细的工作，到医院的年度预算规模、重点学科建设和未来发展规划，事无巨细，都直接受上级部门的文件指导并随时接受各种检查督导，医院管理者对于上级部门"哪些该管、哪些不该管"这样的问题似乎从不去思考，更无法争辩。这样一方面造成上级部门承担了太多的管理责任、模糊了"行业管理"与"机构管理"的界限、"一刀切"成为迫不得已的选择；另一方面原本可以由公立医院个体在微观运营中自主决策的事项变成执行统一政策的要求，各项具体管理的效果完全依照上级部门的监管评价决定，迎接检查成为日常具体工作的重要内容。

这种传统、强势的外部监管体系的运行忽略了医疗机构内外部管理责任、监管手段和管理方式的差异，忽略了医疗机构内部监管的自主性、自发性、创造性和有效性，在观念上导致医务人员消极被动应对监管、逃避监管，也导致医疗机构的管理者没有意识到加强内部监管、规范运行对保障医疗机构健康可持续发展的重大价值和意义。

二、内部监管体系过于薄弱影响医院合规运行的有效实现

严格来讲，在公立医院内部，各种具体监管体系的建设和管

理要求从不缺乏，纪委、监察、内控、行风、医疗质量、患者和信息安全、采购、对外合作等方面都出台了一系列具体的规章制度和管理规范，建立了各个相应的"工作组""职能部门"，但分属于不同的主管领导，人员重叠、职责交叉，平时工作各行其是，出现层层漏洞，缺乏一个强有力的主责部门、特定的资源和严格的规程把所有重大的合规问题集中起来监管。同时，上级部门在重大责任事件的处理过程中首先强调的是医院主管部门的管理责任而不是医院监管部门的监管责任，从而导致主管部门的职能日益强化而监管部门的影响可有可无，"运动员"的声音比"裁判员"的声音更加响亮，合规风险突出，但合规管理备受漠视。

医疗机构内部这种多头、交叉的"监管"体系设计最大的问题是缺乏清晰的目标和明确的脉络把现有的监管权限、资源、过程和程序完整地组织起来，并融合在一个逻辑自洽、体系完整并能够持续改进的管理体系之内，使之成为现代医院管理体系不可或缺的重要组成部分。

第二节　合规管理对于加强医院内部监管的借鉴意义

合规管理的理念和做法在现有医院管理中尚属于新生事物，毕竟作为事业单位的公立医院和作为经营单位的企业存在诸多的不同，尤其是在现代医院管理制度构建过程中，对于是否及如何在公立医院建立一套代表所有权、经营权和监督权的体系众说纷纭、莫衷一是。但是，作为大型国有企业和作为医疗服务主体地位的公立医院，其健康可持续发展及其在整个社会生活中所承担的社会责任是一致的，在机构实现自身发展和特定群体的合法利益基础上，严格服从举办部门的功能定位、履行特定的社会义务没有差别。因此，借鉴引入国有企业的合规管理体系对于加强医院内部监管具有重要意义。

一、内部合规管理体系的独立化设置

建立专门的合规管理组织架构是合规计划有效实施的关键环节之一，合规组织体系遵循独立、权威、享有必要的资源、信息沟通顺畅四大原则㊀。合规管理部门不是要取代原来负有监督职能职责的部门，而是把监管本身作为一项独立的职能具体化，把各个合规重点风险领域和重大合规问题的监管职责集中起来。首先，"合规管理牵头部门独立履行职责，不受其他部门和人员的干涉"是合规"客观独立"的基本原则，也是独立承担责任的前提和基础。这就要求把"运动员"和"裁判员"的角色区分出来，避免类似采购部门既制定采购的规则又实施采购的行为。如果不能树立并保持合规部门的独立性，监管部门就难以遏制被监管部门和人员以"机构之名"追逐"个人之利"。其次，合规管理部门及其人员要具有足够的权威性，医院的内部合规监管部门应当由管理层成员担任负责人，并在决策层中设立高级别的合规管理委员会，充分保障合规组织和人员享有足够的权威和地位。再次，合规管理组织要享有必要的资源，需要投入足够的人力资源进行必要的合规风险评估和合规调查活动。最后，合规组织要保证上通下达，信息沟通顺畅，上至医院的合规管理委员会和合规部门，下到各个职能科室的合规专员，需要构建合规状态实时监测、合规信息即时共享、合规风险及时报告的联动机制。

二、内部合规管理体系的实效化运行

为实现内部合规管理体系的实效化运行，首先，应当树立合规重点风险领域的概念，全流程、全要素监管的方针并不意味着对所有环节一视同仁地投入监管力量。医院应根据自身运营特征和各部门的职能特点识别合规风险点和重点风险领域，建立针对

㊀ 陈瑞华.企业合规的基本问题［J］.中国法律评论，2020，31（1）：178-196.

性的专项合规计划和行为准则，设计相应的监控、调查机制，有效建立风险识别、风险预警、风险应对及合规审查和违规处置的工作体系，把重点岗位、重要环节和重要人员的底线、红线和高压线系统地建立起来，通过人员的规范行为保障机构的健康成长。其次，应形成合规监管的"内部合力"，积极整合各部门的监管职能，形成跨部门综合监管合力并明确合规管理的责任承担，对于重大风险，打破人事身份、财务审计、患者质量和医疗安全各管一块的权责分割状态，以事项而非职能进行综合监管。最后，应形成合规监管的"内外合力"，与上级部门的合规监管相衔接，实现各级部门对于医院重大事项监管的连续性和实时性，尽量消除内外监管的信息不对称，有助于实现监管责任的衔接和监管效果的评价。

三、内部合规管理体系的足量化激励

合规代表一种监管理念和监管方式的转变，即从惩罚走向预防，从强制走向鼓励。激励机制是合规治理能够迅速普及、合规计划有效实施的重要推动力量，包括内部激励和外部激励两大组成部分，吸引力和威慑力并存。在正向激励方面，医院应将是否遵守合规计划作为考核的重要指标，奖励在合规建设中表现突出的部门和个人。此外，合规风险的发现和识别仰赖于合规调查和举报机制的高效运行，西方国家多对举报违法违规行为的"吹哨人"进行严密保护和丰厚嘉奖，医院也应借鉴这一做法。在反向激励方面，最重要的是坚决执行制度，惩罚违法违规责任人，经过合规调查确定的违规责任人无论是谁，都应该一视同仁，严格依照合规制度进行公正处理，并对有合规污点的员工在晋升和考核上建立一票否决机制。

总之，合规管理已经成为现代企业为了避免个人违法犯罪行为危及企业自身存续下去而实施的一项重要保障机制，成为企业落实依法治企、法治建设的重要手段和方式，推动企业由外部监管向关注内部监管重要的理念和方法的转变。在医疗卫生行业推行综合监管的大背景及不断深入推进公立医院改革、构建现代医院管理制度的过程中，学习、研究并逐步建立以合规管理为核心的医院内部监管体系具有重要的理论意义和现实意义。

第三节　以合规管理推进医疗机构法治建设之路

在我国，医疗机构指依据法定程序设立的从事疾病诊断、治疗活动的卫生机构的总称。《医疗机构管理条例实施细则》规定医疗机构的基本类别包括从事医疗执业活动的医院、疗养院、妇幼保健院（所）、疾病防治院（所）、门诊部、诊所、护理院（站）、卫生所（站、室）、医务室、保健所、医疗急救中心（站）、临床检验中心等。

党的十八届四中全会提出全面依法治国基本方略，加强医疗卫生事业单位法治与合规建设，既是践行全面依法治国的内在要求，又是实施健康中国战略的坚实支撑，更是医疗卫生事业健康发展的重要保障。2020 年 11 月，中央全面依法治国工作会议正式提出"习近平法治思想"，其中法治国家、法治政府和法治社会一体建设是习近平法治思想的核心要义之一，也是新时代全面推进依法治国的战略布局。党的二十大报告提出的宏伟目标之一是到 2035 年"基本实现国家治理体系和治理能力现代化，全过程人民民主制度更加健全，基本建成法治国家、法治政府、法治社会"[1]。法治在医疗机构层面，体现为应用法治思维和法治方式，把法治要求融入医疗机构自身管理运行的全过程，不断提高依法决策、依法管理、依法运行的能力和水平，增强风险防范化解能力，保障医院可持续良性发展，造福人民群众，使医院具备公益性、依法办事原则、以人为本原则等法治化建设的基本特征[2]。通过法治

---

[1] 黄文艺.推进中国式法治现代化构建人类法治文明新形态——对党的二十大报告的法治要义阐释［J］.中国法学，2022（6）：5-26.

[2] 谈在祥，孙煦.现代医院管理制度下我国公立医院法治化建设研究［J］.卫生经济研究，2021，38（6）：3-5，9.

合规建设可以提升医院法治治理能力，提高医院精细化管理水平，增强员工遵纪守法意识，规范地约束医务人员诊疗行为，助力医院高质量发展。

医疗机构法治建设的核心目标在于通过完善医疗机构管理制度实现医疗机构依法决策、依法治理、依法执业。这一目标是清晰明确的，但对于具体医疗机构来说，达到这一目标的具体路径是需要深入研究和探索的。目前，制度规范层面对于医疗机构强化内部管理制度建设提出了具体要求，这些要求散见于不同的法律法规和规范性文件中，如《中华人民共和国基本医疗卫生与健康促进法》㊀、《中华人民共和国医师法》《医疗机构管理条例》㊁、《医疗机构管理条例实施细则》、《医疗保障基金使用监督管理条例》㊂、《关于进一步加强医疗卫生事业单位法治建设的通知》㊃、《国务院办公厅关于建立现代医院管理制度的指导意见》㊄、《国家卫生

㊀ 《中华人民共和国基本医疗卫生与健康促进法》第十四条规定："医疗卫生机构应当遵守法律、法规、规章，建立健全内部质量管理和控制制度，对医疗卫生服务质量负责。"

㊁ 《医疗机构管理条例》第二十四条规定："医疗机构执业，必须遵守有关法律、法规和医疗技术规范"。

㊂ 该条例明确医疗机构等单位和医药卫生行业协会应当加强行业自律，规范医药服务行为，促进行业规范和自我约束，引导依法、合理使用医疗保障基金。该条例的出台给医疗机构和医务人员提出了全新的挑战，医疗机构需要更深层次思考如何有效落地监管政策，医务人员需要更深层次思考如何充分发挥"医疗保障基金监督员"的职能，合法执业。第十四条规定："定点医药机构应当建立医疗保障基金使用内部管理制度，由专门机构或者人员负责医疗保障基金使用管理工作，建立健全考核评价体系。定点医药机构应当组织开展医疗保障基金相关制度、政策的培训，定期检查本单位医疗保障基金使用情况，及时纠正医疗保障基金使用不规范的行为。"

㊃ 《关于进一步加强医疗卫生事业单位法治建设的通知》提出："各级卫生健康行政部门要深刻认识加强医疗卫生事业单位法治建设的重要意义，将医疗卫生事业单位法治建设与深化医药卫生体制改革、推进国家治理体系和治理能力现代化等相结合，把法治建设要求融入医疗卫生事业单位管理运行的全过程，不断提高医疗卫生事业单位依法决策、依法管理、依法运行的能力和水平，增强风险防范化解能力，充分发挥法治引领、保障和基础性作用。"

㊄ 《国务院办公厅关于建立现代医院管理制度的指导意见》对完善医院管理制度提出的要求包括制定医院章程、健全医院决策机制、健全民主管理制度、健全医疗质量安全管理制度、健全人力资源管理制度、健全财务资产管理制度、健全绩效考核制度、健全人才培养培训管理制度、健全科研管理制度、健全后勤管理制度、健全信息管理制度等，系医院合规建设的着力点。

计生委关于全面加强卫生计生法治建设的指导意见》（国卫法制发〔2015〕1号）㊀、《国家卫生健康委办公厅关于进一步加强医疗卫生事业单位法治建设的通知》（国卫办法规函〔2019〕914号）㊁、《2023年纠正医药购销领域和医疗服务中不正之风工作要点》（国卫医急函〔2023〕75号）㊂等法律法规文件对医疗机构完善内部管理制度、加强法治化水平提出了宏观层面的要求。

除此之外，部分特定领域法律法规对于医疗机构如何加强法治建设也提出了较为明确的要求。例如，《医疗保障基金使用监督管理条例》第十四条规定"定点医药机构应当建立医疗保障基金使用内部管理制度，由专门机构或者人员负责医疗保障基金使用管理工作，建立健全考核评价体系。定点医药机构应当组织开展医疗保障基金相关制度、政策的培训，定期检查本单位医疗保障基金使用情况，及时纠正医疗保障基金使用不规范的行为"，

㊀ 国家卫生计生委2015年制定的《国家卫生计生委关于全面加强卫生计生法治建设的指导意见》（国卫法制发〔2015〕1号）提出："推动全系统全行业竖立法治意识，实现卫生计生法治化。"

㊁ 《国家卫生健康委办公厅关于进一步加强医疗卫生事业单位法治建设的通知》（国卫办法规函〔2019〕914号）提出："医疗卫生事业单位应结合实际，将医疗卫生事业单位法治建设工作落到实处。倡导医疗卫生事业单位党政主要负责人要切实履行推进法治建设第一责任人的职责，成立本单位法治建设领导小组，将法治建设工作纳入本单位总体发展规划和年度工作计划，制定本单位法治建设工作实施方案。"

㊂ 《2023年纠正医药购销领域和医疗服务中不正之风工作要点》（国卫医急函〔2023〕75号）提出："一是健全完善新时代纠风工作体系。二是整治行业重点领域的不正之风问题。明确对医药领域行政管理部门在普惠制认证、行政许可、日常监督和行政执法等行业管理过程中的不正之风问题，行业组织或学（协）会在工作或推进业务主管部门委托事项过程中的不正之风问题，医药生产经营企业及与之关联的经销商、医药代表"带金销售"问题进行重点整治。三是强化医保基金监督管理。保持打击欺诈骗保高压态势，重点惩治利用虚假证明材料、虚构医药服务项目或虚计项目次数，串换药品耗材、诊疗项目或服务设施等欺诈骗保问题。从规范省级平台挂网采购，加强集采执行过程精细化管理，持续做好价格和招采信用评价等方面，健全完善医保价格和招采制度。四是深入治理医疗领域乱象。严格落实《医疗机构工作人员廉洁从业九项准则》，持续推进《全国医疗机构及其工作人员廉洁从业行动计划（2021—2024年）》，严肃处理医疗机构工作人员违法违规牟取个人利益行为，明确行业底线、红线。聚焦医疗美容、口腔、辅助生殖等重点领域，树牢违法违规行为惩治高压线。五是切实推进工作取得实效。一方面，对纠风机制成员单位，提出工作要求，压实纠风工作主体责任，提升部门间信息互联互通水平，不断探索完善行业联合惩戒制度；另一方面，深化体制机制改革，弘扬行业正气，构筑医疗卫生机构廉政长效机制，维护风清气正行业环境。"

对医保基金运行过程中内部管理制度、专人负责制度、定期培训及检查纠正制度提出了原则上的要求。《医疗质量管理办法》要求"成立医疗质量管理专门部门，负责本机构的医疗质量管理工作"，对该部门的具体职责进行了规定，并在医疗质量保障、医疗质量持续改进、医疗安全风险防范等方面细致规定了医疗机构的合规义务。《医疗纠纷预防和处理条例》对医疗机构及其工作人员在医疗纠纷预防中的应尽义务、医疗纠纷处理的解决途径和程序要求及相关证据等的保存、未尽相关合规义务应负的责任等做出了细致规定。《中华人民共和国反不正当竞争法》和《中华人民共和国药品管理法》等法律对医疗行业反商业贿赂做出了多项规定。

但从总体而言，上述法律法规和规范性文件更多是从监管层面对医疗机构完善管理制度、加强法治水平提出了要求，并没有详细表述医疗机构提高法治水平的具体路径。

而同样作为社会组织，以合规管理推动企业法治建设近几年来已蔚然成风。"首席合规官""合规义务""合规治理""合规文化"等关键词逐渐从舶来词汇的学术探讨、实践探索转变为所有国有企业必须建立的重要管理体系之一，"合规不起诉""企业刑事合规""合规激励"也代表着合规已然超越企业内部管理体系的范围，延伸到行政监管甚至刑事诉讼领域，合规作为一种国家对企业新型的监管模式，以及企业内部落实法治建设、提升高质量发展的重要手段，早已得到普遍承认㊀㊁㊂。合规理论及其他领域中的合规实践对于医疗机构加强法治化建设提供了有益借鉴，医疗机构通过建立合规组织机构、合规管理制度、合规管

㊀ 李奋飞. 涉案企业合规改革中的疑难争议问题 [J]. 华东政法大学学报, 2022, 25 (6): 23-37.
㊁ 刘艳红. 企业合规责任论之提倡——兼论刑事一体化的合规出罪机制 [J]. 法律科学 (西北政法大学学报), 2023, 41 (3): 89-102.
㊂ 陶朗道. 论中国治理企业违法的和解合规模式 [J]. 东北大学学报 (社会科学版), 2021, 23 (2): 89-95.

理体系的运行机制，能够促使本机构在制度框架下运行，实现依法决策、依法治理、依法执业，最终实现法治化水平的全面提高。

正如前文所讨论的，医疗机构合规建设目前尚在探索完善阶段，虽然国务院立法和政策要求建立和实施医疗机构自律监管、合规制度建设，但如何具体落实和实施要求尚在摸索之中。已发布的法律文件多聚焦于某几个专项领域，如医保基金、医疗质量安全管理、医疗纠纷预防与处置、反商业贿赂等，对于经营管理体系的其他领域没有进一步明确，如劳动用工、财务税收、环境保护、个人信息保护等。法律监管主体上更倾斜于公立医院，监管层面上强调落实医疗机构自我管理主体责任，倡导自律监管。特别值得注意的是，除了"63号文"，2020年国家卫健委、国家中医药管理局印发了《医疗机构依法执业自查管理办法》，对于医疗机构应当明确依法执业管理部门，配备专职依法执业管理人员及相应职责，医疗机构法定代表人、主要负责人、依法执业管理部门负责人及依法执业管理人员应当参加依法执业培训等进行了规定，要求医疗机构开展依法执业自查，明确自查内容，规定将医疗机构依法执业自我管理情况纳入医疗机构定级、评审、评价、考核的指标体系，并将医疗机构开展依法执业自查情况作为确定"双随机"抽查频次的重要依据等。该办法中关于将自查结果作为医疗机构监督检查频次确定标准，特别是将医疗机构在自查中发现有关违法行为并进行整改和整改情况作为从轻处罚或者减轻处罚的依据，为医疗机构开展合规体系建设提供了政策指引和初步激励。

法律法规和相关管理部门提出的要求，以及实践中亟待解决的问题，使得越来越多的医疗机构意识到只有建立完善的合规体系，加强内部监督，树立诚信文化，才能有效落实监管要求，保持持续健康的发展，同时对社会产生积极的影响，合规已成为行业的

"必修课"㊀。医疗机构通过合规体系的构建,可以营造一种氛围和文化,构建一种理念和风气;可以帮助全体医务人员形成一种规范严谨的行为规则和习惯;可以在面对具体的违规风险时,继续保持稳定,并能够迅速应对现实的危机,让期待的秩序尽快恢复起来,实现新的成长和高质量发展。

㊀ 朱萍,兰鑫宇,姜伊菲.超百位院长书记被查"合规"成医院药企必修课[N].21世纪经济报道,2023-08-02(12).

第八章　医疗机构合规管理体系构建

2023年7月21日，国家卫健委会同公安部、国家医保局、国家药监局等14部门召开联合视频会议，部署开展为期一年的全国医药领域腐败问题集中整治工作。同年7月28日，中央纪委国家监委召开动员会，部署纪检监察机关配合开展全国医药领域腐败问题集中整治。在党中央和国务院的高度重视下，号称"史上最强"的医药反腐风暴正式开启。长期以来，医药领域的腐败问题几经众多监管部门重拳出击，但始终未能完全祛除这一毒瘤。有媒体统计，截至2023年8月10日，全国至少已有150名医院的党政一把手被查，这引发了社会公众对医疗行业腐败问题的担忧。医疗反腐风暴使人们关注到医疗机构运行管理中暴露出来的相关问题，如何建立一套有效的体制机制来防止医疗腐败、保证医疗机构合法合规运行，从而让医疗机构回归治病救人的初心，还医疗系统一个朗朗天空，成为热门的讨论话题。作为医疗机构的领导者和管理者，俯下身来，学习借鉴企业合规管理的经验和做法，以合规管理应对类似于商业贿赂的内部管理和外部监管高度关注的顽疾，既是理论之思，又是实践之问。

当然，医疗机构合规管理关注的范围绝不仅仅是商业贿赂的问题，而是针对类似风险，如何建立一套完整全面的风险管理体系。这套体系的建立和有效运行需要集合医疗机构内外的共同努力，按照企业合规管理特有的逻辑和方式，从治理结构、管理模式、运行机制到组织文化等做出一系列的调整和升级，需要在现有运行的管理框架和管理过程中嫁接、嵌入特有的管理环节和流程，可能会在短时间内带来管理成本的增加、决策效率的下降，甚至刚开始合规管理并未能有效预防特定风险的发生，但这些并不妨碍合规管理的理念和方法进入医疗机构管理体系，以及医疗机构合规管理的实践引入和有效运行之路。

第一节　医疗机构合规管理基本原则

明晰医疗机构合规管理工作的内涵需结合医疗行业有别于其他行业的特点。医疗行业的特点在于其与人类生命和健康息息相关，医疗机构的合规管理和可靠运营不仅关系到其自身的可持续发展问题，更与患者的权益保障和医疗安全息息相关，与医疗机构的公益性和所承担的社会功能密切相关。医疗机构合规管理工作的核心目标是确保医疗机构在日常运行中遵守法律法规、规章制度、自律规则、道德规范，医疗机构合规管理的终极目的不是事后的查处和问责，也不是更好地在已发生的违法乱纪中切割责任，其本质是通过合规管理提升医疗机构内部的自我净化、自我循环的能力和水平，提高医院法治化建设水平，最终更好地服务患者、服务社会，避免因可能的违法违规给其服务能力带来影响。

对医疗机构合规进行完整意义上的理解，必须将其视为医疗机构治理的手段、刑法上的激励机制及防范法律风险三种业务的综合[一]，其从制度效果上讲，注重事先预防和过程管理、防止危害后果发生，事后的查处与问责强调的是对风险实际发生而产生的危

[一] 陈瑞华.企业合规制度的三个维度——比较法视野下的分析[J].比较法研究，2019（3）：61-77.

害后果的惩处，合规与风险防控相联系①。医疗机构的合规不必然能阻止风险的发生，也不一定能阻止行政监管部门对自身施加不利行政负担，但是在当前合规不起诉、合规实体出罪、合规行政从轻减轻处罚等在学界和实践成为焦点的大背景下，合规制度的建立和良好运行是机构履行自身对医务人员履职行为落实监管义务的体现、排除自身违法主观故意的有效客观标准②，由此合规的有效性就在于是否有助于消除、抑制内生性犯罪的文化诱因③。

全面合规管理的基本原则是合规管理体系运行的基本假设和基本要求，是合规管理体系区别于其他管理体系的基本内涵。根据《办法》的规定，目前，企业合规管理的基本原则包括坚持党的领导、坚持全面覆盖、坚持权责清晰、坚持务实高效四大原则。与企业相比，医疗机构的全面合规管理应当遵循以下六大基本原则。

一、高层承诺原则

医疗机构的领导层应当建立以合规为基础的依法执业和规范运行的系统和文化，把合规的治理理念和管理体系融入医疗机构现行的决策和管理过程和程序；应当为机构内的合规管理提供必要的人力资源和工作条件；应当以身作则落实合规要求并对不合规行为及时做出反应，切实推进合规管理效率和效果的改善。

高层承诺在医疗机构合规管理体系的建立和有效运行过程中具有特别重要的意义。合规管理体系的建立遵循着自上而下的方式，其所确立的方针、治理结构、资源配置，以及整个合规体系在运行过程中的有效性均有赖最高管理层的决心和意志。尤其是在外

---

① 江必新，袁浙皓.企业合规管理基本问题研究[J].法律适用，2023（6）：11-23.
② 张伟珂.企业合规视角下单位意志的认定逻辑[J].河北法学，2023，41（9）：60-76.
③ 张远煌，秦开炎.合规文化：企业有效合规之实质标准[J].江西社会科学，2022，42（5）：124-138，207.

来的管理理念和管理体系在一个新的组织中建立和融入的过程中，明确的沟通和有效的推进更需要最高管理层持续的努力。

二、风险相称原则

医疗机构应当根据自身的规模、治理结构和管理现状、特定阶段各级部门监管的要求，结合全面和/或专项合规风险评估的情况，根据相关监管督查、处罚和整改要求等，合理确定并建立与合规风险相适应的全面合规和/或专项合规管理体系。

从学理上而言，合规管理具有公法和私法兼顾的属性，医疗机构把上级监管的要求内化为自身合规运行的要求，起到替代监管、强化监管的作用，但是监管不能要求医疗机构为了防止违规风险而无限制强化自身的监管能力，这样无疑会导致医疗机构因为成本和效率问题而难以为继。同时，合理规模的合规管理会增加医疗机构规范运行、高质量发展的能力，会持续提升医疗机构的竞争力，是医疗机构内部结合自身的发展需求自愿选择和确立的管理体系。

三、工作独立原则

医疗机构合规部门和合规人员开展合规工作，具有相对独立的预算、空间、人员和工作条件，工作中不受其他职能部门和业务科室的限制，能够及时有效地与医院最高管理层沟通合规管理中的问题，具有充分了解核实相关信息的权力，在相关的决策中能够独立反馈合规意见，并能够监督、审核合规要求的执行落实情况。

合规管理部门和合规管理人员的独立性不仅体现在其职权、工作条件保障和指挥链上，有学者认为，真正有效的合规独立性还体现在企业的商业模式上，即合规人员不应该对企业的成长和盈利模式承担责任。试想，如果合规人员承担了企业盈利和快速成长的职责，合规只会变成规避风险和掩盖错误服务，这套管理体系最终的价值诉求将会发生扭曲，合规成为为违规寻找借口并编织证据的工具。

四、协同联动原则

医疗机构的合规管理要充分与其他监管体系和日常管理工作密切结合，要实现合规管理与医疗机构现行的纪检、监察、审计、内控、院感、辐射安全、特殊药品、新技术开展、伦理审查等监管要求的一体化管理，实现管理目标、手段和方式的融合联动，紧密编织依法执业和规范运行的制度体系和管理文化。

合规管理要穿透医疗机构现有的各种管理和监管体系，以合规义务的履行为核心目标，把现有的管理体系和监管资源串联起来，避免"两张皮"问题和"纸面合规"问题。其可行的解决方案是设计合规管理的过程和程序，并将其嵌入现有的管理岗位、工作流程，在特定的环节设置论证审批开关，从而实现在过程中把控风险，在日常工作中规范行为。

五、持续改进原则

医疗机构的合规管理要符合最新的监管要求、内外部发展变化的需要，应当紧密结合合规管理的运行评估现状和持续改进的需要，确保合规管理体系的适宜性、充分性和有效性。

合规管理是一个过程，是一个动态的、随着监管要求和规范运行而持续演进的管理系统。尤其是随着公立医院体制机制改革的持续深入推进，如何迅速评估外部监管环境的变化、结合内部高质量发展的需求迅速做出调整，是医院现代化管理必须解决的现实问题。合规最初是为了应对外部监管需求而生的，对于提升一个组织整体管理系统的弹性和应变能力具有更加成熟的经验。

六、信息助力原则

医疗机构要充分关注数字化、信息化和智能化发展给合规管理带来的挑战和机遇,要充分借助于信息化的技术手段和监管方法,不断拓展并提升合规管理的范围、功能、方式和效果。

在企业合规管理体系中,信息化系统发挥着非常重要的作用,尤其是企业在跨区域、跨领域的布局当中,随着管理系统的日益复杂、管理层级的不断叠加、临时团队的快速聚散,如何更加有效、规范和便捷地提升合规管理的效率、合规决策的效能,信息化发挥着重要的作用。这方面在现有的医院管理信息系统中还几乎是空白,需要深入研究和推进。

第二节 医疗机构全面合规管理体系

自 2018 年以来,我国的企业合规管理已经经历了丰富多样的发展,从理论研究、规范管理到管理实践和激励推动走出了一条迅捷有效的道路。对于医疗机构而言,合规的基本理论和模式做法基本上可以遵循"拿来主义"的原则,学习和借鉴企业合规管理的理论成果和实践经验开始"抄作业"。不能否认的是,医疗机构和企业毕竟还存在很多的不同,尤其是在治理机制、管理体制及需要重点关注的特定风险等方面存在一定的区别。因此,医疗机构全面合规管理体系的构建要在学习借鉴企业全面合规管理体系经验的基础上,结合自身的特点和难点,在引入的过程中进行改造和优化,以期具有更好的"贴合性",更好地实现合规管理体系在医疗机构风险管理中的作用和价值。

一、医疗机构全面合规管理制度建设

"以制度管人""以流程管事"是制度建设的基本要求。合规管

理尤其如此。如何学习和借鉴企业全面合规管理体系的建设要求，结合医疗机构这一组织形态的特点，有目的、有计划、有针对性地建立一套符合医疗机构全面合规管理的体系制度，是开启合规之旅的重要起点。

2017年，国务院办公厅颁布了《关于建立现代医院管理制度的指导意见》（以下简称《意见》），就全面深化公立医院综合改革、建立现代医院管理制度做出部署。在《意见》的倡导下，各级各类医疗机构陆续开展的内部制度体系建设，内容覆盖医疗质量安全、患者安全、人力资源、资产管理、科研管理、后勤管理、信息管理等各个领域。与此同时，在强化依法治国、医院法治建设的大背景下，如何在医疗机构现有的管理体制中嵌入合规管理的制度体系也值得思考。

JCI认证标准是世界公认的医疗服务管理标准，代表国际医院服务和医院管理的最高水平，其涵盖368个标准（包括200个核心标准、168个非核心标准），每个标准之下又包含若干衡量要素，共有1033小项，其中的医疗机构管理标准在一定程度上也代表医疗机构合规管理制度的合理框架。JCI标准的理念是最大限度地实现"以病人为中心"，并通过建立医疗制度和流程，规范医院管理，促进医疗质量和安全持续改进，为患者提供更加人性化、优质和安全的医疗服务⊖。为实现JCI的理念，医疗机构的管理需要基于病人的整个就医流程，在各个流程节点上嵌入管理机制，如在病人入院治疗过程中需要对服务病人的流程、药物的管理和使用、医嘱开具的流程等进行管理，在病人用药过程中进行药物的安全管理和存放。从JCI认证所采取的流程和标准来看，医疗机构要实现其医疗质量改进的目标，需要以所要实现的目标的全流程为主线，分阶段梳理风险点并

⊖ 汪志明，邱智渊，林建华. JCI评审与国内综合医院管理评估的比较研究[J]. 中国卫生质量管理，2008（6）：20-22.

将风险点嵌入管理机制。

DNV GL 是另外一套国际通行的适用于医疗机构管理体系的认证标准，其倡导医疗机构制度建设施行分级管理，围绕义务定位岗位职责和遵守规则，根据重要性及层级对制度进行分级。一级制度一般是纲领性的文件，包括领导力、战略、委员会章程、质量手册、纲领性制度等。例如，在医疗机构层面建立关于合规管理工作的基本规定，一般称之为"合规管理规则"。"合规管理规则"包含但不限于以下内容：合规管理工作的基本原则、适用范围、合规管理的组织与职责、合规管理的文化与价值、合规管理体系的运行、合规管理保障等。它是医疗机构合规管理。二级制度一般包括各类制度，是跨科室和部门执行的、规范具体业务的管理制度和政策，在医疗机构层面是核心合规管理科室或部门结合医疗机构层面拟定的具体实施细则，如《招标采购合规风险评估实施细则》，是关于推动医疗机构相关部门如何相互配合、相互监督，进行合规风险的识别、分析、评价等工作的规定，具体内容应包括具体业务端合规风险评估的概念、原则、组织实施、评估方法、评估内容及评估保障等。三级制度一般是各种流程、规范、办法等，包括科室级、部门级的岗位文件，规范、细则、临床路径、操作流程等。四级制度主要包括工作成果、记录、表单等，要囊括工作的成果记录、经常性报告、专题性报告、表单记录等。

美国卫生与公众服务部（US Department of Health and Human Services, HHS）下属的监察长办公室（The Office of Inspector General, OIG）较早关注医药行业合规问题，规定了医药行业合规计划的7个基本要素：①制定并实施了书面形式的合规政策、合规制度及行为标准；②聘任了合规官及合规委员会；③进行了有效的合规培训及教育；④拥有了畅通有效的沟通渠道；⑤进行了内部监管与审计；⑥以公开的惩戒制度落实了合规标准；⑦以矫正措施及时应对已经发现的违法犯罪①②。该部门于1998年2月发布了《医院合规计划指引》(Compliance Program Guidance for Hospitals)要求医院制订和落实合规计划,同时鼓励医院的主管部门积极参与所管辖医院合规计划的制订,并采取批准而非备案的形式加以控制③。

结合以上有关医院评审评价标志,参考美国OIG所指引的有效合规计划的要素,医疗机构所制定并实施书面形式的合规政策、合规制度及行为标准不仅适用于高级管理层、服务提供部门、员工,还扩展并影响至医院的代理人和医院的承包商;内容上采用有效性影响下的所有主体能理解的语言,说明组织的使命、目标和合规的道德要求,并反映出表达对所有人的期望,且定期更新为适用的法令、法规;制定的标准或者说合规制度需要考虑医院每个职能部门或科室的监管风险、包含工作流程记录的要求等④。

参考企业全面合规管理制度体系的基本原理,结合医疗机构的行业特点,尤其是国际上相关标准的做法和要求,我国医疗机构的合规管理体系具有如下特征:

一是医疗机构全面合规管理制度体系的制度建设遵循企业全面合规管理的基本要求和制度框架,同样需要在全面梳理医疗机构"外规""内规""德规"的基础上,构建医疗机构全面合规的合规政策、合规手册、合规管理体系的有效性审查制度等,建立医疗机构全面合规的"宪法""组织法""程序法"体系。

二是在健康中国的大背景下,医疗机构全面合规管理的核心价值是实现以患者为中心的服务质量、服务效率和患者安全的系统

---

① SZALADOS J E.The medical-legal aspects of acute care medicine:a resource for clinicians,administrators,and risk managers [M].Berlin:Springer,2021:285.
② 杨华.美国医疗保障欺诈的内部规制及其启示 [J].医学与法学,2022,14(4):39-45.
③ SCHACHTER S C,MANDELL W,HARSHBARGER S,et al.Managing relationships with industry:a physician's compliance manual [M].New York:Cambridge University Press,2008:114.
④ HHS-OIG.Fraud risk indicator(EB/OL).(2024-03-12)[2024-06-18]. https://oig.hhs.gov/fraud/fraud-risk-indicator/.

提升，这是医疗机构全面合规管理的灵魂，贯穿并融入所有的合规管理制度体系。要从整个医疗服务体系功能和价值的视角看待单个医疗机构的合规管理问题，社会效益高于经济效益、患者体验高于服务效率、系统联动优于一家独大，要把医疗机构的合规问题放在整个体系的功能设定和政府、社会需求的大环境下进行系统思考和周密规划。

三是医疗机构全面合规制度体系要体现党委领导下的院长负责制的整体治理结构的特点，只有在治理体制上厘清弄明，才能更好地发挥管理体系的能量和作用。制度体系建设不全是一个技术问题，更是一个权力划分和职责分配问题，只有在治理层面达成充分共识、明确职责权限，才能真正有效地建立一套行之有效的制度体系，否则所谓的医疗机构合规管理只能是"秀才工程""纸面合规"，装点门面，起不到实际防范风险、落实整改的作用。

参考企业全面合规管理的实践经验，医疗机构的合规管理制度是搭建行之有效的合规管理体系的基础，是确保医疗质量、提升运营效率、防范运行风险、适应监管变化、履行社会责任、实现国际接轨、融合科技创新、建设良好文化及应对挑战的关键。医疗机构合规管理制度构建要注意发挥外部专家的作用，倡导全员参与，建立覆盖临床服务全过程的质量管理与控制工作制度，从而形成良好的合规文化和自我约束机制。合规制度所规定的决策机制也应当能够发挥"专家治院"的作用，把全面合规的制度体系与现代医院管理制度构建相结合、与高质量发展的战略需求相结合，实现医院管理体系的改造升级和系统优化。

二、医疗机构全面合规组织体系建设

自 2015 年国务院国资委在《关于全面推进法治央企建设的意见》中明确提出打造法治央企目标以来，如何有效落实这一目标成为国有企业管理的重要任务。2018 年印发的《中央企业合规管理指引（试行）》（以下简称《指引》），以及随后出台的14件系列合规指南，有效推动了以合规管理落实法治央企的重要进程。2022年央企进入"合规管理强化年"，《中央企业合规管理办法》的出台掀起了央企合规管理、法治建设的新篇章。这一管理路径和实施策略为法治医院建设提供了方向和借鉴。

《办法》在组织和职责方面明确党委（党组）发挥把方向、管大局、促落实的领导作用[一]；董事会发挥定战略、作决策、防风险作用[二]；经理层发挥谋经营、抓落实、强管理作用[三]；业务及职能部门承担合规管理主体责任。《中央企业合规管理办法》明确将企业主要负责人作为推进法治建设第一责任人[四]，指出中央企业应当结合实际设立首席合规官[五]，领导合规管理部门组织开展相关工作，指导所属单位加强合规管理。中央企业合规管理组织设置上实施分级管理，层层递进，责权相对明确，如图8-1所示。

在国有企业合规官与合规委员会的设置方面，与美国OIG所指引的合规计划的要素相关内容相一致，OIG所指引的合规计划明确医疗机构合规委员会的职责在于：①分析医院的行业环境、必须遵守的法律要求，以及特定的风险；②对上述分析进行评估，

[一] 《中央企业合规管理办法》第七条规定："中央企业党委（党组）发挥把方向、管大局、促落实的领导作用，推动合规要求在本企业得到严格遵循和落实，不断提升依法合规经营管理水平。中央企业应当严格遵守党内法规制度，企业党建工作机构在党委（党组）领导下，按照有关规定履行相应职责，推动相关党内法规制度有效贯彻落实。"

[二] 《中央企业合规管理办法》第八条规定："中央企业董事会发挥定战略、作决策、防风险作用，主要履行以下职责：（一）审议批准合规管理基本制度、体系建设方案和年度报告等；（二）研究决定合规管理重大事项；（三）推动完善合规管理体系并对其有效性进行评价；（四）决定合规管理部门设置及职责。"

[三] 《中央企业合规管理办法》第九条规定："中央企业经理层发挥谋经营、抓落实、强管理作用，主要履行以下职责：（一）拟订合规管理体系建设方案，经董事会批准后组织实施；（二）拟订合规管理基本制度，批准年度计划等，组织制定合规管理具体制度；（三）组织应对重大合规风险事件；（四）指导监督各部门和所属单位合规管理工作。"

[四] 《中央企业合规管理办法》第十条规定："中央企业主要负责人作为推进法治建设第一责任人，应当切实履行依法合规经营管理重要组织者、推动者和实践者的职责，积极推进合规管理各项工作。"

[五] 《中央企业合规管理办法》第十二条规定："中央企业应当结合实际设立首席合规官，不新增领导岗位和职数，由总法律顾问兼任，对企业主要负责人负责，领导合规管理部门组织开展相关工作，指导所属单位加强合规管理。"

决定是否纳入合规制度；③根据医院合规制度所面向的不同主体的风险，与其进行讨论，促进合规制度制约下的主体遵守制度；④确定适当的促进战略/方法，以及调查任何潜在的违规行为，如采用奖励举报制度；⑤接受合规制度的改进计划[一]。

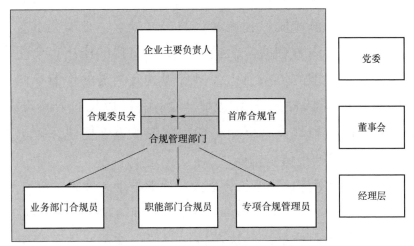

图 8-1　中央企业合规管理的组织体系

如前文所述，医疗机构因治理结构和管理架构与企业存在一定的差异性，其全面合规管理体系的搭建需要在借鉴企业合规管理体系的基础上，结合医疗机构自身的特点进行调整和优化。具体而言，需要从以下几个方面进行借鉴和调整。

（一）医疗机构合规治理结构的建立

合规治理结构是组织治理结构在合规管理体系中的具体体现，发挥对全面合规管理体系的领导和监控作用，代表组织最高管理层、决策层对于合规管理的重视、承诺和应该承担的责任。在企业管理中，党委、董事会和经理层在各自在企业全面合规管理体系中发挥重要的作用，合规管理委员会作为企业合规的决策机制也发挥核心的组织推动作用。在目前公立医疗机构的管理架构中，

[一] HHS-OIG.Fraud risk indicator［EB/OL］.（2012-09-05）［2024-03-12］. https://oig.hhs.gov/fraud/fraud-risk-indicator/.

基本上不存在董事会这一治理机制,也没有所谓的"经理层"的概念,如何参照企业合规治理的机制,需要考虑如下因素。

1. 充分发挥医疗机构党委的政治把向和落实监督作用

在不断加强公立医疗机构党建、持续深入落实公立医疗机构党委领导下院长负责制的整体要求下,在涉及公立医院法治建设、有效落实推进依法治院、合规运行的大背景下,必须突出党委在公立医院全面合规管理的政治把向和实施监督的作用。全面合规属于医疗机构管理的体系之一,但合规具有明显的价值导向,在医疗机构引入和推行的过程中也显然会存在"成长的苦恼",这些都需要党委的思想动员、行动支持和监督推进下构建医疗机构全面合规管理成长的土壤和雨露。

2. 有效发挥医疗机构职工代表大会战略推动和风险防范作用

就目前医疗机构的法人治理结构而言,职工代表大会更像公立医院的监督机构而非最终的决策机构,但这并不代表医疗机构在全面合规治理机制中不需要发挥职工代表大会的审议和风险把控作用。医疗机构制定的合规管理基本制度、体系建设方案和年度报告、医疗机构发展过程中涉及的重大合规管理事项及合规管理体系运行推动过程的实际效果和调整优化都应当列入或者纳入医疗机构年度职工代表大会汇报的议题,以及职工代表重点讨论的重大事项。全面合规是一种全员行动,职工代表大会的参与正是推动这一行动的重要举措,也是通过发动全体医疗机构员工的智慧防范决策风险、推动合规战略的重要方式和手段。

3. 主动发挥院长领导下医院管理层的组织落实和全面推进作用

根据《办法》的规定,中央企业的主要负责人作为推进法治建设第一责任人,应当切实履行依法合规经营管理重要组织者、推动者和实践者的职责,积极推进合规管理各项工作。中央企业主要负责人指国务院国资委履行出资人职责的企业党委书记、董事长、总经理(总裁、院长、局长、主任)等。在讨论公立医院法治建设第一责任人的问题时，党委书记和院长显然都各自承担第一责任人的职责，但是从职能而言，他们各自肩负的责任不尽相同。简单而言，公立医院的院长显然对全面合规管理体系的建立和日常运行承担更大的责任。作为医疗机构的最高管理责任人，在现有的管理体系中纳入全面合规管理、构建运行的体制和机制并督促监视其运行，是其当然的职责之一。

院长要在其管理团队即各个职能副院长的共同努力下，明确各自的合规管理责任分工，建立全面覆盖的合规风险管理策略，制定各项合规管理具体制度、年度计划并组织落实，协调应对突发的重大合规风险事件并指导监督各部门和所属单位合规管理工作。

院长、各职能副院长并非医疗机构日常合规管理的专职人员和职能部门，不负责具体的日常合规管理的技术工作，但是对于医疗机构内部的合规管理体系建设的基本制度、工作要求、执行方案及对于合规管理部门和其管理下的职能部门的合规管理落实情况要起到决策、审核和监督评价作用。

4. 及时建立合规管理委员会并发挥其问题研讨和协调推进作用

合规管理委员会不是一个职能部门，而是一个跨部门的协调联络、问题研讨和统筹推进的联席工作机制。《办法》中明确中央企业设立合规委员会，可以与法治建设领导机构等合署办公，统筹协调合规管理工作，定期召开会议，研究解决重点难点问题，合规管理委员会也是一个跨多部门的信息共享和联动机制，在首席合规官的组织推动下，为医院的全面合规管理工作发挥问题研讨、信息沟通和协调推进的联动作用。

在现有的医院管理体系中，以管理委员会、专家组等方式发挥类似功能的管理模式屡见不鲜，比如医疗质量安全委员会、采购委员会、教学管理委员会、伦理审查委员会等。合规管理委员会由首席合规官负责日常组织协调日常的工作，但不对首席合规官负责，是直接服务于院长的咨询和工作机制，为医疗机构的全面合规任务提供支持和建议，并对院长负责。合规管理委员会的组成人员涉及各个职能部门和临床科室的负责人员，根据需要，可以包括第三方的专业人员和特邀、特聘人员。

（二）医疗机构合规管理体系的建立

作为一种以风险为导向的专门管理活动，合规管理体系包含一系列的具有专业性和技术性的管理活动。设立首席合规官全面负责企业的日常合规管理工作，是中央企业合规管理的常规做法。通常，由企业的总法律顾问兼任首席合规官，对企业主要负责人负责，领导合规管理部门组织开展相关工作，指导所属单位加强合规管理工作。同时，从国际大企业的管理实践来看，将首席合规官确立为企业核心管理层的成员，也是世界一流企业的普遍做法，以便更加有力地发挥合规管理体系在企业决策、有效运行中的作用。

《深圳市企业实施首席合规官制度工作指引》对首席合规官的职责进行了翔实的列举，包括组织制定合规管理战略、组织建立合规配套运行机制、建立获取外界（社会、监管机关）合规要求的沟通机制、加强合规管理体系的有效性、合规风险评估及上报和强化合规文化等[一]。首席合规官在履行较多合规职责的同时也承担相应的合规义务，如果存在违反企业内部管理规范，不履职或者不完全履职的情形，其应当承担相应的内部责任，甚至在企业有可能

[一] 《深圳市企业实施首席合规官制度工作指引》第四条规定："首席合规官承担以下职责：（一）组织制订合规管理战略规划，确保企业合规方针、合规目标与企业战略方向保持一致；（二）组织建立合规管理联席会议、多层合规风险防控等配套运行机制；（三）组织建立企业内外部沟通机制，确保企业及时掌握内部合规事件、获取监管机构监管要求以及利益相关方的合规需求；（四）参与企业重大决策并提出合规意见；（五）领导合规管理部门组织开展工作，对重点领域、关键业务环节和重要岗位人员强化合规管理，确保合规管理体系持续有效；（六）牵头建立对合规官等合规管理人员的选任、考核机制；（七）向治理机构和最高管理者汇报合规管理重大风险和重大事项，组织起草合规管理年度报告；（八）牵头推进企业合规文化建设，强化员工的合规意识。"

受到行政处罚、刑事制裁的情况下，应当承担相应的内部责任。

医疗机构的合规管理体系如何设计，尤其是在目前绝大多数医疗机构还缺乏职能化的法治管理部门的前提下，从法治管理直接迈向合规管理，实现管理理念和管理方式的跳跃，确实是一个重大的战略决策和管理系统演进问题。

显然，当下的公立医院法治建设与国有企业相比，还存在明显的代差，但这并不意味着公立医院不存在依法执业的问题或者面临的风险挑战要比国有企业更轻松。事实上，本章开头提到的近年来国家各部委联合启动的反商业贿赂所暴露出来的问题就说明了这一点，两者的主要区别是不同的上级管理部门在推进不同行业法治建设的路径、方式和力度上存在差异。

所以，对于医疗机构而言，建立全面合规管理体系，不存在是否必要和是否可行的问题，关键是如何在方式上借鉴企业首席合规官的模式，如何在现有的机构管理系统内组建专门职能部门、赋予其特定的权限，更好地发挥其应有的把控合规风险、实现其全面合规管理的职能。

医疗机构设立首席合规官应当明确其职责、权限，可按照上述指引和办法的相应内容，根据医疗机构自身的特点进行调整。具体而言，在组织制定合规管理战略时，要注意医疗机构与一般企业的不同，明确医疗机构合规的具体目标；在组织建立合规配套的运行机制时，要结合医疗机构风险复杂性特点，对不同的业务领域设立多层合规风险防控，并且医院各科室各部门的合规管理联席会议也是首席合规官应当更加关注的合规配套运行机制，因为医院各科室部门之间可能存在沟通机制缺乏、信息不对称更为严重等问题。首席合规官也要注重对外的沟通机制。医疗机构因具有公益性、涉及生命健康性等行业特性，受到的监管较一般企业更多，体现为卫健部门、药监部门、医保部门等同时多个监管机构同时监管。首席合规官作为医疗机构专门合规管理者，更利于与监管机构建立和维护良好关系，可以确保医疗机构在监管审查和调查中得到公正对待。这也有助于提高医疗机构在政府和公众眼中的声誉。

合规部门应根据医疗机构的业务特点识别潜在的合规风险，并对现有制度与流程进行系统性评估与梳理。这涉及与相关业务部门及管理层的衔接和完善，以确保各层级员工在具体操作时有明确的指导和控制步骤。业务层面需建立囊括多道防线的风险管理框架。例如，各部门/科室的业务负责人是最贴近和了解业务风险的主体，由其履行合规管理的第一道风险防线职责最为适格；合规主管部门履行合规管理的第二道防线职责；稽核监察部门会同外部审计部门履行第三道防线职责。各道防线所对应的管理科室和部门分工协作、团结一致，形成医疗机构风险"防火墙"。

此外，医疗机构建立合规管理体系时，还可结合自身管理情况，引入第三方法律服务机构协助合规管理工作开展。法律服务机构相较于医疗机构内部合规管理人员，在一定程度上对于政策更新敏锐度、合规风险事项处理经验上更具优势，且第三方出具相关意见较为中立，有利于形成内外合力，推动合规工作顺利开展。

医疗机构合规管理组织架构参考示例如图8-2所示。

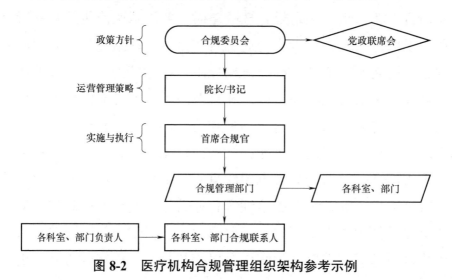

图 8-2　医疗机构合规管理组织架构参考示例

三、医疗机构全面合规管理运行机制

合规管理运行机制主要包括合规风险管理机制、合规考评机制、合规监督问责等。其中，合规风险管理是核心，要建立适合企业自身的风险管理架构，协调好不同类型的风险应对与业务领域之间的关系。合规考评是对企业合规管理绩效进行考核与评价，是合规管理体系的重要组成部分，主要包括合规培训、严格执行合规管理制度、汇报合规风险等。监督问责也是重要的合规管理机制，有效的问责机制可以树立合规管理的权威性，形成尊重规章制度、主动合规的价值观念，增强合规责任人员的责任意识，减少违规行为发生，持续推动企业的高质量发展。

医疗机构的合规管理运行同样涉及一系列系统化的流程和措施，旨在确保本机构的运营符合相关法律法规及行业标准。实务主要围绕合规风险清单管理机制、内外部协同合规审查管理机制、合规考核机制、合规自查自纠机制等相关内容展开。

（一）合规风险清单管理机制

风险管理指通过对风险的识别、衡量和控制，以最低的成本使风险所致的各种损失降到最低限度的管理方法[⊖]，日常合规管理中需要运用风险管理理论，考察合规风险并针对性预防合规风险。合规风险管理包括风险的识别、评估、预警、应对、报告、整改等。医疗机构应结合行业和本机构实际，通过内外部审计、合规调查，定期收集、梳理本医疗机构合规风险清单，合规风险清单是一个详细的检查表，用于确保医疗机构在各个方面都符合法律法规和行业标准的要求。通过已识别的风险清单，提出相应的防控措施建议，并将管控措施具体落实到各项流程；对于无法预见的风险，建立突发风险事项处置流程，确保风险发生时有明确的

⊖ 威廉斯, 史密斯, 扬. 风险管理与保险 [M]. 马从辉, 刘国翰, 译. 北京：经济科学出版社, 2000: 35.

院内处置路径。医疗机构业务体系的多元性导致其面临风险的不确定性,有些医院规模较小,可用于合规措施的资源有限;有些医院则隶属于历史悠久的大型多机构组织,员工分布广泛,可用于合规措施的资源更多。因此不同的医疗机构应当将其合规工作重点放在与其最相关的潜在问题或风险领域,采取的合规措施应适合该医疗机构的独特环境(包括其结构、运营、合规资源和监管环境)⊖。

医疗机构应注重事前风险防范,对医疗机构中的高风险部门和领域,如药品管理、医疗器械使用等,采取特别的合规措施。对医疗机构核心诊疗业务,不定期根据《医疗机构依法执业自查管理办法》,进行自查管理,确保依法执业自我管理的主体责任得到落实。在风险暴发前,建立风险提示系统,及时向相关人员提供合规风险信息,并跟踪风险管理措施的执行情况。例如,针对医疗安全(不良)事件建立不良事件管理流程及管理机制、针对医疗机构消防隐患建立应对应急处置流程及管理机制;建立常态化合规风险自查机制,日常工作中归纳总结常见的医院运营风险,对各风险类别的发生频次、风险发生的原因、可能造成的后果、涉及的科室部门和措施实施的科室和部门进行动态管理。合规风险清单管理的各个参数要随着外部环境、业务活动和经济活动的变化进行更新,发生重大变化时要对过往的风险进行重新评估,廉政风险较高、业务模式较新、影响可持续发展等领域的风险要进行重点评估。院科两级对于合规风险清单实施专人专管,定期收集处置,合规管理部门识别风险清单以后,会同科室部门拟定风险防控方案和措施、措施和方案的完成时限;最后对合规风险管理清单的有效性进行评价,风险管理的落脚点应当是其有效性,要定期检查和评估合规风险清单管理机制的有效性,并根据需要

⊖ HHS-OIG.Fraud risk indicator[EB/OL].(2024-03-12)[2012-09-05]. https://oig.hhs.gov/fraud/fraud-risk-indicator/.

进行及时的调整和改进。通过风险排查机制，医疗机构可以更好地管理合规风险，避免法律纠纷，保护患者安全，提升服务质量，维护医疗机构的良好声誉。

（二）内外部协同合规审查管理机制

合规审查是医疗机构为确保业务活动的合法性和规范性而进行的重要过程，实质上是医疗机构内部合规管理中的事中管理，是在事前构建的预防机制的基础上强化监管的举措。从医疗机构内部出发，合规审查机制要根据国家法律法规的规定和医疗机构自身制度的约定开展，针对拟开展或正在开展的业务进行，依据不同业务属性设置不同的管理流程，提报业务相关科室和部门共同完成事项的评估和风险举措的防控。例如，建立药品合规管理机制，审查药品的采购、存储、分发和使用流程，确保符合法规和医疗机构内部管理要求；建立定价审核机制，确保医疗服务和产品的收费是否符合国家和地方的定价政策和保险规定；建立合同管理机制，保证医疗机构对外签署合同合法合规，确保实现医院利益最大化等。同时，建立医疗机构专项抽查和检测机制，如不定期抽查病历记录，确保医师遵守病历书写相关规范和标准，以及监测医院感染率等医疗服务质量和安全指标等。院内通过定期和专项审查，分析潜在风险，发现合规审查环节不足之处，外部加强与卫健部门、药监等行政管理部门沟通，了解最新监管要求和方向，制定医院合规审查持续改进措施。从外部支持出发，医疗机构应积极与卫健部门、医保管理部门等外部监管机构的沟通与交流，及时掌握最新监管要求与指导方针。同时，可参加行业协会、各类专委会、研讨会等，了解行业动态和趋势，学习其他医疗机构合规审查、合规监管体系与机制。可聘请外部审计机构、律师事务所协助医疗机构开展合规审查。引进JCI、ISO 9001等第三方认证，提高医疗机构合规管理权威性。医疗机构服务宗旨是"以患者为中心"，要勇于收集患者意见和建议，了解患者对于医疗服务提出的新期待、新要求。通过建立医疗机构内外部协同合规审查机制，帮助医疗机构更加全面、及时了解自身合规管理之短板，提高医疗机构合规管理效率，提升合规管理水平，促进医疗机构不断适应更迭的法律法规与医疗业务环境，确保医疗机构可持续合规运营。

以药品合规管理为例，医疗机构应制定符合国家法律法规和行业标准管理制度和流程，包括药品采购、验收、存储、分发、使用和报废等方面的规定。成立药品管理委员会，作为药品管理的组织机构，成员应由医院领导、药剂科、临床科室、质控科、合规等部门组成，负责监督执行药品管理制度和流程。药品管理部门应对药品的使用情况进行实时监控，对过期、破损、变质等不合格药品进行妥善处理，发现异常情况及时处理，医疗机构内审部门定期对药品管理进行审计和评估，发现问题及时整改，持续改进药品合规管理水平。

以合同管理中的审查管理为例，首先应对合同进行分类管理，合同内容不同所涉及的医疗机构内部需求科室（部门）和履行监管科室（部门）也不同○，合同主体、监管部门和内容的不同决定了合同应当进行分类管理以提升合同的商定、签订和履行的效率与安全，而分类管理的关键就在于依据合同类别细化分类合同管理制度并设立相对应的审批流程以确保医疗机构利益最大化。合同管理部门应当强化风险意识，对运行过程中的每个环节都制定具体可操作的流程和实施细则，使每个程序的执行都有章可循。其次要加强合同履约监管○，合同签订后就应加强合同履约监管以防止合同目标不能实现，方式在于建立定期合同执行评价机制，将评价与价款结算、续签相结合，如果对方有违约行为则应及时终

○ 孙倩影，孙静，李彦彦，等.公立医院合同分类分层管理研究［J］.中国医院，2023，27（7）：98-101.
○ 徐凌.基于内部控制的公立医院经济合同管理研究［J］.卫生经济研究，2019，36（9）：35-37.

止合作以避免给医疗机构带来损失。最后要完善组织建设、加强合同签订和履行及变更解除的风险控制等。

以医疗诊疗合规审查为例，医疗诊疗与医疗服务质量息息相关，需要合规介入，规范诊疗过程，如要审查开展诊疗活动卫生技术人员是否依法取得执业资质、审查开展诊疗活动所使用的药品和医疗器械及耗材是否经批准、医疗机构及其医务人员是否遵循了临床诊疗指南和临床技术操作规范及行业标准和临床路径等的有关要求、诊疗及用药方面是否做到尊重患者对药品使用的知情权、病历管理是否合法合规等。诊疗的合规审查需要贯穿医疗诊疗的全过程，从人员、病案、用药、器械、耗材、病历等方面入手，建立各阶段的合规规则并形成有效的管理流程，并与诊疗相关的科室和部门加强合规联系，共同进行合规评估和风险防控。

实践证明，合规审查对于医疗机构的发展具有重要意义和必要性。一家综合性的医院，体量、规模和员工数量都堪比一家上市公司，只有加强合规审查管理，才能确保运行的稳定性和安全性，防范业务风险的发生。随着医疗行业的不断发展和创新，合规管理也将面临新的挑战和机遇。未来需要不断探索和实践，不断完善合规管理机制，护航医疗机构高质量发展。

合规审查流程如图8-3所示。

（三）合规考核机制

医疗机构的合规考核机制是确保医疗服务质量和机构运营合法性的重要环节，是医疗机构合规管理体系的重要组成部分，对于提升医疗机构依法执业、依规运行、防控合规风险及维护声誉等方面都发挥着关键作用。考核和问责是确保医疗机构业务操作符合相关法律法规及内部规章制度的重要手段。美国OIG发布的医院合规指南所指出的合规七大要素中的第五个要素是进行内部监管与审计，其中最重要的是有效的合规计划应定期（至少每年一次）审查合规实践是否满足计划的合规要素，如合规制度的普及标准、培训和持续性的培训计划的有效性等。合规的定期有效性评价应以书面形式保留，以作为行政机关日后监管时判断医院是否严格合规的依据，也可以作为行政处罚轻重的依据。

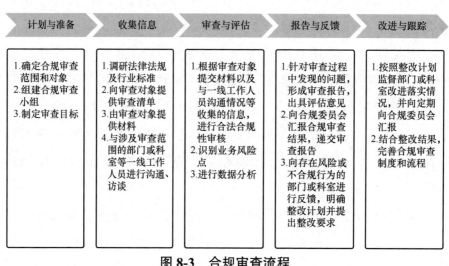

图 8-3　合规审查流程

合规考核机制需要建立有效的合规考核评价方法，将合规管理作为医疗机构年度考核的重要指标，对医疗机构各科室各部门、主要人员的合规职责履行情况进行考核和评价，并追究违法违规事件责任人员的责任。合规考核结果应当与激励机制相联系，包括激励的奖励等和惩戒的罚款等。以医疗诊疗行为合规考核为例，考核目标应促使医师树立合规意识，确保医疗诊疗活动符合《医师法》《医疗机构管理条例》等法律法规及行业标准。医疗机构合规管理部门可协同医务、护理、门诊、质控、内部审计等部门组成考核小组，每年至少进行一次全院范围内的合规考核，不定期组织对医疗纠纷频发的临床科室组织专项合规考核。制定考核指标，如知情同意书签字完整性、病历记录规范性、药品及医疗器械、设备使用合理性等合规性指标，也可以从患者满意度等服务性指标，以及合规相关法律、制度培训参与度、不良事件处理等维度设置指标。结合合规考核结果，落实相应问责措施，提出合规管理改进措施，定期跟踪整改进度，促进医疗诊疗行为合规开展，强化医师合规与责任意识，推进合规文化的建立。

（四）合规自查自纠机制

自查自纠是医疗机构合规管理体系运作在风险尚未向外界暴露时自我纠错的"防微杜渐"式合规实践的集中体现。医疗机构自查自纠，需要首先建立自查自纠制度，对各业务部门的违法执业行为㊀进行制止、纠正、报告，包括建立依法执业自查工作制度和年度计划、进行依法执业教育和培训、进行"全面自查和专项自查活动"、进行依法执业风险评估、落实依法执业整改措施（立即整改或者制订整改计划）、进行依法执业自查年度总结并定期公开依法执业自查整改情况、公示自查结果、向行政机关报告重大违法执业行为等。医疗机构进行自查自纠应当以全面自查、专项自查和日常自查三种方式形成自查的交叉网络，每项自查的频率应为日常、季度、年度，并随实际情况进行调整。自查自纠和自我管理的质量由卫生健康行政部门进行检测评价，其结果可纳入医疗机构定级、评审、评价、考核（包括绩效考核）的指标体系，可作为行业协会监测评价依据。

医疗机构建立自查自纠机制，有利于提高医疗服务质量和运行效能。通过依法执业自查可以及时发现医疗执业、医疗服务过程中的潜在风险，持续改进优化，促进医疗诊疗活动规范化，提升患者就医体验。同时，自查自纠工作可以在一定程度上降低行政

㊀ 自查自纠的对象即违法执业行为一般有以下领域，参见《医疗机构依法执业自查管理办法》第十二条："医疗机构依法执业自查主要包括以下内容：（一）医疗机构资质、执业及保障管理；（二）医务人员资质及执业管理；（三）药品和医疗器械、临床用血管理；（四）医疗技术临床应用与临床研究；（五）医疗质量管理；（六）传染病防治；（七）母婴保健与计划生育技术服务（含人类辅助生殖技术和人类精子库）；（八）放射诊疗、职业健康检查、职业病诊断；（九）精神卫生服务；（十）中医药服务；（十一）医疗文书管理；（十二）法律法规规章规定医疗机构应当履行的职责和遵守的其他要求。"

处罚风险。通过自查自纠，及时发现并整改，有助于医疗机构依法依规运行，减少因违规而面临的行政处罚甚至是诉讼风险，避免不必要的损失。另外，自查自纠工作还可以进一步提升医疗机构品牌形象与竞争力。自查自纠机制是医院合规管理的方式与手段之一，开展自查自纠有助于医疗机构在一定程度上降低医疗事故和患者投诉概率的发生，不断优化医疗服务，进而提升医疗机构的品牌形象与核心竞争力。

医疗机构进行合规管理的自查自纠应当根据自身业务特点设立自己的自查指标体系，其中应当按照国家及行业标准将指标分级并提示相应的检查要点[⊖]。

除了建立自查自纠机制，医疗机构还可以合规专项调查为抓手，落实医院管理层合规管理要求，比较业务运营模式与当下法律法规、行业标准要求，进行差距分析，识别差异点，提出改进方案，更新合规风险清单。医疗机构还可结合自身特色与业务需要，建立合规咨询与答疑支持模块，为员工提供合规咨询和支持，解答其在工作中遇到的合规问题和疑惑，确保员工能够顺利执行合规要求。

第三节 医疗机构全面合规管理未来展望

一、从"要我合规"到"我要合规"的转变

医疗机构迈向全面合规管理，必将成为我国医疗行业法治化建设历程的结果和见证，代表着医疗行业从传统的行政部门外部监督管理的方式转向现代医院精细化管理、内控式自监管的方式，合规管理体系必将全面融入医疗机构现有管理体系，为医疗

⊖ 梁琳，宣雅波，郭玉红，等.医院依法执业自查指标体系构建研究[J].中华医院管理杂志，2023，39（3）：189-194.

机构高质量发展提质增效、保驾护航。从全面合规体系建设到专项重点领域合规，旨在实现全行业的可持续发展和整体管理转型升级。

法治化建设之路是实现法治国家的必由之路。伴随着医疗体制改革的深入、医疗机构规模的不断扩大、整个社会法治化建设的推进，医疗机构全面合规管理的需求越来越强烈，从顺应外部监管的压力到实现高质量发展的必然要求，将会是一个动态、持续加深认识和不断推动的过程，单纯依靠国家和政府管制而被动合规，是企业在合规管理早期同样的历程。从现有企业合规管理发展趋势来说，医疗机构也将经历一个从"要我合规"到"我要合规"的转变过程。将"合规"引入医疗机构，其核心理念在于推动医疗机构依法合规运营，建立健全合规管理机制，通过合规管理提升医疗机构精细化管理水平、运行效率、医疗服务质量、风险阻断能力，降低医疗服务的总体成本、违规行为带来的损失（包括经济和声誉损失），造福广大人民群众并维护医院和患者的合法权益，保障医院可持续良性发展并助力医院高质量发展。从"要我合规"到"我要合规"的转变，是组织和个人在合规文化、意识及行为上的重要进步。这个转变意味着从外部强制的遵守规定和法律，发展到内在的、主动的合规意愿和实践。

二、整合监管资源是提高监管效能的必然选择

在依法治国的大背景下，科学立法、依法执政、依法行政、依法治理、公民守法是建立法治社会的基本要求。医疗机构作为独立的法人单位，必然会伴随着整个国家和社会的法治建设进程不断强化内部法治发展之路。目前，国内医疗机构正在陆续成立单独的法务合规管理部门，名称各异，职责雷同。部门职责主要包括医院诉讼与非诉法律事务处理、医院员工法律服务、医院员工法律法规培训等。除此之外，医疗机构内部还存在财务内控、内

审、纪检监察等与合规管理相关的平行职责或部门。随着医疗机构法治与合规管理的需求不断提升，合规管理正在从单独的部门设置向多位一体融合的监管体系发展。这种发展趋势体现在如下四个方面：

一是监管目标融合。医疗机构开始从风险、合规、内控、法务、内审、纪检单独进行规划转变为统筹规划，把分割、多元的监管目标和需求融合成一体的战略目标、业务定位，并体现在整合的价值需求和基本规则，实现监管目标的整合。

二是管理组织架构融合。医疗机构将原有独立的法务部门、内审部门、纪检部门整合到同一部门管理，统筹考虑岗位设置，在综合目标下更好地实现"多位一体"的监管职能，加强各职能之间的沟通、协作并更好地保障监管系统的运行。

三是程序环节融合。医疗机构将原来职能交叉、多套并行的工作流程和办事规则进行合并，建立协同一致的工作流程，穿透现有日常管理和职能部门的边界，以明确的办事程序、流程表单和流转路线，简化程序、减少扯皮，并最终提高工作效率。

四是信息化手段融合。信息化手段是规范流程、实现共享和强化环节控制的有效手段。随着医疗机构全面合规管理体系的不断进步，搭建统一信息化合规监管平台，不断提高信息化合规管理水平，未来可期。

总的来说，整合医疗机构内部现有的监管资源，在医院法治建设的总体目标指引下，融合式监管体系的建设是发展的大势所趋，有助于提高医疗机构的合规管理效率，避免各单独监管体系信息不畅、重复工作，也有助于更好地应对复杂多变的环境。通过这种方式，医疗机构可以更好地发挥系统整合的作用，降低运营风险，增强应变能力和系统协同的效能，保护医疗机构和患者的合法权益。

三、合规管理从制度走向文化

合规管理从制度走向文化，是一个组织内部从单纯强调遵守国家法律法规、规章制度，向更深层次的意识认知和行为习惯的转变过程。这种转变不是要求员工迫于压力而遵循各项合规要求，而是把依法依规履职变成一种思维底线和行为习惯，内融于心、外化于行。随着医疗机构全面合规体系的不断推进，这种转变是可能、可行和可靠的，并最终能够提升医疗机构的价值创造能力、市场竞争能力、基础管理能力、社会服务能力和风险防控能力[1]。实践中，医疗机构培植合规文化的具体举措包括：

一是开展合规宣教。结合自身实际情况，通过多种方式，定期对全员进行合规相关的培训和宣教，确保他们了解最新的法律法规、医疗标准、内部管理制度，提升整个机构的合规水平。为了确保培训结果及参与率，许多医疗机构将参与培训学习与员工个人年度考评或继续教育相关联。

二是创建奖惩机制。在合规管理制度中与员工绩效考核挂钩，明确合规激励机制和违规问责机制，通过奖励优秀合规行为的个人或团队、处罚违规行为的个人或团队，强化合规的重要性，正面激励积极合规行为。

三是强调透明度和公开性。公布合规工作报告和内外部审计报告，精准落实整改工作部门、科室或负责人，明确整改目标及时限，提高组织透明度，增强公众信任，针对审计结果披露的问题建立长效工作机制。

四是持续的风险评估和管理。合规风险管理是一个动态的过程，需要持续不断地评估组织面临的合规风险，并根据这些风险调整合规策略和计划。

---

[1] 郑鑫，王明雪，郑宇.合规文化是强化合规管理基础的必然选择［J］.农村金融研究，2013（1）：5-9.

合规文化的重要性和长期价值在于，能够通过合规文化的培育使得医疗机构和工作人员将合规意识内化于心、外化于行，主动自觉地遵守合规要求，依法依规行事作为，确保"始终在游泳池内游泳"。合规文化属于判定合规是否有效的要素之一，合规文化也是评估企业专项合规整改计划和相关合规管理体系有效性的重要指标。回顾合规发展的历史，为了应对和解决企业的纸面合规，达到发现和预防违法犯罪的目的[一]，引导企业由被动合规转化为主动合规，将外在规则内化成内部规章，上升至医疗机构的内部文化、医疗机构的企业价值[二]，合规文化应运而生，成为合规的关键要素。除了采取常态化的工作举措，合规文化的培育还需要医疗机构领导人员带头承诺倡议，以身作则践行合规示范作用，逐步强化全员的合规意识。合规文化价值认同是医疗机构自愿且主动、长久保有内生驱动力的源头，能够防止合规体系仅仅局限于纸面上的规章制度，避免合规管理流于形式，激励医疗机构持续不断对自身的合规体系进行整改和完善[三]。

[一] 高磊.合规文化的体系地位及其实践路径[J].财经法学，2024（1）：72-86.
[二] 杨阳腾.企业合规体系如何构建——深圳市宝安区打造企业合规示范区调查[N].经济日报，2022-12-29（12）.
[三] 樊王义.大合规体系下企业合规文化的功用及其本土化培育[J].南海法学，2023，7（3）：34-45.

第九章 医疗机构专项合规计划打造

第一节 医疗机构典型的专项合规风险

医疗机构的专项合规计划是结合对医疗机构合规义务梳理之后确定的特定合规风险而开展的专门风险管理活动。专项合规的风险可以从两个维度进行梳理：一是具体的业务条块，如采购、基建、捐赠等，它关注的是具体的专项工作内容，打破了医疗机构内部门和科室的限制，以"事项"为线索进行全流程的管控；二是以部门的职能为条块，如人事管理、信息管理等，以"权限"为线索将部门涉及的各种风险进行全面分析和系统防控。以上两个维度的梳理路径很难说谁优谁劣，但是从医疗机构建立专项合规计划的角度而言，显然以部门的职能入手更容易开展，因为管理的调整都在同一个部门权限范围之内，需要协调和调整的范围有限；而以事项为线索的专项合规，则显然需要打破"部门墙"的限制，需要在更大的范围内重新规划权力和流程重构，需要启动的层级更高、遇到的阻力更多、复杂度和难度更大，但合规管理的效果也会更好。

合规的生命在于有效，而一个有效的合规管理体系更是直接依赖对行业风险点和重点风险领域的分析和把握，只有针对重点岗位、重点环节、高风险人员等各个专门的合规风险建立专项的合规管理计划，避免笼而统之，做到对症下药，才能最大限度地发挥合规管理的成效。近年来，行风管理一直是整个医疗卫生行业重点加强并不断深入开展的管理事项，但是医疗机构运行过程中可能承担的行政处罚和刑事责任风险远远超出了行风管理所能包括的范畴。参考中央企业合规管理《办法》中的主要做法，结合医疗机构的特点，医疗机构的合规风险主要存在于以下领域。

一、对外服务、货物采购和基本建设领域

对外服务、货物采购和基本建设领域涉及医疗机构日常运行和商业交易的各个主要环节，此处医疗机构所面临的合规风险和公司/企业较为相近，而对外服务、商品交易、工程建设等传统领域本就属于违法违规行为的高风险暴发点，医疗机构既可能由于本单位或单位员工的违法违规行为受到行政监管调查或刑事追究，又可能因为托管方、供货方、建设方等对方单位及其员工的行为而受到牵连。其中最为突出的合规风险即医疗领域的商业贿赂问题，包括在药品、医用设备、医用耗材等采购过程中以各种名义收受的回扣、直接贿赂、佣金、不当折扣及设备/耗材捆绑销售并获取不正当利益等行为表现形式，我国行政监管法律法规和刑法对此均有规定。尤其是针对医药购销领域的商业贿赂行为，国务院办公厅和市场监管总局于2018年分别发布了《关于改革完善医疗卫生行业综合监管制度的指导意见》和《关于开展反不正当竞争执法重点行动的公告》，全面加强监管查处和责任追究力度；而在刑事处罚方面，随着国家监察体制改革的完成，医疗机构成为监察委员会关注的重点领域，医疗机构和人员涉嫌单位受贿罪、非国家工作人员受贿罪、介绍贿赂罪等商业贿赂犯罪案件层出不穷。除了最为高发的商业贿赂风险，从国家卫健委通报的情况看，该领域的合规风险还包括医疗机构违规招标和不按照规定要求开

展建设项目立项申报和审批等情形。

二、物价和医保领域

对于公立医疗机构而言，医疗服务项目和价格、医保补偿政策是受国家政策严格监管的领域，不存在医院根据自身特点自由发挥和灵活调整的空间。在医院内实际的价格监管过程中，公立医院一般不存在通过主观故意违背物价项目的内涵和外延鼓励医护人员多收费和乱收费的动力，也不会通过刻意的方式套取医保基金，绝大多数的情形是医保物价人员在管理物价医保过程中对于政策的误读误解，或者少数医护人员故意利用监管漏洞、绕过监管措施实施的违法违规行为。现有的公立医院规模普遍较大，某一个或者某一类收费项目或者报销行为的违规，累积起来往往金额巨大。在国家医保局成立以来开展的多次全国范围内的医保专项督查中，发现的问题很多，涉案金额巨大，已经引起医院管理的高度重视和社会的广泛关注。对于医疗机构的物价和医保合规管理而言，编织细密的监管程序，充分发挥信息系统的管控作用，开展全面和经常的政策培训，都是该项监管的重要举措。

三、医疗质量和安全领域

医疗服务质量和安全是国家卫生主管部门、药监部门、环境保护部门等行政监管机关关注的重点，涉及医疗质量、患者安全和医疗运行管理等多方面，包括重大的医疗质量安全责任事件、重大的院感防控事件，以及各类特殊药品管理、辐射安全管理、临床新技术应用、医院场所安全、有毒有害医疗废弃物处置等。该领域的合规风险极大，而且一旦发生重大责任事故，医疗机构及其人员往往面临严厉的行政甚至刑事法律后果。具体而言，除了医疗机构及其党政领导、部门责任人员等将受到行政监管意义上的处罚和处分，我国刑法还规定了医疗事故罪、生产销售假药罪、生产销售不符合标准的医用器材罪、污染环境罪等罪名，追究行为人的刑事责任。

四、信息安全领域

随着近年来国家层面对于医院信息化建设的推动和评审的要求，各级各类医疗机构信息化的水平快速提升，在不断提升医疗机构运行效率、提高患者就医体验的同时，需要给予信息安全特别关注。实践中最为高发的合规风险是就医记录、健康状况、财务信息等公民个人医疗信息泄露，除了违反《刑法》《网络安全法》等法律规范中公民个人信息和隐私保护的条款，往往还由于医疗机构的特殊性而违反卫健委关于病例和人口健康信息管理的专门规章的规定。与此同时，一旦医疗机构由于公民医疗信息泄露而受到有关部门的调查，则除了承担相应的行政和刑事法律后果，还会面临极大的声誉损失甚至形成"雪崩效应"，一系列不利后果接踵而至，给医疗机构带来沉重的打击。当然，医疗数据除了公民个人医疗信息，还包括一些医疗机构运营数据和技术质量关联数据等，对医疗数据安全的保护成为合规建设的一大重点板块。这就要求在医院不断提升信息系统安全等级保护的基础上，特别强调要关注与第三方公司合作过程中保护患者隐私和医疗数据安全。

五、对外合作领域

在医疗机构开展对外合作的过程中，同样存在因违反规定、账目不清、商业贿赂等而遭受监管调查和刑事调查的合规风险，主要包括各种形式的业务合作、投资、商业赞助、往来礼品、差旅费用、捐赠、公费招待等。特别是赞助会议、邀请讲课等业务合作领域，虽然在一定程度上可以解决经费短缺的问题，但如果医疗机构及医务人员与企业操作不当，在会议资料或者授课中进行产品宣传，达到向参会医生宣传产品、影响参会医生专业判断的目的，从而获得竞争优势的行为，就很容易构成《反不正当竞争法》明令禁止的商业贿赂行为。此外，根据最高人民法院、最高人民检察院《关于办理贪污贿赂刑事案件适用法律若干问题的解释》的规定，贿赂犯罪中的"财物"包括货币、物品和财产性利益，其中的财产性利益包括可以折算为货币的物质利益，如房屋装修、债务免除等，以及需要支付货币的其他利益，如会员服务、旅游等。这就意味着商业贿赂的认定范围进一步扩大，医疗机构在对外合作领域的合规风险也随之提升，在此进行专业的合规计划打造显得尤为必要。

六、行风管理事项

医疗机构的行风管理事项中所暗藏的合规风险具有独特性。一方面，该领域涉及医务工作人员的范围最为广泛，许多不具备对外采购、对外合作等公务职能的门诊医护人员却同样是行风管理的重点风险人员，主要违规形式包括各种形式的"红包""感谢费"等，风险防控难度较大；另一方面，行风管理对医疗机构形成规范化、廉洁化运营的机构文化至关重要，通过以行风管理为抓手的合规治理，有助于医疗机构形成"不敢腐、不能腐、不想腐"的良好氛围，从根本上实现廉政建设治理成效，否则很难走出反腐治理表层化、低效化的困境。

七、知识产权领域

长期以来，医疗机构的知识产权保护意识薄弱，相关专业人才和管理机制匮乏，不仅导致医疗机构自身的科技成果及商业秘密、专利权等知识产权无法得到有效保护，而且在司法实践中还经常出现医疗机构侵犯知识产权的案件，尤其是在医药和医疗器械采购及使用、计算机软件使用、广告宣传、中药膏方等方面，包括版权、商标权等知识产权的归属、产权分配、转让及收益分配等环节，极易触动知识产权法、行政法和刑法中关于侵犯知识产权的处罚机制，成为医疗机构的一大合规风险领域。

八、其他医院管理领域

其他医院管理领域包括医院的财务管理、劳动用工管理等。显然，医疗机构的专项合规风险远远超出上述梳理的范围，而且这些已经梳理的风险也会随着各级管理要求的改变而发生持续的变化。同全面合规管理一样，医疗机构的专项合规管理更是一个持续改进的管理过程，需要结合医疗机构依法执业的各项要求，持续地评估内外部环境变化所带来的最新要求，并确保专项合规管理体系随着风险管理要求的变化而改变，确保合规有效。

第二节 医疗机构专项合规计划的特点

本书第二部分系统地讨论了企业全面合规管理体系的构建，明确了专项合规计划的打造是在借鉴全面合规管理体系的基础上，结合特定合规风险的特点，有针对性地开展强化措施，以实现对于特定风险的管控。因此，医疗机构的专线合规计划是把医疗机构对于特定问题的态度、管理要实现的期望和承诺变成正式可见的纲领，把搭建的管理体系和指挥链条以明确无误的文件及具体运行的规则和考核标准以随时可查的手册完整系统地展示在所有员工的面前，从而实现制度本身的规范价值和指引作用。专项合规计划在制度上要体现自身的系统性和完整性，需要全面梳理与"专项风险"相关的医疗机构内外相关的要求和规则，要经过一次思想再动员、逻辑再梳理和制度再制定的过程，把一份融入医疗机构的价值承诺、目标追求、权责分工、具体措施和考核评价的完整要求明确无误地呈现在全体员工和利益相关方面前。与全面合规相比，专项合规计划的打造需要强调个性化和特殊性问题，"精准"和"可靠"是专项合规计划打造的重点。

一、医疗机构专项合规的组织机构更加集中明确

专项合规计划打造最主要的特点是针对明确的风险整合监管资源，进行集中系统的管控，因此，医疗机构专项合规计划的管理组织体系要强调将涉及特定风险的所有监管资源集中起来，形成一个系统完整的监管组织体系，凝聚成一个强有力的监管"拳头"，在加大监管力度的同时提升专项监管效能。在医疗机构现有的管理体系中，无论是商业贿赂，还是信息安全，"铁路警察各管一段式"的多部门多视角的监管并不缺乏，缺乏的是没有一个部门能把现有管理体系中割裂、零散的管理权限、监管责任和管理手段有效整合并以更加系统完整的方式进行优化演进，并能够将专项合规监管的完整效果直接通达医院的最高管理层，从而实现在机构层面把合规治理的战略谋划转化成日常管理实践的战术展开。一个明确的、中层及以上的、对某一专项合规风险承担全部权责的"管理角色"（合规部门和合规专员）是专项合规计划组织保障的基本要求。

医疗机构如果不能从组织治理的高度出发，在现有的权力架构和资源分配中对专项合规有所安排，没有构建专业、独立、权威的专项合规管理队伍，显然难以实现有效的管控。因此，专项合规与全面合规相比，其权责设置更加明确，职责分工简单清晰，监管职能没有重复，更不能出现管理的真空地带。

二、医疗机构专项合规的运行机制更加清晰有力

专项合规的运行保障是要把具体的制度体系融入设计的管理架构，在具体的管理实践中结合真实管理对象有机运行，是一系列管理措施、技术手段、考核指标和效果评价的组合，是从实现

管理目标的角度倒推具体的管理过程、具体措施和考核要求。医疗机构专项合规计划根据不同的专项合规风险可能存在管理技术上的差异，但整体上遵循全面合规的三大运行机制，即事先预防、违规监控和违规应对，需要结合具体的风险事项细化管理措施，从而实现专项管理的适当性、充分性和有效性。

（一）医疗机构专项合规的事先预防体系

专项合规的事先防范体系是在合规风险出现以前所进行的一系列基础性工作。参考众多企业专项合规的做法，医疗机构的专项合规事前风险防范措施可以包括：①合规评估。结合医疗机构专项合规计划的特定风险，展开有针对性的调查和评价，全面摸清存在的高风险人群和环节，从而制定精准的防范措施。合规评估可以定期进行，也可以根据需要随时进行。近年来，委托第三方的专项合规评估在医疗机构日益常见，如国家卫健委关于委属管医院专项审计的第三方会计师事务所的评估就属于此类。②尽职调查。主要是针对经济合同对象、第三方合作伙伴等，在进行业务合作以前，对其是否具备履行合规义务的能力、是否存在违规记录等进行的专门调查活动。在医疗机构现有的采购合同中，大多时候以对方提供合规承诺代替细致的专项调查以减少成本。③合规培训。即针对医疗机构全体员工，尤其是专项合规高风险人群、第三方合作伙伴等开展的合规政策培训活动，可定期或不定期进行，培训要做好记录、留存资料。④内部政策沟通。这是构建合规理念、培育合规文化的重要措施。医疗机构的主要负责人应当制度化地向全体员工和合作第三方强调专项合规承诺、传达合规动向和要求，听取问题反馈并进行研讨，构建内部合规信息沟通和共享机制，营造专项合规氛围和合规文化。

（二）医疗机构专项合规的违规监控体系

违规监控体系也称为事中控制体系，是专项合规最重要的过程管理工作，重在对专项合规事项的具体运行过程进行实时、动态的监控。具体措施包括：①建立"全流程合规审核放行机制"，要求在专项合规风险业务开展的每一个重要环节实施合规把关并实行"合规一票否决制"，把合规的审评机制嵌入具体的业务流程，有效规避风险；②建立"实时举报制度"，即通常所谓的"吹哨人"制度，搭建专门的举报平台、畅通多渠道信息反馈，并对举报人进行严格保护和合理奖励；③推行"合规审计制度"，对重点人员进行专项审计或者定期审计，发挥审计的合规监控作用；④建立"合规报告制度"，由责任部门和人员（合规部门和合规专员）进行定期报告和专项报告，要能够从医疗机构层面上定期了解、评价和改进专项合规计划的运行情况、合规风险的管控情况和违规行为的发生处置情况。

（三）医疗机构专项合规的违规应对体系

合规应对体系又称为"事后处理机制"，指违规行为发生后的应对处理机制。违规行为发生或者被发现后，医疗机构就要受到外部监管机关和执法机关的调查，此时需要有内部的合理应对机制，盲目应对或者采取毁灭、伪造证据等错误方式会面临更加严厉的调查和处罚。通常医疗机构专项合规的应对机制包括：①结合收集的违规线索，立即进行医疗机构或者涉及第三方的内部合规调查，第一时间全面摸清违规情况，评估风险；②从快严肃处理涉及违规的员工和第三方，彰显医疗机构对于违规行为的重视和坚决态度；③尽快梳理现有合规体系漏洞并进行整改，结合违规情况持续改进现有专项合规计划，避免类似情况再次发生；④积极配合相关部门的专项调查，必要时主动向相关监管部门报告违规情况，固定、封存、提交相关的基础资料和证据，争取获得从轻、减轻或免除处罚的"合作奖励"，尽量减少对医疗机构的重大影响。

第三节　医疗机构专项合规计划与现有管理架构的融合

专项合规计划的打造与现有管理体系之间的融合是落实和推进医疗机构专项合规管理要解决的重大和现实问题。可能存在的主要误解包括：专项合规计划是否要取代医疗机构内部已有的相关管理部门和人员的监管职责，或者是否要在现有管理体系的基础上继续叠床架屋、单摆浮搁，构建更加复杂的管理体系等。这些问题不解决，就难以在医疗机构有效推进专项合规计划。

一、基于重大复杂问题的职能化监管诉求

随着医疗机构规模的不断扩大、管理复杂性的持续增加，基于专业化管理和职能化设置的管理模式越来越得到强化，整体管理的目标和效果在"部门墙"的层层阻隔下形成一个个彼此割裂的"条块"，"都管"和"都不管"的情形时有发生。近年来，伴随着医保物价、信息安全、商业贿赂、院感防控、新技术应用等新的监管要求的快速发展，外部监管理念和监管方式的持续变化，尤其是 2018 年国务院办公厅《关于改革完善医疗卫生行业综合监管制度的指导意见》的实施，强调医疗机构"第一责任""法人第一责任"的医疗机构内部自监管的要求越来越多、责任越来越重。医疗机构在面临内外监管环境迅速变化的现实背景下，针对涉及机构长期持续健康发展的关键、核心风险设置专门的部门和专职人员，以职能化监管强化并落实机构责任是当然的选择和可靠的方案。

二、顺应现代医院治理模式的制度选择

法人治理结构是现代企业中最为重要的组织架构设计，它涉及法人中所有权、管理权和监督权的分配和相互制衡，从而实现法

人中个体利益与集体利益、短期利益与长期利益、组织利益与社会公共利益的合理平衡㊀。在构建现代医院管理制度的过程中，如何设计现代公立医院的治理架构、实现对公立医院的内外共治、确保公立医院从经营主体向公益主体转变，如何加强并实现现代公立医院的发展方向、成长路径和利益追求符合政府的设计和社会公众的需求，除了从外部监管的角度加强力量和强化职责，把政府的监管要求内化为医疗机构内部的发展诉求也成为必然的政策选择，而能够实现这一管理要求和制度设计的，医疗机构内部的合规体系的建设和完善是必然选择。

综合以上思考，现有的把涉及医疗机构长远持续健康发展重大风险的监管职责分散在各个不同的职能部门，其好处是可以发挥各个部门在本职能和专业范围内的主观能动性，加深对于特定问题的理解和提升管理的效率，但主要问题在于没有一个部门对整个特定事项的最终管理效果负责，尤其当管理事项面临新的监管要求和外部变化时，整个相对松散的管理系统难以及时有效应对，无法及时主动协调监管中出现的空白和缺口，更无法通过有效整合资源、形成合力来应对日益复杂的监管需求。

基于合规理念的专项合规计划，强调从组织的整体目标出发，有序协调各个部分与整体目标之间的关系，增进整个组织管理的效能而不是专注于强化某一环节的力量，强调通过设置职能化的专项合规部门和人员，通过矩阵式的组织结构设计，把整个组织各个部门对于在某项特定风险的监管要求和监管效果完整地拼接起来，直观地展示问题的现状和后续强化的方向，以完整的运行机制和管理技术手段，确保医疗机构在面对内部复杂的管理现状和外部日益强化的监管要求的现实背景下，真正实现健康持续发展。

㊀ 马俊驹，聂德宗. 公司法人治理结构的当代发展——兼论我国公司法人治理结构的重构[J]. 法学研究，2000（2）：78-90.

第四篇
医疗机构专项合规实务

　　合规管理的生命在于能够在医疗机构日常的管理中切实发挥预防、监视和应对合规风险的作用,而非合规体系本身的宏大和完整。对于初步引入并推行医疗机构合规管理而言,打造专项合规计划是很好的切入点和试金石。

　　反商业贿赂、患者信息安全、医保物价和财务内审等一直以来都是医疗机构内部监管的重点与核心,这些特定风险的合规呼唤专项合规计划予以保障,风险的特定性和管理的精准性在专项合规计划中实现了管理目标和技术手段的融合与统一。

第十章 医疗机构反商业贿赂专项合规

第一节 医疗机构商业贿赂规范依据

商业贿赂指经营者为了获得交易机会或有利的交易条件而不正当地给予相关单位或个人好处,或者与商业活动密切相关的人,利用其所处有利地位,不正当地收受经营者好处的行为。这种意义上的商业贿赂不是一个专业术语,也不是特指一种行为,而是指两类行为:第一类是商业行贿行为,即经营者为了获得交易机会或有利的交易条件,不正当地给予相关单位或个人好处的行为;第二类是商业受贿行为,即与商业活动密切相关的单位或者个人,利用其所处有利地位,不正当地收受经营者好处的行为。所有商业贿赂行为都可以被归入这两类行为[一]。

从国家法律层面来看,1993年的《反不正当竞争法》对于商业贿赂的含义进行了规定,其中第八条规定,经营者不得采用财物或者其他手段进行贿赂以销售或者购买商品。在账外暗中给予对方单位或者个人回扣的,以行贿论处;对方单位或者个人在账外暗中收受回扣的,以受贿论处。有关部门的部门规章在法律基础上对于商业贿赂的认定予以了进一步细化。1996年,国家工商

[一] 赵秉志.论商业贿赂的认定及处理[J].国家检察官学院学报,2006,14(3):9-15.

总局《关于禁止商业贿赂行为的暂行规定》第二条规定，商业贿赂指经营者为销售或者购买商品而采用财物或者其他手段贿赂对方单位或者个人的行为。其中，财物指现金和实物，包括经营者为销售或者购买商品，假借促销费、宣传费、赞助费、科研费、劳务费、咨询费、佣金等名义，或者以报销各种费用等方式，给付对方单位或者个人的财物；其他手段指提供国内外各种名义的旅游、考察等给付财物以外的其他利益的手段。2017年，全国人大常委会对《反不正当竞争法》进行了修改，在此次修改中根据治理商业贿赂的需要，增加经营者不得贿赂可能影响交易的第三方、可能影响交易的第三方不得收受贿赂的规定，并明确了可能影响交易的第三方的范围；同时，对员工商业贿赂行为的认定做出特别规定。现行《反不正当竞争法》第七条规定：经营者不得采用财物或者其他手段贿赂下列单位或者个人，以谋取交易机会或者竞争优势：

（一）交易相对方的工作人员。

（二）受交易相对方委托办理相关事务的单位或者个人。

（三）利用职权或者影响力影响交易的单位或者个人。

经营者在交易活动中，可以以明示方式向交易相对方支付折扣，或者向中间人支付佣金。经营者向交易相对方支付折扣、向中间人支付佣金的，应当如实入账。接受折扣、佣金的经营者也应当如实入账。

经营者的工作人员进行贿赂的，应当认定为经营者的行为，但经营者有证据证明该工作人员的行为与为经营者谋取交易机会或者竞争优势无关的除外。从刑事立法层面而言，商业贿赂涉及多个罪名。最高人民法院、最高人民检察院《关于办理商业贿赂刑事案件适用法律若干问题的意见》第二条规定，从刑事犯罪角度商业贿赂犯罪涉及8种罪名：非国家工作人员受贿罪、对非国家工作人员行贿罪、受贿罪、单位受贿罪、行贿罪、对单位行贿罪、介绍贿赂罪和单位行贿罪。

为了进一步了解医疗机构中涉及的商业贿赂问题，需要对以下概念进行进一步明确：

一是商业贿赂与正常商业交往。商业贿赂和正常商业交往的本质区别在于，商业贿赂是为了谋求不正当竞争，通过贿赂行为谋取交易机会或者竞争优势，破坏市场交易秩序，而正常商业交往不具有谋取不正当竞争的目的诉求。具体来说，商业贿赂和正常商业交往有以下几方面区别：从主体来说，商业贿赂有明确的行贿人和受贿人。《反不正当竞争法》第七条规定，行贿人为有行贿行为的经营者及其工作人员。同时，《关于禁止商业贿赂行为的暂行规定》第三条规定：经营者的职工采取商业贿赂手段为经营者销售或者购买商品的，应当认定为经营者的行为。所以，商业贿赂的行贿人为"经营者及其工作人员"，如经营者的工作人员、职工采取商业贿赂手段谋取交易机会的应当认定为经营者的行为，除非经营者有证据证明该工作人员或员工的行贿行为与为经营者谋取交易机会或竞争优势无关。《反不正当竞争法》第七条规定，受贿人是"对方单位或者个人"，包括交易相对方的工作人员、受交易相对方委托办理相关事务的单位或者个人、用职权或者影响力影响交易的单位或者个人。从目的来说，商业贿赂的行为多存在于竞争较为激烈的商业活动之中，贿赂的目的是销售或购买商品，排斥同业竞争者，使自己取得竞争优势。从手段来说，商业贿赂以不正当的贿赂方式进行。《关于禁止商业贿赂行为的暂行规定》第二条规定，商业贿赂行为是采用财物或者其他手段贿赂对方单位或者个人的行为。财物指现金和实物，包括经营者为销售或者购买商品，假借促销费、宣传费、赞助费、科研费、劳务费、咨询费、佣金等名义，或者以报销各种费用等方式，给付对方单位或者个人的财物。其他手段指提供国内外各种名义的旅游、考察等给付财物以外的其他利益的手段。

二是商业贿赂与商业贿赂相关犯罪。如前文所言，商业贿赂是对于经营者采用财物或者其他手段贿赂有关单位或者个人以谋取交易机会或者竞争优势违法行为的统称，商业贿赂与商业贿赂相关犯罪并不是同一概念，只有当商业贿赂行为满足《刑法》具体罪名规定的构成要件时，才可能涉及刑事犯罪问题。

三是医疗机构及其工作人员主要涉及的商业贿赂罪名及相互区别。对于医疗机构及其工作人员而言，作为药品、器械、耗材等的使用主体，最主要涉及以下几个罪名：非国家工作人员受贿罪、受贿罪、单位受贿罪。这些罪名在适用上存在区别。首先，公立医疗机构的工作人员受贿行为在认定上需要对非国家工作人员受贿罪和受贿罪两罪名予以明晰。《刑法》第三百八十五条第一款规定，国家工作人员利用职务上的便利，索取他人财物的，或者非法收受他人财物，为他人谋取利益的，是受贿罪。《刑法》第九十三条第二款规定，国有事业单位中从事公务的人员以国家工作人员论。《刑法》第一百六十三条第三款也规定，国有单位中从事公务的人员存在索贿或者受贿行为的依照受贿罪定罪处罚。《刑法》第一百六十三条第一款规定，公司、企业或者其他单位的工作人员利用职务上的便利，索取他人财物或者非法收受他人财物，为他人谋取利益，是非国家工作人员受贿罪。从上述《刑法》对受贿罪和非国家工作人员受贿罪的相关规定可以看出，公立医疗机构工作人员利用职务便利为他人谋取利益，非法收受他人财物，是构成受贿罪还是非国家工作人员受贿罪，关键是看该工作人员是否从事公务，是否利用从事公务的职务便利。根据《全国法院审理经济犯罪案件工作座谈会纪要》相关规定，"从事公务"是指代表国家机关、国有公司、企业、事业单位、人民团体等履行组织、领导、监督、管理等职责，具有职权性和管理性。如果有关医务人员的行为属于代表国有单位从事管理的行为，具有职权性和管理性，属于《刑法》中的国家工作人员，反之则不属于国家工作人员。最高人民法院、最高人民检察院《关于办理商业贿赂刑事案件适用法律若干问题的意见》相关规定也明确这一判断标准，医疗机构中的医务人员，利用开处方的职务便利，为医药产品销售方谋取利益，非法收受医药产品销售方财物，以非国家工作人员受贿罪定罪处罚；如果医务人员属于医疗机构中的国家工作人员，利用采购药品、医疗器械等从事公务的职务便利，则以受贿罪定罪处罚。同时，对于公立医疗机构而言，还需要对受贿罪与单位受贿罪予以区别。《刑法》第三百八十七条第一款规定，国有单位索取、非法收受他人财物，为他人谋取利益，情节严重的，是单位受贿罪，对单位判处罚金，并对其直接负责的主管人员和其他直接责任人员判处刑罚。区分受贿罪与单位受贿罪，可以从以下方面考虑：从犯罪主体来说，受贿罪的犯罪主体为国家工作人员，单位受贿罪的犯罪主体为国有单位。对于国有单位的认定，根据最高人民法院《全国法院审理金融犯罪案件工作座谈会纪要》和最高人民检察院法律政策研究室《关于国有单位的内设机构能否构成单位受贿罪主体问题的答复》等司法解释和文件，"以单位的分支机构或者内设机构、部门的名义实施犯罪，违法所得亦归分支机构或者内设机构、部门所有的，应认定为单位犯罪。不能因为单位的分支机构或者内设机构、部门没有可供执行罚金的财产，就不将其认定为单位犯罪，而按照个人犯罪处理"，"国有单位的内设机构利用其行使职权的便利，索取、非法收受他人财物并归该内设机构所有或者支配，为他人谋取利益，情节严重的，依照《刑法》第三百八十七条的规定以单位受贿罪追究刑事责任"。对于公立医院科室下属的病区，因病区并非独立的医院内设机构，而是从属于医院相关科室，在没有司法解释明确规定的情况下，则不宜认定为单位受贿罪的主体。一般而言公立医疗机构的科室属于国有单位内设机构，可以成为单位受贿罪的犯罪主体，而科室下的某一病区则不能成为单位受贿罪的犯罪主体；从主观方面而言，受贿罪是国家工作人员为了个人利益，在个人意志支配下实施的，而单位受贿罪一般是为了单位的利益，以单位的名义实施的。对主观方面的判断，应当坚持主客观相一致的原则，如果假借单位名义实施受贿犯罪，将收受的财物归个人所有，则应当以受贿罪论处。从客观方面而言，受贿罪与单位受贿罪客观方面最关键的区别为，受贿罪中非法收受的财物归个人所有，而单位受贿罪中非法收受的财物归单位整体所有，并非个人独享。此外，受贿罪中索贿不要求必须为他人谋取利益，而单位受贿罪中无论是索贿还是非法收受贿赂，均需要同时具备为他人谋取利益要件⊖。

第二节 医疗机构相关商业贿赂表现形式

综合上文分析，医疗相关商业贿赂指政府监管机构、医疗机构及人员、医药企业及人员和医疗患者等主体，围绕药品、器械和耗材等医药产品流通的全过程，为了从中获得利益，而采取不正当竞争手段，在批准、采购和使用等环节发生的贿赂行为⊖。医疗商业贿赂涉及不同主体，表现形式有所差异，从医疗机构视角而言，医疗商业贿赂更多表现为医疗机构及其相关人员，在采购、招标、诊疗等活动中，收受生产、经营企业及人员或任何其他有关人员以各种名义给予的财物或其他贿赂而为其谋取利益的行为。医疗商业贿赂多表现为以下形式。

一、回扣

回扣是最常见的商业贿赂形式，医疗商业贿赂中多表现医药、

⊖ 宋立礼.公立医疗机构工作人员收受回扣如何定性［EB/OL］.(2024-03-14)［2024-06-19］.
https://www.ccdi.gov.cn/hdjln/ywtt/202403/t20240321_336056.html.
⊖ 张娜，张玲，宋大平.医药购销领域商业贿赂问题分析及对策探讨［J］.卫生软科学，
2023，37（9）：54-56.

器械、耗材等企业为保障其销售渠道畅通，增加其销售额，谋取更多的利润向医疗机构及其相关人员在"账外暗中"提供金钱利益，或者相关企业通过第三方渠道，以其他名义向医疗机构提供利益的行为。回扣的形式是典型的违反《不正当竞争法》的行为，这种与医疗机构内部形成暗中互惠互利的行为严重干扰了守法企业的生存，扰乱了正常的市场秩序。

二、"定制式"招投标

医疗机构在开展器械等招标采购前，收受企业各种形式利益输送，在招标文件中根据有关企业生产产品的数据、参数等为相关企业"量身打造"招标计划和标准，通过违规操作招标使相关企业中标，严重扰乱正常的市场秩序。

三、违规学术交流

学术交流是促进医学交流、促进医学理论技术发展的重要方式。但在实践中，部分违规学术交流成为商业贿赂的渠道，相关企业借学术交流会议之名为医务人员提供免费旅游、财务，并为学术会议代缴场地费用、印刷费用，提供各种名目的资金赞助等，以获取相关经营利益。也存在一些企业赞助正规学术团体召开学术会议，在学术会议中再通过举办该企业"卫星会"的形式聘请专家等专门对本企业产品进行宣传，并提供不同形式的利益输送。

四、违规捐赠

国家鼓励通过捐助与受赠的方式支持医疗卫生事业的发展，但部分企业利用捐助医疗机构的名义进行商业贿赂，因此需要对捐赠资助行为与商业贿赂行为进行区分。2015年，国家卫生计生委、国家中医药管理局关于印发《卫生计生单位接受公益事业捐赠管理办法（试行）》明确医疗卫生机构接受公益捐赠的基本原则：遵守国家法律法规、自愿无偿、符合公益目的、非营利性、法人单位统一接受和管理、勤俭节约，注重实效及信息公开，强化监管，并要求不得接受捐赠的情形：不符合国家法律法规规定；涉及商业营利性活动；涉嫌不正当竞争和商业贿赂；与本单位采购物品（服务）挂钩；附有与捐赠事项相关的经济利益、知识产权、科研成果、行业数据及信息等权利和主张；不符合国家有关质量、环保等标准和要求的物资；附带政治目的及其他意识形态倾向；损害公共利益和其他公民的合法权益；任何方式的索要、摊派或者变相摊派；承担政府监督执法任务的机构，不得接受与监督执法工作有利害关系的捐赠。

五、违规附赠

以附赠的形式进行商业贿赂也是医疗商业贿赂的一种表现形式，附赠的表现形式通常为双方在交易的过程中，卖方在提供商品时同时提供附带性物品或现金。区别于回扣，附赠的形式是公开的。《关于禁止商业贿赂行为的暂行规定》第八条规定，经营者在商品交易中不得向对方单位或其个人附赠现金或者物品，但按照商业惯例赠送小额广告礼品除外。违反前款规定的视为商业贿赂。附赠式商业贿赂表现在医疗行业中，一种是在医疗机构采购医疗器械、医用耗材、药品的过程中，卖方企业在交易中附赠贵重物品或现金，此类行为明显违规，属于商业贿赂；另一种是对"小额广告礼品"进行曲解，以广告礼品的名义附赠给医疗机构药品或医疗器械等，以赠品的形式行采购之实，使得医疗机构在账外获得收入，不开票以规避纳税。

六、其他形式的商业贿赂

医疗商业贿赂的形式多样，除上述典型情形，还存在多种兼具隐秘性、复杂性特征的表现形式，如在正式经营、合作协议中约定各种名目的合作费用，以正常合作为名义，借正规合同的形式提供商业贿赂，或者为有关人员家庭成员提供留学、深造、就业等机会，或者为有关人员提供商业交易信息、高薪岗位，或者为相关人员提供大额礼品和商业招待等。

第三节 医疗机构反商业贿赂监管体系

一、医疗机构反商业贿赂制度体系

目前，国家形成了较为全面的医疗机构反商业贿赂监管体系，从法律、行政法规、部门规章和规范性文件不同层面对商业贿赂进行监管。本部分对直接涉及医疗机构商业贿赂的有关规定进行介绍。

（一）法律法规

1.《刑法》

第一百六十三条 公司、企业或者其他单位的工作人员，利用职务上的便利，索取他人财物或者非法收受他人财物，为他人谋取利益，数额较大的，处三年以下有期徒刑或者拘役，并处罚金；数额巨大或者有其他严重情节的，处三年以上十年以下有期徒刑，并处罚金；数额特别巨大或者有其他特别严重情节的，处十年以上有期徒刑或者无期徒刑，并处罚金。（非国家工作人员受贿罪）

公司、企业或者其他单位的工作人员在经济往来中，利用职务上的便利，违反国家规定，收受各种名义的回扣、手续费，归个人所有的，依照前款的规定处罚。

国有公司、企业或者其他国有单位中从事公务的人员和国有公司、企业或者其他国有单位委派到非国有公司、企业及其他单位从事公务的人员有前两款行为的，依照本法第三百八十五条、

第三百八十六条的规定定罪处罚。（受贿罪）

第三百八十五条　国家工作人员利用职务上的便利，索取他人财物的，或者非法收受他人财物，为他人谋取利益的，是受贿罪。（受贿罪）

国家工作人员在经济往来中，违反国家规定，收受各种名义的回扣、手续费，归个人所有的，以受贿论处。

第三百八十七条　国家机关、国有公司、企业、事业单位、人民团体，索取、非法收受他人财物，为他人谋取利益，情节严重的，对单位判处罚金，并对其直接负责的主管人员和其他直接责任人员，处三年以下有期徒刑或者拘役；情节特别严重的，处三年以上十年以下有期徒刑。（单位受贿罪）

前款所列单位，在经济往来中，在账外暗中收受各种名义的回扣、手续费的，以受贿论，依照前款的规定处罚。

除了上述关于受贿犯罪的规定，还需要注意到2023年刑法修正案十二对第三百九十条行贿罪进行了修改，增加了行贿罪从重处罚的七项情形，其中第六项将"在生态环境、财政金融、安全生产、食品药品、防灾救灾、社会保障、教育、医疗等领域行贿，实施违法犯罪活动的"规定为从重处罚的情形，体现了刑法对于医疗领域商业贿赂问题的严厉打击态度。

2.《反不正当竞争法》

第七条　经营者不得采用财物或者其他手段贿赂下列单位或者个人，以谋取交易机会或者竞争优势：

（1）交易相对方的工作人员。

（2）受交易相对方委托办理相关事务的单位或者个人。

（3）利用职权或者影响力影响交易的单位或者个人。

经营者在交易活动中，可以以明示方式向交易相对方支付折扣，或者向中间人支付佣金。经营者向交易相对方支付折扣、向中间人支付佣金的，应当如实入账。接受折扣、佣金的经营者也应当如实入账。

经营者的工作人员进行贿赂的，应当认定为经营者的行为；但是，经营者有证据证明该工作人员的行为与为经营者谋取交易机会或者竞争优势无关的除外。

3.《药品管理法》

第八十八条　禁止药品上市许可持有人、药品生产企业、药品经营企业和医疗机构在药品购销中给予、收受回扣或者其他不正当利益。

禁止药品上市许可持有人、药品生产企业、药品经营企业或者代理人以任何名义给予使用其药品的医疗机构的负责人、药品采购人员、医师、药师等有关人员财物或者其他不正当利益。禁止医疗机构的负责人、药品采购人员、医师、药师等有关人员以任何名义收受药品上市许可持有人、药品生产企业、药品经营企业或者代理人给予的财物或者其他不正当利益。

4.《医师法》

第三十一条　医师不得利用职务之便，索要、非法收受财物或者牟取其他不正当利益；不得对患者实施不必要的检查、治疗。

5.《招投标法》

第三十二条　投标人不得相互串通投标报价，不得排挤其他投标人的公平竞争，损害招标人或者其他投标人的合法权益。

投标人不得与招标人串通投标，损害国家利益、社会公共利益或者他人的合法权益。

禁止投标人以向招标人或者评标委员会成员行贿的手段谋取中标。

6.《医疗保障基金使用监督管理条例》

第十五条　定点医药机构及其工作人员应当执行实名就医和购药管理规定，核验参保人员医疗保障凭证，按照诊疗规范提供合理、必要的医药服务，向参保人员如实出具费用单据和相关资料，不得分解住院、挂床住院，不得违反诊疗规范过度诊疗、过度检查、分解处方、超量开药、重复开药，不得重复收费、超标准收费、分解项目收费，不得串换药品、医用耗材、诊疗项目和服务设施，不得诱导、协助他人冒名或者虚假就医、购药。

定点医药机构应当确保医疗保障基金支付的费用符合规定的支付范围；除急诊、抢救等特殊情形，提供医疗保障基金支付范围以外的医药服务的，应当经参保人员或者其近亲属、监护人同意。

第十八条 在医疗保障基金使用过程中，医疗保障等行政部门、医疗保障经办机构、定点医药机构及其工作人员不得收受贿赂或者取得其他非法收入。

第十九条 参保人员不得利用其享受医疗保障待遇的机会转卖药品，接受返还现金、实物或者获得其他非法利益。

定点医药机构不得为参保人员利用其享受医疗保障待遇的机会转卖药品，接受返还现金、实物或者获得其他非法利益提供便利。

第二十条 医疗保障经办机构、定点医药机构等单位及其工作人员和参保人员等人员不得通过伪造、变造、隐匿、涂改、销毁医学文书、医学证明、会计凭证、电子信息等有关资料，或者虚构医药服务项目等方式，骗取医疗保障基金。

（二）规范性文件

除了上述法律法规，相关行政部门还出台了多个规范性文件对医疗机构商业贿赂行为进行规制。

2023年5月，国家卫健委等部门联合印发《2023年纠正医药购销领域和医疗服务中不正之风工作要点》（国卫医急函〔2023〕75号），明确要求重点整治医药领域突出腐败问题，提出整治行业组织存在的不正之风问题。重点是各级各类行业组织或学（协）会在工作或推进业务主管部门委托事项过程中的不正之风问题，尤其是以捐赠、学术活动、举办或参加会议等名义变相摊派，为非法输送利益提供平台，违规接受捐赠资助等问题；整治医药产品销售采购中的不正之风问题。重点是医药产品销售过程中，各级各类医药生产经营企业及与之关联的经销商、医药代表，以各种名义或形式实施"带金销售"，给予医疗机构从业人员回扣、假借各种形式向有关机构输送利益等不正之风问题；以及在药品、医用耗材集中带量采购中，不履行采购合同，包括拒绝执行集采中选结果、对中选产品进院设置障碍、采购高价非中选产品或临床可替代产品、违规线下采购等问题。

2021年11月，国家卫健委、医保局、中医药局印发《医疗机构工作人员廉洁从业九项准则》（国卫医发〔2021〕37号），明确医疗机构工作人员合法按劳取酬，不接受商业提成；严守诚信原则，不参与欺诈骗保；依据规范行医，不实施过度诊疗；遵守工作规程，不违规接受捐赠；恪守保密准则，不泄露患者隐私；服从诊疗需要，不牟利转介患者；维护诊疗秩序，不破坏就医公平；共建和谐关系，不收受患方"红包"；恪守交往底线，不收受企业回扣。

除了上述文件，《国务院办公厅关于印发治理高值医用耗材改革方案的通知》（国办发〔2019〕37号）、《国务院办公厅关于改革完善医疗卫生行业综合监管制度的指导意见》（国办发〔2018〕63号）、《国家医保局办公室、国家卫生健康委办公厅关于国家组织高值医用耗材（人工关节）集中带量采购和使用配套措施的意见》（医保办发〔2022〕4号）、《国家卫生健康委、国家中医药管理局关于印发公立医院内部控制管理办法的通知》（国卫财务发〔2020〕31号）等多部规范性文件也都对医疗机构商业贿赂监管进行了规定。

（三）党内文件

2021年9月，中央纪委国家监委与中央组织部、中央统战部、中央政法委、最高人民法院、最高人民检察院联合印发了《关于进一步推进受贿行贿一起查的意见》（以下简称《意见》），对推进受贿行贿一起查作出部署。《意见》指出，坚持受贿行贿一起查，是党的十九大做出的重要决策部署，是坚定不移深化反腐败斗争、一体推进不敢腐、不能腐、不想腐的必然要求，是斩断"围猎"与甘于被"围猎"利益链、破除权钱交易关系网的有效途径。要清醒认识行贿人不择手段"围猎"党员干部是当前腐败增量仍有发生的重要原因，深刻把握行贿问题的政治危害，多措并举提高打击行贿的精准性、有效性，推动实现腐败问题的标本兼治。《意见》指出，要以习近平新时代中国特色社会主义思想为指导，全面贯彻党的十九大精神，按照十九届中央纪委二次、三次、四次、五次全会的工作要求，坚持党中央对反腐败工作的集中统一领导；坚持稳中求进、坚定稳妥，系统施治、标本兼治；坚持实事求是、依规依纪依法，罪刑法定、疑罪从无，充分运用政策策略、纪法情理融合；坚持无禁区、全覆盖、零容忍，坚持重遏制、强高压、长震慑，坚持受贿行贿一起查，使不敢腐、不能腐、不想腐一体化推进有更多的制度性成果和更大的治理成效。《意见》要求，坚决查处行贿行为，重点查处多次行贿、巨额行贿以及向多人行贿，特别是党的十八大后不收敛不收手的；对党员和国家工作人员行贿的；在国家重要工作、重点工程、重大项目中行贿的；在组织人事、执纪执法司法、生态环保、财政金融、安全生产、食品药品、帮扶救灾、养老社保、教育医疗等领域行贿的；实施重大商业贿赂的行为。《意见》要求，纪检监察机关、审判机关和检察机关根据职能职责严肃惩治行贿行为。纪检监察机关要严格依法履行查处行贿的重要职责，对查办案件中涉及的行贿人，依法加大查处力度，该立案的坚决予以立案，该处理的坚决做出处理，并建立对行贿人处理工作的内部制约监督机制。检察机关和审判机关要严格行贿犯罪从宽情节的认定和刑罚适用，加大财产刑运用和执行力度。纪检监察机关、审判机关和检察机关要认真履行追赃挽损职责，尽力追缴非法获利。对于行贿所得的不正当财产性利益，依法予以没收、追缴或者责令退赔；对于行贿所得的不正当非财产性利益，如职务职称、政治荣誉、经营资格资质、学历学位等，督促相关单位依照规定通过取消、撤销、变更等措施予以纠正。

二、医疗机构反商业贿赂监管体系

医疗机构及其工作人员商业贿赂有关违法行为涉及多个监管部门，除了涉嫌犯罪时由司法部门按照刑法规定追究刑事责任，对于行政违法由相关行政部门依照法律法规规定予以处罚。根据违法主体不同，相关处罚由市场监管部门、药品监管部门、卫生健康主管部门、医疗保障主管部门等，涉及的行政处罚包括罚款、没收违法所得、停止执业及吊销相关行政许可等。

例如，根据《药品管理法》第一百四十一条和第一百四十二条规定，药品上市许可持有人、药品生产企业、药品经营企业或者医疗机构在药品购销中给予、收受回扣或者其他不正当利益的，药品上市许可持有人、药品生产企业、药品经营企业或者代理人给予使用其药品的医疗机构的负责人、药品采购人员、医师、药师等有关人员财物或者其他不正当利益的，由市场监督管理部门没收违法所得，并处三十万元以上三百万元以下的罚款；情节严重的，吊销药品上市许可持有人、药品生产企业、药品经营企业营业执照，并由药品监督管理部门吊销药品批准证明文件、药品生产许可证、药品经营许可证。

药品上市许可持有人、药品生产企业、药品经营企业在药品研制、生产、经营中向国家工作人员行贿的，对法定代表人、主要负责人、直接负责的主管人员和其他责任人员终身禁止从事药品生产经营活动。

医疗机构的负责人、药品采购人员、医师、药师等有关人员收受药品上市许可持有人、药品生产企业、药品经营企业或者代理人给予的财物或者其他不正当利益的，由卫生健康主管部门或者本单位给予处分，没收违法所得；情节严重的，还应当吊销其执业证书。

根据《医师法》第五十六条规定，医师在执业活动中利用职务之便，索要、非法收受财物或者牟取其他不正当利益的，由县级以上人民政府卫生健康主管部门责令改正，给予警告，没收违法所得，并处一万元以上三万元以下的罚款；情节严重的，责令暂停六个月以上一年以下执业活动直至吊销医师执业证书。

根据《医疗保障基金使用监督管理条例》第四十二条规定，医疗保障等行政部门、医疗保障经办机构、定点医药机构及其工作人员收受贿赂或者取得其他非法收入的，没收违法所得，对有关责任人员依法给予处分；违反其他法律、行政法规的，由有关主管部门依法处理。

除此之外，相关医疗机构工作人员如果有违反党纪、政纪行为的，还要由纪检监察机关给予党纪政务处分。

三、医疗机构商业贿赂典型案例

2022年3月，国家监察委员会、最高人民检察院首次联合发布5起行贿犯罪典型案例。其中，河南高某某行贿案是一起医药领域商业贿赂典型案例，现引用案例如下。

1. 基本案情

被告人高某某，男，1974年10月24日出生，汉族，河南双某药业有限公司业务员，负责河南南阳、平顶山地区"大输液"销售业务。

2013年10月至2019年4月，被告人高某某通过南阳市济某医药有限公司（以下简称"济某公司"）向南阳市方城县某某医院配送其任职公司生产的"大输液"产品。为长期在该医院销售"大输液"产品并增加销量，谋取不正当竞争优势，根据时任该医院院长化某（已判决）的要求，以交付"大输液"利润的方式向化某行贿，先后43次给予化某共计615.9万元；为得到时任该医院药品科科长张某某（已判决）的帮助，先后13次给予张某某共计6万元。

2019年7月15日，河南省南召县监察委员会对高某某涉嫌严重违法问题立案调查；2019年8月22日，河南省南召县监察委员会将高某某以涉嫌行贿罪移送南召县人民检察院审查起诉；2019年10月8日，南召县人民检察院对高某某以涉嫌行贿罪向南召县人民法院提起公诉；2019年12月16日，南召县人民法院以行贿罪判处高某某有期徒刑五年，并处罚金人民币二十万元。一审判决后，被告人高某某未上诉，判决已生效。

2. 监察、检察履职情况

（1）强化衔接配合，依法依规严肃查处医疗药品领域行贿犯罪。监察机关调查中发现，高某某为在行业竞争中获取优势，采用不正当竞争手段排挤其他医药企业，56次向医疗药品领域国家工作人员行贿。南召县监察委员会商请检察机关提前介入，双方就该案的事实、证据等进行了面对面沟通交流，一致认为本案行贿数额特别巨大、情节特别严重，对当地政治生态、法治环境、营商环境等均造成严重破坏，应依法予以严惩。监检双方就案件补充查证，特别是针对本案时间跨度长、行贿次数多的特点，应继续调取有关书证予以佐证达成了共识。南召县监察委员会及时安排专人负责，补充调取了高某某通过济某公司向方城县某某医院配送"大输液"的具体品种、数量清单、双方的结算凭证，以及高某某56次在济某公司领款共计2929.8万元的有关证据，充分印证了高某某在每次医院结算输液款后向化某行贿的时间、金额等，为案件的准确定性奠定了坚实基础。

（2）坚持同向发力，严格落实宽严相济刑事政策。本案行贿数额达621.9万元，属于行贿罪"情节特别严重"的情形。在办案过程中，高某某存在思想顾虑，甚至一度态度消极。南召县监察委员会一方面阐明监察机关查办医疗行业腐败案件的决心，另一方面讲清法律政策，充分告知如实说明情况可以从轻处理的有关规定。最终，高某某放下包袱，敞开心扉，对自己行贿犯罪的具体手段、数额等始终稳定供述。在审查起诉过程中，南召县人民检察院发现，高某某于2019年4月因涉嫌其他犯罪被公安机关指定居所监视居住，在此期间主动交代了向化某、张某某行贿的犯罪事实，应依法认定为自首，可以从轻或者减轻处罚。经与监察机关沟通后，检察机关综合考虑高某某行贿的数额、次数、主观恶性、后果等因素，建议依法对其减轻处罚。同时，检察机关积极开展认罪认罚工作，多次对高某某进行释法说理，充分说明本案的事实、情节及量刑依据，高某某表示认罪认罚，在律师的见证下签署了《认罪认罚具结书》。在庭审中，高某某当庭认罪悔罪，表示服判不上诉。

（3）注重综合治理，通过加大财产刑运用等措施增强办案效果。南召县监察委员会与县人民检察院在从严查处重点领域行贿犯罪基础上，就综合运用刑罚措施、做好案件综合治理交换了意见、凝聚了共识。案件移送审查起诉后，检察机关经充分考虑本案行贿数额、本人获利情况及认罪认罚等情节，依法对被告人提出判处五年至六年有期徒刑、并处罚金二十万元至三十万元的量刑建议，南召县人民法院采纳。南召县人民检察院积极督促被告人高某某主动缴纳罚金，有力推动了财产刑的执行，增强了法律权威和刑罚执行力度。

3. 典型意义

（1）从严查办涉及民生的重点领域行贿犯罪，切实增强人民群众的获得感幸福感安全感。办理行贿案件时要突出重点，对医疗药品等民生领域的巨额行贿、多次行贿，进一步加大打击力度。特别是针对行贿人为谋取不正当利益，对重点领域国家工作人员竭力腐蚀，严重扰乱市场经济秩序，严重影响人民群众的获得感幸福感安全感的行贿犯罪，要依法从严予以打击，切实推动有关行业顽瘴痼疾的整改，全面落实以人民为中心的发展理念。

（2）全面考虑行贿犯罪事实、情节，严格落实宽严相济刑事政策。在依法追究行贿犯罪时，检察机关要在全面审查案件事实的基础上，主动及时与监察机关做好衔接，对证据的收集达成一致意见，完善证据体系，切实提高依法打击行贿犯罪的精准性、有效性。既应突出依法从严打击的工作导向，也要注意结合案件事实、证据情况，依法准确认定各种从轻、减轻处罚情节，积极适用认罪认罚从宽制度，实现贿赂犯罪查处的惩治与预防效果。

（3）要注重对行贿犯罪的综合治理，切实增强办案效果。行贿人不择手段"围猎"党员干部的根本原因在于谋取不正当利益。在行贿犯罪案件办理中必须注重综合治理，在依法维护被告人合法权益的基础上，高度重视依法适用财产刑，有针对性地提高行贿人的违法犯罪成本，遏制行贿利益驱动，从根本上预防行贿，最大限度地实现办案政治效果、社会效果和法律效果的有机统一⊖。

第四节　医疗机构反商业贿赂专项合规的意义和基本原则

一、医疗机构建立反商业贿赂专项合规的意义

自 2006 年在全国卫生系统开展治理医药购销领域商业贿赂专

⊖　国家监察委员会，最高人民检察院.国家监察委员会、最高人民检察院关于印发行贿犯罪典型案例的通知［EB/OL］.（2022-04-20）［2024-06-20］.https：//www.ccdi.gov.cn/.

项工作起，我国不断加大对于医疗商业贿赂的整治力度。在法律层面，2019年修订的《反不正当竞争法》列举的受贿对象改为交易相对方的工作人员、受交易相对方委托办理相关事务的单位或者个人、利用职权或者影响力影响交易的单位或者个人；2019年修订的《药品管理法》将上市许可持有人、药师纳入医药行业商业贿赂规制范围，作为医药行业商业贿赂的新增主体。在监管层面，多部门采用联合执法方式，提出专项治理要点，打击医药购销领域的商业贿赂现象，并对其做出处罚。2021年9月，中央纪委国家监委与中央组织部、中央统战部、中央政法委、最高人民法院、最高人民检察院联合印发了《关于进一步推进受贿行贿一起查的意见》；2022年6月，国家卫健委、工业和信息化部、公安部、财政部、商务部、国家税务总局、国家市场监督管理总局、国家医疗保障局、国家中医药管理局九部委联合印发了《2022年纠正医药购销领域和医疗服务中不正之风工作要点》。2022年，国家市场监督管理总局价监竞争局发布《关于做好医疗卫生领域商业贿赂和医药价格违法专项整治工作的通知》，不断加大对于医疗商业贿赂的整治力度[一]。

2024年1月，习近平总书记在二十届中央纪委三次全会上发表重要讲话，强调要持续保持惩治腐败高压态势，要深化整治金融、国企、能源、医药和基建工程等权力集中、资金密集、资源富集领域的腐败，清理风险隐患。为了落实党和国家的要求，强化医疗机构制度建设，确保医疗机构合法合规运行，降低出现商业贿赂的风险，医疗机构必须基于合规理念完善内部管理机制，建立反商业贿赂专项合规计划。专项合规计划是企业针对特定领域的合规风险，为避免企业因为违反相关法律法规而遭受行政处罚、刑事追究及其他相应的损失而建立的专门合规体系。与"大

[一] 张娜，张玲，宋大平.医药购销领域商业贿赂问题分析及对策探讨[J].卫生软科学，2023，37（9）：54-56.

而全"的合规管理体系不同,专项合规计划是企业针对特定的合规风险而建立的专门性合规管理体系,除了受一般性合规政策约束,还要分别确立专门性合规组织、专门性合规政策和管理手册、专门性预防体系、专门性识别体系和专门性应对机制,从而有效发挥预防、识别和应对相关风险和违规事件的作用㊀。

对于医疗机构而言,涉企经营行为涉及医疗机构运行管理的各个方面,既包括管理决策环节也包括日常运行环节,既涉及业务科室也涉及后勤保障部门,面对如此多的涉企环节,作为药品、器械、耗材最主要使用者的医疗机构面临着很高的商业贿赂风险。2016年,最高人民检察院发布了12起检察机关服务健康中国建设典型案例,其中刘某受贿案具有典型意义:安徽省阜阳市阜南县人民医院原院长刘某,利用职务之便,在医疗器械采购、药品采购及医院基础设施建设等过程中为相关企业及个人谋取利益,先后非法收受他人人民币1158.98万元、价值24.4万元的丰田越野车一辆、2000元购物卡一张,另有1000万余元的家庭财产不能说明来源。刘某最终以受贿罪被判处无期徒刑,剥夺政治权利终身,并处没收个人财产人民币50万元,追缴相应赃款。该案中的刘某所在的医院虽然为县医院,级别不高,但在医疗器械采购、药品采购及医院基础设施建设等方面仍然能够为有关企业带来较高的利益,而刘某作为医院院长缺乏有效内部制度约束,长期、多次为相关企业和个人谋取利益,充分说明医疗机构建立有针对性的反商业贿赂合规计划的必要性。特别是在目前日益严格、更大力度的监管形势下,医疗机构必须建立反商业贿赂专项合规计划,通过确立专门性合规组织、专门性合规政策、专门性预防体系、专门性识别体系和专门性应对机制等方式确保医疗机构运行全过程、全环节和医疗机构所有人员均处于制度规范之下,切实降低发生商业贿赂行为的风险。

㊀ 陈瑞华,李玉华.企业合规与社会治理[M].北京:法律出版社,2021:298.

二、医疗机构反商业贿赂专项合规计划的基本原则

(一) 风险预防原则

风险预防是医疗机构反商业贿赂专项合规计划的首要原则和基本目的。医疗机构根据自身的业务特点、规模、内部管理结构等因素进行针对商业贿赂的风险评估,明确风险点,并有针对性地设计专项合规计划,从而预防、控制和降低医疗机构发生商业贿赂的风险。

(二) 全面管理原则

全面管理是全面质量管理(Total Quality Management,TQM)在医疗机构反商业贿赂合规监管中的具体体现,包括以下方面:一是反商业贿赂监管从范围上涉及医疗机构所有的交易领域,除了重点的设备、材料、药品及工程、服务等的采购领域,还包括上述行为衍生出来的使用和服务环节,如学术考察、会议交流等;二是反商业贿赂监管从环节上覆盖整个交易活动的全部过程,从采购需求的形成、采购方式的确定,到采购业务的全部过程,直至采购后的内部使用管理、效果评价等;三是反商业贿赂监管从对象上包含医疗机构内的全体人员而不仅仅是从事采购管理和操作的工作人员;四是反商业贿赂监管从职责上不仅包括对采购及使用行为的监管,还包括对监管行为本身的效果评价及异常事件的应对,如因自然人的违法违规可能给医疗机构带来处罚的危机应对和免责抗辩等[一]。

(三) 合作与制衡原则

合作与制衡是医疗机构建立能够切实发挥作用的反商业贿赂专项合规计划的组织保障。所谓合作指医疗机构内部应该建立分工明确、协同流畅的反商业贿赂组织管理机制,将反商业贿赂监管

[一] 施祖东.医疗机构反商业贿赂专项合规监管的设想[J].中国卫生法制,2022,30(4):44-47.

职责细化为不同具体职责并由不同的组织或人员承担，通过这一机制的建立将监管职责细化，并由不同组织或人员合作开展，促进监管职责在各个环节落实到位。所谓制衡指通过建立由不同组织或人员组成的医疗机构反商业贿赂组织管理机制，将反商业贿赂监管职权分散于不同组织或人员，相关组织或人员在分工合作的同时天然形成制衡机制，避免监管权力过于集中导致出现权力滥用或者监管盲区的情况。

第五节　医疗机构反商业贿赂专项合规计划打造

不同医疗机构在建立反商业贿赂专项合规计划时要结合医疗机构自身特点进行专门设计，但对于所有医疗机构而言，全面、有效的反商业贿赂合规专项计划应当包括以下方面内容。

一、医疗机构反商业贿赂组织管理机制

组织管理机制是医疗机构打造反商业贿赂专项合规计划的基本保障，通过明确不同组织、人员的岗位职责形成有效运转的反商业贿赂管理机制，确保医疗机构反商业贿赂监管运行到位，主要包括以下五个方面。

（一）坚持党的领导

医疗机构要切实落实党的领导，院长在党组织的领导下全面负责医疗机构各项管理工作。医疗机构要完善各项制度措施，坚持把党的领导融入各个环节，不断强化医疗机构内部各个基层党组织参与科室业务发展、薪酬管理、药品耗材等物资采购使用等重要事项决策。

（二）医疗机构反商业贿赂专项合规部门或者专职人员

医疗机构反商业贿赂涉及医疗机构设备、材料、药品、工程、

服务等所有领域，监管对象包括医疗机构内的全体人员，监管内容既包括各项监管制度的制定，又包括制度执行情况的跟踪了解，工作量大且专业性强，因此医疗机构需要建立反商业贿赂专项合规部门或者专职人员专门负责反商业贿赂工作，将反商业贿赂作为医疗机构的一项专门工作予以开展。只有建立专项合规部门或者设置专职人员总体牵头反商业贿赂工作，才能确保反商业贿赂能够持续、有效、全面开展，促进反商业贿赂监管具体制度落到实处。

（三）重大事项决策制度

医疗机构应当建立重大事项集体决策、科学决策和合法决策制度，确保重大事项均经过管理层集体决策，从制度上避免个别领导个人意志对于重大事项的影响，同时确保相关决策符合法律规定和专业技术要求。一是医疗机构要明确重大事项的确定原则和范围，保证重大事项决策、重要干部任免、重要项目安排、大额资金的使用必须经过集体决策，并且制定具体决策的程序、规则及后续执行情况的监督机制。二是重大事项涉及医疗机构职工切身利益的，还需要在决策前以多种方式听取职工意见；涉及专业问题的，需要进行专家咨询；同时，重大决策做出前，应当经过合法性审核。三是医疗机构应当建立重大决策执行监督机制，对于重大决策的执行情况予以定期集体审议。

（四）重点岗位轮岗机制

医疗机构重点岗位人员相比于一般人员具有更集中的权力，也存在更高的发生商业贿赂的风险。为了降低重点岗位人员商业贿赂风险，医疗机构要针对人事岗位、财务岗位及从事药品、耗材、试剂、基建、信息、设备等采购和审批工作的重点岗位建立轮岗制度，使医疗机构中拥有人、财、物等业务处置权或决定权的岗位能够定期轮换，实现权力的分散与平衡。建立重点岗位轮岗机制需要考虑以下两方面内容：一是医疗机构制定重点岗位轮岗制度和实施细则，明确本医疗机构重点岗位，并结合医疗机构和相关科室实际情况制订具体的轮岗计划。二是明确重点岗位人员的任职期限。对于重点岗位所在部门的负责人和一般工作人员，应当分别明确规定任职最长期限，任职达到最长期限后必须进行轮岗。

（五）重点岗位权力清单制度

医疗机构应当对于本医疗机构重点岗位的权力进行梳理并形成权力清单，明确权力主体和权力运行流程，并针对性地制定对应的防范措施。通过清单化管理规范重点岗位权力运行，将权力清单在医疗机构内进行公示，加强全体职工的监督，同时医疗机构反商业贿赂专项合规部门或者专职人员要定期根据权力清单对重点岗位权力运行情况进行检查。

二、医疗机构反商业贿赂预防制度体系

医疗机构应当建立并完善商业贿赂预防制度体系，从不同角度、各个环节对商业贿赂进行全方位预防。该制度系统至少应包括以下五项制度。

（一）采购监管制度

医疗机构应当建立专门制度对药品、器械、耗材及办公用品等的采购进行管理，严格根据国家相关法律法规和药品、器械和医用耗材等采购政策的要求，建立权责清晰、岗位分离、相互制衡的采购内控体系。对于采购制度的执行情况进行定期检查，明确检查内容重至少需要包含采购需求确定、采购条件设立、采购活动程序设计、采购活动组织情况等内容，相关检查情况要提交医疗机构管理层集体审议。

（二）重大经济活动监管制度

医疗机构应当建立专门制度对对外投资、与其他机构合资合作、基建等重大经济活动的开展和实施进行全过程管理。一是明确重大经济活动开展必须经过医疗机构领导层集体审议，严格避免经医疗

机构主要负责人或者相关负责人个人同意开展重大经济活动的情况；二是完善重大经济活动相关程序，明确事项确定、研讨、决策程序，对于重大经济活动的执行情况予以公开；三是强化重大经济活动监督管理，医疗机构应当加强对于重大经济活动的监督管理，在项目实施过程中和结束后进行全面审核，对于专业性强、比较复杂的重大经济活动可以委托第三方专业机构进行评估。

（三）涉企交流管理制度

医疗机构应当建立清晰、明确的医疗机构工作人员与药品等企业人员的交流管理制度，明确相关交往仅限于相关药品、器械及技术等信息的传递、沟通和反馈，建立预约及登记审批制度，明确时间、地点、人员，并对交流全过程进行记录。严格执行国家关于医药代表管理的规定，核对医药代表备案情况，对未按照规定备案的医药代表不予登记。

（四）学术交流活动管理制度

医疗机构应当加强学术交流活动管理。对于本机构举办的学术会议、交流论坛等，应当按照国家规定履行有关程序，不得以举办会议、论坛等为名收取企业利益，应加强活动期间的人员管理。对于本机构人员外出参加学术活动的，医疗机构要建立外出审批制度，并明确审批流程，规范外出参加学术活动管理。

（五）教育培训制度

医疗机构要建立教育培训制度，定期开展相关人员廉洁自律相关教育培训。医疗机构不仅应当明确教育的频次、形式、内容（至少包括法律法规及相关政策、典型案例等内容），还应当针对医疗机构、科室负责人和重点岗位人员进行专门的培训，并对培训效果进行考核。

三、医疗机构商业贿赂风险识别和预警机制

建立医疗机构反商业贿赂专项合规计划的首要目的是预防商业

贿赂发生，降低商业贿赂风险，需要建立以下四个方面的风险识别和预警机制，在风险未发生或者发生早期及时采取有效措施。

（一）药品耗材使用监测

医疗机构应当开展对于药品和耗材使用情况的动态监测，及时发现并处置药品和耗材使用过程中的风险隐患和异常情况。一是医疗机构应当对本医疗机构药品和耗材的使用量进行评估分析，结合医疗机构实际情况确定药品耗材正常使用量并以此作为监测标准；二是医疗机构对药品耗材使用情况进行动态监测，根据前期测算的监测标准建立报警机制，当药品耗材使用量大幅超过或者低于监测标准或者出现其他异常使用情况时及时进行预警；三是医疗机构对于预警要进行分析研判，针对商业贿赂因素可能造成的异常使用情况及时对相关科室和人员进行调查，并依法依规予以处理。

（二）商业贿赂举报机制

医疗机构应当建立本机构商业贿赂举报机制，建立能够确保保护举报人隐私的举报途径，鼓励通过互联网等途径受理举报，对举报人信息予以保护，对举报信息进行分析研判，对经研判确有商业贿赂的情况要及时开展调查。

（三）院内信息公开

医疗机构坚持信息公开原则，通过会议、机构内文件和机构内网络系统等方式定期对本机构"三重一大"事项，财务预算和决算情况，药品、器械及耗材等招投标及采购情况、重大经济活动开展情况等内容进行公开，接受全体职工监督。对于依照法律法规和国家有关规定需要进行保密处理的，不予以公开。

（四）高值药品、耗材院内点评

医疗机构应当建立高值药品、耗材院内点评工作机制，组织专家组对高值药品、耗材使用情况进行点评，对点评结果要予以认真研究分析，对存在异常使用情况的高值药品、耗材要予以及时处理和调查。

四、医疗机构商业贿赂应对机制

应对机制是医疗机构反商业贿赂专项合规计划必不可少的部分，医疗机构发生商业贿赂违法违规行为时需要启动应对机制，采取一系列处理措施，将商业贿赂违法法规造成的危害降至最低。

（一）内部调查处理

发生商业贿赂违法违规行为后，医疗机构应第一时间启动内部调查机制，在最短时间内停止违法违规行为，并由医疗机构反商业贿赂专门合规机构或专职人员牵头组成医疗机构内部调查组（调查组应包括财务、审计、法务及临床方面人员）开展调查，根据调查结果对有关责任人员予以内部处理，并将调查结果和相关证据材料提交处理部门。

（二）积极配合调查

商业贿赂违法违规行为发生后，涉及行政部门、司法部门进行调查处理的，医疗机构应当指定专门机构和人员与有关部门进行对接，积极配合调查处理，及时提交调查需要的证据材料，争取合作激励，按照法律法规的规定获得行政或者刑事方面的宽大处理，将医疗机构所受到的损失降至最低。

（三）全面完善整改

医疗机构应对商业贿赂违法违规行为进行分析，研究发生问题的原因，寻找监管漏洞，并针对性地对反商业贿赂专项合规计划进行整改完善。医疗机构应当将整改措施及完善后的专项合规计划提交处理部门，加强与处理部门之间的交流沟通，向处理部门表明整改完善的态度。同时，随着我国合规激励制度的不断深化，有效整改措施可能会成为减轻处罚的重要因素。

第十一章 医疗机构信息安全专项合规

第一节 医疗机构信息安全合规定义

一、医疗机构信息安全

医疗机构信息安全指医疗机构在管理、存储、传输和处理医疗信息时采取措施，旨在保护患者的隐私、确保医疗信息的完整性和安全性，以及遵守法律法规和行业标准。医疗信息安全涉及医疗记录、个人身体健康信息和其他敏感信息，其安全性对于患者的个人利益和整个医疗系统的正常运作至关重要。

患者隐私指患者在接受医疗服务过程中产生的个人信息、健康状况、疾病情况、家族病史等私密信息，这些信息应受到法律保护，防止被非法获取、泄露或滥用。这些信息对于患者来说具有高度的敏感性和重要性，因为它们不仅关乎患者的身体健康和生命安全，还涉及患者的个人隐私和尊严[1]。一旦患者隐私被泄露或滥用，不仅会对患者造成严重影响，还可能导致信任关系的破裂，

---

[1] 马文瑞,于凯,姜茂敏.互联网医疗患者隐私保护对策探讨[J].中国卫生事业管理,2021,38(5):366-368,389.

进而损害医疗机构的声誉和信誉。

对于医疗机构来说，确保其信息安全一般基于以下三个目的：保护患者隐私、防范身份盗窃和欺诈、确保医疗记录的准确性。医疗机构处理的信息涉及患者的个人隐私，包括病历、诊断结果、治疗方案等敏感信息，保护这些信息的安全性对于患者信任和医疗机构声誉至关重要㊀。此外，保障医疗机构的信息安全，能够在一定程度上保护患者的身份信息，从而避免潜在的医疗欺诈行为的发生。

在具体的问题来源方面，数据泄露、网络攻击和合规性问题是医疗机构最为常见的信息安全问题。其中，数据泄露指医疗机构可能面临员工疏忽、技术失误或恶意行为导致的患者信息泄露风险；网络攻击是医疗机构的电子健康记录系统面临来自黑客、勒索软件和其他恶意软件的网络攻击风险，可能导致数据被盗取或系统瘫痪㊁；合规性问题则是医疗机构若未能遵守相关法规和标准，将面临巨额罚款和声誉损失的风险。

二、医疗机构信息安全合规

医疗机构信息安全合规指医疗机构遵守相关法律法规和行业标准，以确保医疗信息的保密性、完整性和可用性，防范患者信息泄露、数据丢失和未经授权的访问。信息安全合规涉及诸多方面，包括技术、管理和法律层面，旨在保护患者隐私、确保医疗信息的准确性和安全性。

近年来，政府在强化医疗合规方面推出一系列政策举措（见表11-1），以加强医疗信息安全和患者隐私保护。

㊀ 吴丁娟.大数据背景下医疗数据的隐私关注及其影响因素——基于保护动机理论的实证研究［J］.河南师范大学学报（哲学社会科学版），2020，47（5）：23-29.

㊁ 黄国彬，郑琳.大数据信息安全风险框架及应对策略研究［J］.图书馆学研究，2015（13）：24-29.

表 11-1　政府强化医疗合规方面的相关政策举措

发布时间	发布机构	文件名称	主要内容
2016 年 6 月	国家卫生和计划生育委员会	《关于修改〈医疗机构管理条例实施细则〉的决定》	修订医疗机构管理条例实施细则，增加对医疗信息管理和保护的相关要求
2018 年 4 月	国家卫健委	《关于印发全国医院信息化建设标准与规范（试行）的通知》	对二级及以上医院的数据中心安全、终端安全、网络安全及容灾备份提出具体要求。强调医疗信息安全和隐私保护的重要性
2018 年 9 月	国家卫健委	《国家健康医疗大数据标准、安全和服务管理办法（试行）》	明确责任单位应落实网络安全等级保护制度，对健康医疗大数据中心、相关信息系统进行定级、备案、测评等工作
2019 年 5 月	国家医疗保障局	《医疗保障基金使用监管条例（征求意见稿）》	针对医疗保障基金的使用提出监管要求，强调对医疗信息的合规性管理
2020 年 3 月	国家卫健委	《关于促进"互联网＋医疗健康"发展的意见》	鼓励互联网与医疗健康服务的深度融合，同时强调互联网医疗健康服务中的信息安全和隐私保护
2021 年 8 月	全国人大常委会	《中华人民共和国个人信息保护法》	规定个人信息的保护要求，包括医疗机构在处理患者个人信息时的合规性要求
2021 年 10 月	国家卫健委	《互联网诊疗监管细则（征求意见稿）》	规定医疗机构应建立网络安全、个人信息保护、数据使用管理等制度，并明确与合作方的权责关系
2022 年 8 月	国家卫健委	《医疗卫生机构网络安全管理办法》	规范医疗卫生机构网络安全和数据安全的合规管理，保障患者个人信息的机密性、完整性和可用性，确保信息系统安全稳定运行

三、医疗机构信息安全合规主要义务

（一）患者隐私保护

医疗机构有义务保护患者的隐私，确保患者个人健康信息不受未经授权的访问和使用。这涉及医疗机构采取措施，如权限控制、加密技术、安全培训等，以确保患者信息的机密性。医疗机构应当建立完善的患者隐私保护制度，包括患者诊疗信息的收集、存储、使用、加工、传输、提供、公开等环节，确保患者信息不被未经授权的第三方获取或泄露。

（二）数据保护和完整性

医疗机构需保障医疗记录和其他敏感信息的完整性和安全性，以防止数据被篡改、损坏或丢失。医疗机构应当建立安全的数据存储和传输机制，确保数据在存储和传输过程中不受损害。同时，医疗机构应当健全信息访问控制机制，限制对敏感信息的访问权限，防止信息泄露或被滥用，并建立数据备份和恢复机制，确保患者的诊疗信息不会因系统故障或人为错误而丢失或损坏。

（三）法规合规

医疗机构需遵守国家和行业相关法律法规和标准，包括个人数据保护法律、行业标准及特定于医疗行业的法规。这包括合规性要求的确保和定期的合规审计，以确保医疗机构信息安全的合规性。

在确保医疗机构的信息化建设和运营符合法律规范方面，医疗机构应当建立健全法律风险防范机制，加强对相关法律法规的学习和培训，增强医务人员的法律意识和素养[一]。依法配合国家有关部门开展网络安全检查、个人信息保护等工作，确保医疗机构的信息化建设和运营符合法律要求。医疗机构也可以加强与法律顾

[一] 杨斌.新形势下国有企业合规管理体系建设研究[J].江西师范大学学报（哲学社会科学版），2020，53（4）：96-102.

问、律师等法律专业人士的沟通和合作，为自身信息化建设和运营提供专业的法律意见和支持。

（四）安全管理和风险评估

医疗机构有责任建立健全信息安全管理体系，包括制定安全政策、进行定期的安全培训、实施风险评估和制定安全措施。医疗机构应对信息系统和数据进行全面的风险评估，并采取相应的措施降低风险。

（五）合规审计和监督

医疗机构应定期进行信息安全合规性审计，确保医疗机构的信息安全实践符合相关法律法规和标准。同时，政府部门和监管机构应当对医疗机构的信息安全实践进行监督，以确保医疗机构的信息安全合规性。医疗机构应加强与监管部门、行业协会等相关机构的沟通和合作，积极参与信息安全标准和规范的研究制定，为自身信息化建设和运营提供指导和支持，不断提升信息安全合规性和保障能力，为患者提供更加安全可靠的医疗服务。

第二节 保护患者隐私和数据安全的重要性

一、保护患者隐私和数据安全的重要性

在数字化时代，医疗机构存储大量患者的个人信息和医疗数据，这些数据的安全性和隐私性至关重要[一]。一旦患者的隐私数据被泄露或被不法分子利用，将对患者的个人生活、工作和社交造成极大的影响。更为严重的是，这种泄露可能会导致患者遭受诈骗、身份盗窃等风险。因此，医疗机构必须高度重视信息安全合规工作，采取有效的技术和管理措施保护患者隐私和数据安全。

[一] 周彬，沈黎，吴檠，等.浅论医疗数据及其安全防护[J].医学与社会，2020，33（9）：101-105.

此外，随着医疗技术的不断进步和医疗信息化的日益发展，医疗数据已成为医学研究、疾病预防和治疗等方面的重要资源。保护这些数据的安全性和完整性，对于提高医疗质量、推动医学研究和创新也具有重要意义[1]。

二、合规对于医疗机构信誉和业务连续性的影响

信息安全合规不仅关乎患者的隐私和数据安全，更直接影响医疗机构的信誉和业务连续性。在信息化社会，公众对于个人隐私和数据安全的关注度越来越高。医疗机构若不能严格遵守信息安全合规要求，一旦发生数据泄露或安全事件，将严重损害机构的声誉和公众信任度。这种信任的丧失可能导致患者流失、业务量下降，甚至引发法律纠纷和巨额赔偿。

相反，如果医疗机构能够持续保持高标准的信息安全合规水平，将有助于提升机构的品牌形象和市场竞争力。患者更倾向于在那些能够妥善保护个人隐私和数据安全的医疗机构就医。同时，合规性还能确保医疗机构的业务连续性。在面临各种安全威胁和风险时，具备完善信息安全防护措施的医疗机构能够更好地应对和抵御这些威胁，确保医疗服务的正常进行，避免安全问题导致业务中断和损失。

第三节 医疗机构信息安全合规现行制度体系

随着信息技术的迅猛发展和医疗信息化的深入推进，医疗机构信息安全与隐私保护问题日益凸显，成为社会关注的焦点。为确保患者信息安全和医疗服务的正常进行，国家及行业出台一系列关于信息安全与隐私保护的法律法规，同时医疗机构也积极制定

---

[1] 叶冠成，陈佳祺，张少辉，等.中医互联网医疗发展现状、问题及应对策略探究[J].中国医院，2023，27（11）：34-39.

内部信息安全与隐私保护政策和标准,形成了较为完善的现行制度体系。

一、国家及行业关于信息安全与隐私保护的法律法规概述

在我国,信息安全与隐私保护法律法规体系正在不断完善。国家层面,相继出台了《中华人民共和国网络安全法》《中华人民共和国个人信息保护法》等一系列法律法规,为信息安全与隐私保护提供有力的法律保障。这些法律法规不仅明确了信息安全和隐私保护的基本原则和要求,还规定了相关主体在信息安全和隐私保护方面的责任和义务。

针对医疗行业特殊性,国家卫健委也发布了相关法规和指导文件,如《医疗卫生机构网络安全管理办法》《关于加强医疗卫生机构网络安全管理工作的通知》等,对医疗机构在信息安全和隐私保护方面的责任和义务进行明确规定。这些法规要求医疗机构建立健全信息安全管理制度,采取必要的技术和管理措施,确保患者信息不被泄露、篡改或非法使用。同时,这些法规还强调医疗机构应当加强网络安全培训,增强员工的信息安全意识,以保障患者信息的安全性和隐私性。

此外,国家还出台了一系列与医疗行业相关的数据安全和隐私保护政策。例如,《关于促进和规范健康医疗大数据应用发展的指导意见》等文件要求医疗机构加强健康医疗数据的保护,防止数据泄露和滥用。这些政策推动医疗机构在信息安全领域的投入和建设,以确保医疗数据的安全性和合规性。

除了国家层面的法律法规,各地方政府也针对医疗机构信息安全和隐私保护制定了相关地方性法规和政策,以进一步细化和补充国家法律法规的要求。这些地方性法规和政策为医疗机构提供更加具体的指导和规范,有助于促进医疗机构信息安全和隐私保护工作的落实。

二、医疗机构信息安全合规的内控制度

现有医疗机构在信息安全合规方面所采取的内控制度,是一套多层次、多维度的防护体系,旨在确保医疗数据的安全性和隐私性,同时维护医疗信息系统的稳定运行。这些制度首先体现在严格的访问控制与身份认证上,通过设立用户名和密码管理、实施多因素认证及细致的权限分级,医疗机构能够精确控制哪些人员可以访问哪些数据,从而大大降低数据泄露的风险。

为了确保数据在传输和存储过程中的绝对安全,数据加密与传输安全机制被广泛应用。该机制利用先进的加密技术如 SSL(安全套接层)/TLS(传输层安全)保护数据在传输中不被截获或篡改;同时,存储数据也采用加密算法进行加密,以保障数据的机密性。然而,在这一过程中,密钥的管理显得尤为关键,一旦管理不善,就有可能导致整个加密系统失效。

数据备份与恢复策略的制定,则是为了应对数据丢失或损坏的潜在风险。医疗机构会进行定期的数据备份,并设计详细的恢复计划,以确保在数据发生意外时能够迅速恢复并保证医疗服务的连续性。但这也对备份数据的存储和管理提出了高要求,因为不当的存储可能会带来备份数据的安全风险。

此外,医疗机构深知员工在信息安全中的关键作用,因此会定期为员工提供信息安全培训,旨在增强他们的信息安全意识。通过培训,员工不仅理解了信息安全的重要性,还能在日常工作中更好地遵守和执行相关规定,从而构建起坚实的防线[一]。

为了监督并确保这些制度的执行,有些医疗机构还建立了审核与监控机制。通过定期审查系统日志、实时监测异常行为及进行安全漏洞扫描,医疗机构能够及时发现并应对潜在的安全威胁。

[一] 查丹,夏蕊,张鑫,等.基于内控设计的医疗机构多种支付方式对账平台建设研究[J].中国医院,2021,25(12):72-74.

最后，为了确保各项信息安全制度得到有效执行，医疗机构会定期进行信息安全合规性检查与评估，包括对内控制度的全面审查、对系统安全性的深入评估、对员工行为的严格监督。通过这些措施，医疗机构能够及时发现并纠正存在的问题，从而不断提升自身的信息安全水平。

总的来说，现有医疗机构在信息安全合规的内控制度方面做出了积极的努力，这些制度在保护患者隐私、确保数据准确性和完整性及维护系统稳定运行方面发挥了重要作用。然而，这些制度在实施过程中仍然面临诸多挑战和问题，如密码管理不善、权限分配不合理、加密密钥管理风险、备份数据存储不当等。为了进一步提升信息安全水平，医疗机构需要不断改进和完善内控制度，加强员工培训、优化监控机制、提升应急响应能力，并加强合规性检查与评估的独立性、客观性和准确性。只有这样，才能确保医疗数据的安全性和隐私性得到最大限度的保障。

同时，随着信息技术的不断发展和医疗行业的变革，医疗机构还需要不断关注新的信息安全威胁和挑战，及时更新和调整内控制度，以适应新的安全需求。只有这样，才能在日益复杂的信息安全环境中立于不败之地，为患者提供更安全、更高效的医疗服务。

第四节　医疗机构信息安全合规主要义务和风险

一、信息安全合规的法律义务和责任

（一）严格遵守信息安全法律法规

医疗机构作为信息处理的重要场所，承担着严格遵守信息安全法律法规的义务。这包括但不限于对《网络安全法》《数据安全法》《个人信息保护法》等的全面遵循。这些法律为医疗机构

的信息处理行为划定明确的界限，要求机构在信息处理过程中必须严格遵守，不得有任何违法违规行为，任何对信息安全的疏忽都可能导致严重的法律后果。因此，医疗机构必须时刻保持警惕，确保所有操作都符合法律法规的要求。

（二）确保信息系统和数据安全

除了遵守法律法规，医疗机构还有责任确保自身信息系统和数据的安全。这包括建立完善的安全防护体系，对系统进行定期的安全风险评估，以及及时发现和修复可能存在的安全漏洞。医疗机构必须采取一切必要的技术和管理措施，防止数据泄露、被非法获取或遭到恶意篡改。这是医疗机构的基本责任，也是其信息安全合规的重要组成部分。

（三）全面保护患者隐私

医疗机构在信息安全合规方面的另一项重要责任是全面保护患者隐私。患者的个人信息是医疗活动的核心部分，医疗机构必须确保其保密性、完整性和可用性。其中包括对患者病历、诊断结果、治疗方案等敏感信息的严格保护。医疗机构应采取一切可能的措施，防止这些信息被非法获取或滥用。同时，机构还应建立完善的信息使用和管理制度，确保患者信息只用于合法、合规的目的。

（四）规范数据使用和共享

在数据使用和共享方面，医疗机构也有明确的法律义务和责任。机构必须遵守相关法律法规对数据使用的规定，涉及数据的收集、存储、处理、传输和共享等环节。在共享数据时，必须确保接收方有足够的能力保护这些数据的安全性和隐私性。此外，医疗机构还应定期对数据进行审核和更新，以确保其准确性和时效性。任何违规的数据使用或共享行为都可能导致严重的法律后果。

二、医疗机构面临的主要信息安全风险

（一）数据泄露风险

医疗机构在日常运营中需存储和处理大量敏感数据，这些数据包括但不限于患者身份信息、病历记录、诊断报告、治疗方案及支付信息等。数据泄露可能对患者隐私造成极大威胁，同时违反数据保护法规，如《个人信息保护法》《数据安全法》等，进而可能引发法律诉讼和巨额罚款。

数据泄露可通过多种途径发生，如网络攻击、内部人员误操作或恶意泄露等。一旦数据泄露，不仅会导致患者隐私受损，还可能对医疗机构的声誉和患者信任度造成长期负面影响。此外，泄露的数据可能会被用于诈骗、身份盗窃等犯罪活动，进一步危害社会公众利益。

（二）系统安全风险

医疗机构的信息系统通常包括电子病历系统、影像归档和通信系统、实验室信息系统等多个复杂子系统，这些系统之间的互联互通和数据共享增加了安全风险的复杂性。一旦某个系统被攻破，攻击者可能会获得对整个医疗网络的访问权限。

系统安全风险主要源于网络攻击，如钓鱼攻击、勒索软件、分布式拒绝服务（DDoS）攻击等。攻击者可能利用系统漏洞、弱密码或未打补丁的软件进行攻击，以获取敏感数据、破坏系统完整性或勒索医疗机构。

（三）人为操作风险

医疗机构内部人员，包括医护人员、行政人员和IT支持人员等，都可能因操作失误、安全意识薄弱或缺乏培训而导致数据泄露或系统损坏。例如，误将敏感数据发送给错误的收件人，或在公共论坛上公开讨论患者隐私信息等。

此外，不能忽视内部人员故意泄露或破坏数据的可能性，这

可能是由于个人不满、受贿赂诱惑或其他恶意目的所导致。因此，对内部人员的行为监控和审计也是信息安全管理的重要环节。

（四）物理安全风险

医疗机构的硬件设备，如服务器、存储设备、网络设备等，可能面临被盗、被损坏或被非法访问的风险。此外，数据中心和关键设施的物理安全也至关重要，包括防火、防水、防雷击等措施的实施。

因为未经授权的人员可能会通过冒充患者或工作人员混入医疗机构，试图窃取或破坏关键数据和信息基础设施，所以严格的访问控制制度和监控措施对于预防物理安全风险至关重要。

第五节　医疗机构信息安全合规的建立与实施途径

一、医疗机构建立信息安全合规的路径总览

在医疗机构的运营过程中，信息安全无疑是至关重要的一环。为确保患者数据的保密性、完整性和可用性，医疗机构必须建立一套完善的信息安全合规体系。这一体系的建立并非一蹴而就，而是需要贯穿整个组织架构，从一线诊疗科室到后勤行政，再到专门的风控审计部门，每一环节都发挥着不可或缺的作用。

（一）第一道风控防线：各诊疗科室和直接服务辅助科室

作为医疗机构的最前线，各诊疗科室和直接服务辅助科室是信息安全的第一道防线。这些科室在日常工作中直接接触和处理大量的患者信息和医疗数据，因此，对于确保数据的准确性和安全性负有首要责任。科室成员需要接受严格的信息安全培训，了解如何正确、安全地处理敏感数据，防范数据泄露和误操作的风险。

为加强信息安全管理，各诊疗科室和直接服务辅助科室的成员

需要接受严格的信息安全培训。培训内容涵盖信息安全基础知识、数据保护法规、安全操作流程等方面，旨在增强科室成员的安全意识和操作技能。同时，这些科室还应当建立健全数据处理规范，明确数据的收集、存储、使用和销毁等各个环节的要求，确保数据的合规处理。

此外，各诊疗科室和直接服务辅助科室还需配备必要的安全设施和技术手段，如加密设备、安全存储介质等，以防范数据泄露和非法访问的风险。科室成员在使用这些设备时，需严格遵守操作规程，确保数据的安全传输和存储。

（二）第二道风控防线：医疗机构后勤行政类科室

后勤行政类科室在信息安全合规中扮演着支持和保障的角色，负责制定和执行信息安全政策，确保整个机构的信息系统稳定运行。这些科室根据行业标准和法规要求，制定详细的信息安全管理制度和流程，并监督各科室的执行情况。

同时，后勤行政类科室还提供必要的技术支持和资源保障，包括为各科室提供安全可靠的信息系统和应用软件、定期更新和维护软件版本、修复已知的安全漏洞等。此外，这些科室还负责建立应急预案，以应对可能发生的信息安全事件，确保在紧急情况下能够迅速响应和处置。

在日常工作中，后勤行政类科室需要对各科室的信息安全实践进行监督和检查。通过定期巡查、安全检查和漏洞扫描等方式，及时发现和纠正可能存在的安全隐患和问题，并及时处理和报告发现的违规行为和安全问题，确保问题得到妥善解决。

（三）第三道风控防线：医疗机构风控审计部门

作为信息安全的最后一道防线，医疗机构的风控审计部门承担着对整个机构信息安全实践的监督和评估职责。这个部门独立于其他科室，确保审计活动的客观性和公正性。

风控审计部门定期对各科室进行信息安全审计，检查政策执行情况、数据处理规范遵守情况及安全设施的使用情况等。通过审计活动，及时发现潜在的安全风险和问题，并提出针对性的改进建议。同时，风控审计部门还对审计结果进行汇总和分析，为医疗机构的信息安全决策提供有力支持。

除了定期审计，风控审计部门还应当关注行业最新的信息安全动态和标准要求，及时更新审计内容和标准；同时，加强与其他医疗机构和监管机构的交流与合作，共同提升行业的信息安全水平。

医疗机构信息安全合规三道防线的作用如图 11-1 所示。

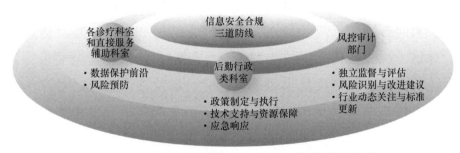

图 11-1　医疗机构信息安全合规三道防线的作用

二、医疗机构建立信息安全合规的路径分解

医疗机构在信息安全上面临严峻的挑战，患者信息的保密性、完整性和可用性是医疗机构必须坚守的底线。为了建立有效的信息安全合规体系，医疗机构需要从多个方面入手。以下是对这一过程的详细分解。

（一）制定明确的信息安全政策

制定明确的信息安全政策是医疗机构信息安全合规的首要步骤。这一政策不仅是医疗机构内部员工必须遵守的规则，也是对外展示机构对信息安全重视程度的窗口。在制定政策时，应全面考虑医疗数据的保密性、完整性和可用性，明确数据的分类、存储、传输、使用和处置等方面的具体要求。同时，政策还应包含对违规行为的处罚措施，以确保政策的权威性和执行力。此外，信息安全政策还应与国家相关法律法规相衔接，确保医疗机构的合规运营。为了制定更为贴切实际的政策，医疗机构可以邀请信息安全专家参与制定过程，提供专业的建议和指导。

（二）进行全面的风险评估

进行全面的风险评估是医疗机构信息安全合规的关键环节。风险评估的目的是识别潜在的安全威胁和漏洞，评估它们对医疗机构运营和患者数据安全可能造成的影响。医疗机构可以邀请专业的风险评估机构或者培养内部的风险评估团队开展此项工作。在风险评估过程中，应全面考虑医疗机构的业务流程、系统架构、数据流向等因素，以及可能面临的外部威胁和内部风险。通过风险评估，医疗机构可以更加明确地了解自身的信息安全需求，为后续的安全措施制定提供依据。同时，风险评估结果还可以作为医疗机构与监管机构沟通的桥梁，展示机构在信息安全方面的努力和成果。

（三）加强技术防护

加强技术防护是保障医疗机构信息安全的重要手段。根据风险评估的结果，医疗机构需要采取相应的技术手段加强信息安全，包括但不限于建立防火墙、入侵检测系统、数据加密技术等。其中，防火墙可以有效阻止外部攻击和未经授权的访问；入侵检测系统可以实时监控网络流量和用户行为，及时发现并报警异常事件；数据加密技术可以确保数据的机密性和完整性，防止数据泄露和篡改。除了这些基本技术手段，医疗机构还应定期对系统进行安全检查和漏洞扫描，及时发现并修复潜在的安全隐患。同时，医疗机构还应关注新技术的发展和应用，不断提升自身的安全防护能力。

（四）保持与监管机构的沟通

保持与监管机构的沟通是医疗机构信息安全合规的重要保障。

医疗机构应定期向监管机构报告自身的信息安全状况和合规工作进展，接受监管机构的指导和监督。通过与监管机构的沟通，医疗机构可以及时了解相关法律法规和政策的变化，确保自身的合规工作符合法律法规的要求。同时，在发生信息安全事件时，医疗机构还可以及时获得监管机构的帮助和支持，共同应对和解决问题。这种紧密的沟通和合作有助于提升医疗机构的信息安全水平和合规意识。

（五）建立信息安全事件应对机制

尽管医疗机构已采取了多种预防措施加强信息安全，但信息安全事件仍时有发生。因此，建立一套完善的信息安全事件应对机制至关重要。这套机制应包括事件的发现、报告、响应和恢复等环节。医疗机构应设立专门的信息安全事件应对团队，负责监控和分析系统的安全日志和用户行为，及时发现并处理异常事件。同时，医疗机构还应制定详细的应急预案和处理流程，确保在信息安全事件发生时能够迅速、有效地进行应对。通过这套机制，医疗机构可以最大限度地减少信息安全事件带来的损失和影响。

第六节 医疗机构信息安全合规实践指引

在医疗机构信息安全合规的实践中，制定详细的信息安全合规操作手册和实施员工信息安全培训和意识提升方案是两项至关重要的工作[⊖]。这两项工作不仅能够提高医疗机构的信息安全防护能力，还能确保患者数据的安全和隐私。

一、制定信息安全合规操作手册的步骤

制定信息安全合规操作手册的步骤如图11-2所示，具体如下。

第一步：明确信息安全目标和原则。医疗机构应首先明确信息

⊖ 甫瀚咨询.浅析医药企业的合规之路［J］.中国内部审计，2013（10）：78-79.

安全的目标和原则，包括保护患者信息的机密性、完整性和可用性，防止数据泄露、篡改和丢失，确保医疗服务的连续性和可靠性。这些目标和原则应贯穿于整个信息安全管理体系，并为后续的操作手册制定提供指导。

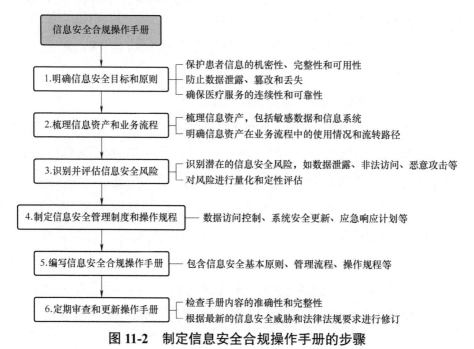

图11-2 制定信息安全合规操作手册的步骤

第二步：梳理信息资产和业务流程。医疗机构需要全面梳理自身的信息资产，包括各类电子病历、医学影像、检验报告等敏感数据，以及支撑医疗服务的各类信息系统。同时，要明确这些信息资产在业务流程中的使用情况和流转路径，以便确定可能存在的安全风险点。

第三步：识别并评估信息安全风险。基于信息资产和业务流程的梳理结果，医疗机构应首先识别潜在的信息安全风险，如数据泄露、非法访问、恶意攻击等，然后对这些风险进行量化和定性评估，确定风险的大小和发生概率，为后续的风险控制和应急响应提供依据。

第四步：制定信息安全管理制度和操作规程。根据风险评估结果，医疗机构应制定相应的信息安全管理制度和操作规程，包括但不限于数据访问控制、系统安全更新、应急响应计划、物理安全保护等方面。这些制度和规程应明确责任分工和执行标准，确保各项安全措施得到有效执行。

第五步：编写信息安全合规操作手册。完成以上步骤后，医疗机构可以开始编写信息安全合规操作手册。手册应包含信息安全的基本原则、管理流程、操作规程及应急响应等内容。同时，针对不同类型的用户（如医护人员、行政人员、IT 支持人员等），手册应提供具体的操作指南和注意事项。

第六步：定期审查和更新操作手册。信息安全是一个持续的过程，医疗机构需要定期审查和更新信息安全合规操作手册。这包括对手册内容的准确性和完整性进行检查，以及根据最新的信息安全威胁和法律法规要求进行相应的修订。

二、员工信息安全培训和意识提升方案的实施步骤

增强员工的信息安全意识是确保医疗机构信息安全的重要环节。通过信息安全培训，员工可以深入了解信息安全的重要性，掌握基本的信息安全知识和技能，提升防范信息安全风险的能力。同时，培训还可以增强员工的责任感和使命感，使其更加积极地参与到信息安全工作中来。以下是一个具体的员工信息安全培训和意识提升方案的实施步骤。

第一步：制订培训计划。医疗机构应根据员工的岗位角色和信息安全需求，制订针对性的培训计划。计划应包括培训目标、培训内容、培训方式、培训时间和地点等方面。

第二步：组织培训课程。根据培训计划，医疗机构可以组织线上或线下的培训课程。课程内容应涵盖信息安全的基本概念、法规要求、操作规程及应急响应等方面。同时，结合实际案例和模拟演练，加深员工对信息安全的理解和认识。

第三步：实施定期考核。为了确保培训效果，医疗机构应实施定期的考核。考核内容可以包括理论测试和实际操作测试，以检验员工对信息安全知识的掌握程度和应对能力。

第四步：建立奖惩机制。通过建立奖惩机制，激励员工积极参与信息安全培训和提升工作。对于在信息安全方面表现突出的员工，可以给予相应的奖励和表彰；对于违反信息安全规定的员工，则视情况进行相应的处罚。

第五步：持续监测和改进。信息安全培训和意识提升是一个持续的过程。医疗机构应定期评估培训效果，收集员工的反馈意见，不断改进培训计划和内容，以适应不断变化的信息安全环境。

第七节 医疗机构信息安全合规未来展望

一、新兴技术在信息安全合规中的应用与挑战

随着科技的迅猛发展，人工智能、云计算、大数据、区块链新兴技术等已经逐渐成为推动医疗机构进步的重要力量。这些技术不仅提升了医疗服务的质量和效率，同时也对信息安全合规提出了新的挑战。以下深入探讨这些新兴技术在信息安全合规中的应用与挑战，并提出应对策略。

（一）新兴技术的应用

新兴技术主要包括人工智能、云计算、大数据和区块链等。

人工智能通过强大的算法和学习能力，可以对海量的医疗数据进行深度挖掘和分析。这有助于医疗机构更准确地预测疾病风险，制定个性化的治疗方案，从而提升医疗服务质量。

云计算为医疗机构提供弹性的数据存储和计算资源，使得医疗数据能够集中存储、统一管理和高效共享。通过云计算，医疗机构可以随时随地访问和共享数据，提高工作效率。

大数据可以帮助医疗机构从海量数据中挖掘有价值的信息，为决策提供支持。通过对大数据的分析，医疗机构可以更好地了解患者的需求和偏好，优化服务流程，提高运营效率。

区块链以其去中心化、不可篡改的特性，为医疗数据的安全存储和传输提供有力保障○。通过区块链技术，医疗机构可以确保数据的完整性和真实性，防止数据被篡改或伪造。同时，区块链还可以用于构建安全可靠的医疗数据共享平台，促进医疗机构之间的协作和信息共享○。

（二）新兴技术应用与信息安全合规挑战

在医疗机构中，新兴技术被广泛应用于自动化识别医疗数据、高效数据存储和计算服务、数据挖掘及安全可靠的医疗数据共享平台等方面。这些应用显著提高了医疗机构的工作效率和服务质量，但也带来了新的信息安全挑战。

1. 技术自身的安全性挑战

医疗机构在应用新兴技术，如人工智能、云计算、大数据和区块链等时，首先需要面对的是这些技术自身的安全性问题。每一项技术都可能存在未被完全了解或尚未发现的安全漏洞○。例如，人工智能系统可能因训练数据的偏见而产生不准确的诊断或治疗建议；云计算服务可能因供应商的安全措施不到位而遭受黑客攻击，导致患者数据泄露；大数据分析过程中，如果没有采取适当的数据脱敏和加密措施，也可能导致患者隐私信息的泄露；而区块链技术虽然具有去中心化的特点，但也可能面临各种网络安全威胁。

2. 数据隐私保护挑战

在医疗机构应用新兴技术的过程中，数据隐私保护是一个核心

○ 王甜宇，张柯欣，孙艳秋，等.基于区块链的中医药大数据云存储共享方案研究[J].中华中医药学刊，2022，40（2）：132-135.
○ 佘维，陈建森，刘琦，等.一种面向医疗大数据安全共享的新型区块链技术[J].小型微型计算机系统，2019，40（7）：1449-1454.
○ 梅春英，王菡，李晓军，等.智慧医疗的伦理和法律问题及其应对策略[J].中国医院管理，2023，43（3）：70-74.

问题。新兴技术的使用通常涉及对患者个人信息的广泛收集和处理，如电子病历、医学影像、实验室结果等。由于医疗数据的高价值，"黑客"和不法分子可能会针对医疗机构进行攻击，试图窃取或篡改这些数据。一旦数据泄露，不仅会对患者隐私造成侵害，还可能对医疗机构的声誉和法律责任产生严重影响。

数据共享与利用中的隐私保护也是一个难题。在医疗研究中，数据的共享和利用对于推动医学进步具有重要意义。然而，如何在确保患者隐私的前提下进行数据共享，防止数据被滥用或非法获取，是医疗机构必须面对的挑战。同时，还应当考虑到内部人员的数据访问权限管理的问题。医疗机构内部员工可能因工作需要而接触到敏感数据，而如何确保这些数据不被非法复制、传播或滥用，也是数据隐私保护中不可忽视的一环。

3. 合规标准与监管政策挑战

由于新兴技术在医疗领域的应用仍处于快速发展阶段，相关的合规标准和监管政策往往滞后于技术的发展。这导致医疗机构在应用新兴技术时可能面临合规性风险⊖。

首先，合规标准的缺失是一个显著问题。由于新兴技术的独特性和复杂性，现有的医疗法规和标准可能无法完全覆盖，导致医疗机构在应用这些技术时缺乏明确的合规指导。这增加了医疗机构面临法律风险的概率，也可能影响患者的权益保障。

其次，监管政策的滞后也给医疗机构带来挑战。监管机构需要时间来研究和制定针对新兴技术的管理政策，而在这段时间内，医疗机构可能面临监管空白或不确定性⊜，而这种不确定性可能导致医疗机构在技术应用上持谨慎态度，从而限制技术的推广和应用效果。

⊖ 孙陈敏，田侃."互联网+"背景下移动医疗发展现状研究［J］.卫生经济研究，2019，36（8）：42-44.

⊜ 张瑞利，王刚."互联网"医疗服务供给：模式比较及优化路径［J］.卫生经济研究，2022，39（3）：32-37.

再次，全球范围内的合规标准和监管政策也存在差异。随着医疗技术的国际化发展，医疗机构可能需要遵守不同国家和地区的法律法规要求，增加了合规的复杂性和成本。

4. 技术整合与兼容性挑战

医疗机构的信息系统通常是由多个复杂的子系统组成的。在引入新兴技术时，如何确保这些技术与现有系统的无缝对接和高效协作是一个重大挑战。技术整合不当可能导致系统性能下降、数据丢失或安全风险增加。

首先，技术整合的挑战在于如何将不同的技术系统无缝连接，实现数据的互通与共享。医疗机构的信息系统通常由多个独立的子系统构成，每个系统可能采用不同的技术标准和数据格式。这使得数据在不同系统之间的传递和同步变得困难，甚至可能导致数据丢失或格式混乱。

其次，兼容性挑战则体现在新引入的技术与现有系统的匹配问题上。新兴技术如人工智能、大数据分析等，在与医疗机构现有的信息系统进行集成时，可能会遇到接口不匹配、数据格式不一致等问题。这不仅影响新技术的应用效果，还可能导致原有系统的稳定性受到影响。

二、数据保护与隐私权益的平衡策略

随着医疗信息化程度的加深，医疗机构在处理大量患者信息的同时，也面临着数据保护与隐私权益之间如何平衡的挑战。如何在确保医疗数据安全的前提下，最大限度地保障患者的隐私权益，是医疗机构必须深入思考的问题。

数据保护不仅是法律的要求，也是医疗机构履行社会责任的重要体现。医疗数据涵盖患者的个人信息、健康记录、诊断结果等敏感信息，一旦泄露或被滥用，会给患者带来无法估量的损失。因此，医疗机构需要采取有效的技术手段和管理措施，确保数据的完整性、保密性和可用性。

隐私权益是公民的基本权利之一，也是医疗机构在提供服务时必须尊重的重要方面⊖。患者的医疗信息是其个人隐私的重要组成部分，医疗机构在收集、使用和处理这些信息时必须遵循合法、正当、必要的原则，确保患者的隐私不被侵犯。

尊重并保障隐私权益，不仅要求医疗机构遵守相关法律法规，还需要在实践中采取具体措施。例如，医疗机构应明确告知患者信息收集的目的和范围，获得患者的明确同意后再进行信息的收集和处理。同时，医疗机构还应加强内部管理，防止员工滥用或泄露患者信息。

要在数据保护和隐私权益之间找到平衡点，医疗机构需要从以下几个方面入手：

在保障患者数据安全和隐私权益方面，医疗机构扮演着至关重要的角色。为了确保数据保护工作的规范化和法制化，医疗机构必须深入理解和遵循国家的相关法律法规，并据此制定一系列完善且细致的内部数据保护和隐私政策⊖。这些政策不仅是对外展示医疗机构对数据保护的决心，更是对内指导员工在数据收集、使用、存储和销毁等各个环节中严格遵循法律要求，确保每一项操作都合法合规。

当然，仅有政策是远远不够的，医疗机构还需通过技术手段来强化数据保护的安全性。为此，先进的加密技术、访问控制机制和安全审计系统被广泛应用于医疗机构的日常运营中。这些技术手段的运用，不仅能有效保护数据的机密性和完整性，还能提升医疗机构对网络安全的整体防御能力，确保潜在的安全威胁能够被及时发现并得到妥善处理。

⊖ 汪盛玉.深层民生保障视域下"病有所医"的可行性路径探究［J］.广西社会科学，2023（9）：18-25.
⊖ 李立清，丁海峰."互联网＋医疗"背景下我国患者隐私泄露风险及防控策略［J］.医学与社会，2023，36（1）：57-63.

除了技术手段，员工的数据保护意识和能力同样关键。医疗机构深知员工是数据保护工作的第一道防线，因此定期开展数据保护培训，使员工深刻理解数据保护的重要性，并熟练掌握相关的数据保护技能。同时，通过建立奖惩机制，医疗机构对违反数据保护规定的员工进行严肃处理，以此警示其他员工，确保数据保护工作得到全员的高度重视和积极参与。

在患者方面，医疗机构也积极开展教育和沟通工作，通过向患者普及数据保护和隐私权益的知识，增强患者的自我保护意识。同时，在与患者沟通的过程中，医疗机构明确告知信息收集的目的和范围，并征求患者的明确同意，确保在处理患者信息时始终尊重患者的意愿和隐私权益。

为了确保数据保护工作的持续有效，医疗机构还积极邀请第三方机构对数据进行审计和评估。这些专业的第三方机构能够对医疗机构的数据保护工作进行全面、客观的评价，帮助医疗机构及时发现并纠正存在的问题和不足。通过不断的改进和完善，医疗机构的数据保护和隐私政策将更加成熟和健全，为患者的数据安全和隐私权益提供更加坚实的保障。

第十二章　医疗机构医保物价专项合规

第一节　医疗机构医保物价合规定义

一、医疗机构医保物价定义与说明

（一）医疗机构医保物价定义

医保物价指医疗服务价格，包括医疗机构的医疗服务费用和药品的销售价格。医疗机构医保物价是医疗保障体系的重要组成部分，直接关系到广大患者的切身利益与医疗服务的公平性和可及性。

在医保物价体系中，医疗服务的价格通常是由政府或医疗保险机构根据医疗服务的成本和市场需求进行确定的，价格水平的高低直接影响医疗机构的服务质量和患者的负担。因此，医保物价定义需要考虑医疗服务的合理成本和患者的承受能力，以确保医疗服务的质量与价格的公平性和合理性。

医保物价还涉及医疗保障制度的可持续发展。在医保物价制度的设计和实施中，需要考虑医疗保障制度的长期稳定和可持续发展，包括医保物价的合理定价、医保基金的收支平衡、医保制度的长期稳定运行等方面。只有通过合理的医保物价定义和制度设计，才能确保医疗保障制度的长期稳定和可持续发展。

医保物价与患者的就医体验密切相关。在医保物价制度的设计和实施中，需要考虑到患者的就医体验和满意度，通过合理的医保物价定义和制度安排，可以减轻患者的经济负担，提高医疗服务的质量和效率，进而提高患者的就医体验和满意度。

（二）医疗机构医保物价说明

从医保物价的制定和调整来说，医保物价政策是由政府或相关机构制定和调整的。这些政策需要考虑多个因素，如医疗机构的运营成本、患者的负担能力、医保基金的可持续发展等⊖。制定合理的医保物价政策对于维护患者利益和医疗机构的正常运转至关重要。医疗机构应按照国家和地方的相关规定，制定医保物价管理制度，确保医保物价管理的规范、透明和公正⊖。

从医保物价的分类上来看，医保物价可以分为医疗服务价格和药品销售价格。医疗服务价格包括医生的诊查费、手术费、治疗费、护理费等。药品销售价格则包括药品的进价、批发价和零售价。这些价格都需要在政府的定价或指导价范围内进行制定和调整。

（1）医保物价的标准。医疗机构应按照国家和地方的医保物价政策，制定相应的医保物价标准，包括基本医疗保险支付范围、支付标准、报销比例等。

（2）医保物价的公示。医疗机构应在显著位置公示医保物价信息，包括收费项目、收费标准、药品价格等，方便患者查询和监督。

（3）医保物价的监管要求。为确保医保物价的合理性和公平性，政府或相关机构会对医疗机构进行监管，包括对医疗机构的

⊖ 国务院办公厅.国务院办公厅关于加强医疗保障基金使用常态化监管的实施意见：国办发〔2023〕17 号［A/OL］.（2023-05-31）［2024-06-25］.http://www.ningnan.gov.cn/sy/zgzfw/202305/t20230531_2489984.html.

⊖ 张卿.现阶段医疗保障基金监管的最优执法理念和共治路径研究［J］.中国医疗保险，2021（5）：35-39.

收费情况进行定期检查、对违规收费行为进行处罚等，患者也可以通过投诉渠道对医疗机构的收费情况进行反映和监督。医疗机构应接受医保部门的监管，确保医保物价的合规性和合理性，对于不符合规定的行为应及时整改和纠正。

（4）医保物价的影响。医保物价政策对于医疗机构和患者都有重要影响。对于医疗机构来说，合理的医保物价政策可以保障其正常运转和持续发展；对于患者来说，合理的医保物价政策可以减轻其经济负担，提高医疗服务的可及性。

（5）医保物价的宣传要求。医疗机构应加强医保物价的宣传，提高患者对医保物价的认知和理解，增强患者的监督意识和参与度。

二、医疗机构医保物价合规定义与义务

（一）医疗机构医保物价合规的定义

医疗机构医保物价合规主要指医疗机构在提供医疗服务、收取医疗费用及参与医保结算的过程中，严格遵循国家及地方相关的法律法规、政策规定和医保管理要求，确保医疗服务的价格合理、透明，并符合医保支付标准。具体来说，医疗机构医保物价合规包括：

1. 服务项目与价格合规

医疗机构提供的服务项目必须符合国家卫生行政部门的规定，其价格应依据政府指导价或市场调节价进行设定，并予以公示。

2. 医保政策执行

医疗机构应严格执行医保政策，如医保支付范围、支付标准、报销比例等，不得擅自扩大或缩小医保支付范围，以确保医保资金使用的合规性。

3. 费用清单与结算合规

医疗机构应提供详细、准确的医疗费用清单，确保每一项

费用都有明确的来源和依据。同时，在与医保部门进行费用结算时，应提供真实、完整的结算资料，不得虚报、瞒报或漏报。

4. 内部管理合规

医疗机构应建立完善的物价管理制度和内部监督机制，对医疗服务价格进行定期审查和调整，确保价格体系的合理性和稳定性。同时，应加强对医务人员的培训和教育，提高其对医保物价合规的认识和重视程度。

5. 患者权益保护

医疗机构应尊重患者的知情权和选择权，向患者提供清晰、明确的医疗费用信息，并允许患者根据自己的需求和经济能力选择合适的医疗服务项目。

（二）医疗机构医保物价合规的义务

医疗机构医保物价合规的主要义务包括两点：第一，严格执行医保目录的要求，包括医保药品目录、诊疗项目目录、医疗服务和设施目录，即医疗机构需要按照医保目录的规定，为患者提供相应的医疗服务。第二，医保支付的药品、耗材应当按规定在医疗保障行政部门规定的平台上采购。这保证了医疗机构采购的药品和耗材符合国家医保政策的要求。

对于定点医疗机构来说，所有公立医疗机构均应参加药品集中带量采购，医保定点社会办医疗机构按照定点协议管理的要求参照执行。这保证了医疗机构在采购药品和耗材时遵循公平、公正、公开的原则。此外，还需要动态协议管理模式，如中止或解除医保定点协议等。这是医疗机构必须遵守的管理模式，旨在确保医疗机构的医保服务质量和费用控制符合要求。如果医疗机构未能履行这些义务，则可能会受到行政处罚或罚款等经济惩罚，进而影响其医保定点资格或声誉。此外，如果医疗机构发生严重的违规行为，还可能会被取消医保定点资格。因此，医疗机构应当严格遵守医保物价政策，确保合规运营，以维护患者的权益和自身的声誉。

第二节 医疗机构医保物价合规意义

一、医疗机构医保物价合规的意义

医疗机构医保物价合规的意义体现在以下五个方面。

（一）保障患者权益

医保物价合规确保患者能够接收合理、透明、公平的医疗服务收费。患者有权知道他们所支付的每一笔费用的明细和原因，合规的物价管理使得医疗机构能够提供清晰明确的费用清单，从而保护患者的知情权和消费权益。

（二）维护医保基金安全

医保基金是广大参保人员的共同财产，用于支付参保人员的医疗费用。医疗机构严格遵守医保物价规定，可以确保医保资金使用的合规性和有效性，防止医保基金的滥用和浪费，从而保障医保基金的长期稳健运行。

（三）促进医疗机构的可持续发展

合规的物价管理有助于医疗机构建立良好的声誉和形象，提升患者对医疗机构的信任度。这不仅能够吸引更多的患者前来就医，还能够为医疗机构创造更好的经济效益和社会效益，促进医疗机构可持续发展。

（四）优化医疗资源配置

通过医保物价合规管理，医疗机构能够更加合理地配置医疗资源，避免资源的浪费和滥用。合规的物价制度可以引导医疗机构更加注重医疗服务的质量和效率，提高医疗资源的利用效率，从而更好地满足患者的医疗需求。

（五）推动行业健康发展

医保物价合规是整个医疗行业健康发展的基础。只有在合规的物价管理下，医疗机构之间才能形成公平竞争的环境，推动整个行业的规范化、标准化和高质量发展。

二、医疗机构医保物价合规的表现形式

医疗机构医保物价合规的表现形式如下。

（一）明确的收费项目和标准

医疗机构会公开并明确列出所有收费项目、价格及服务内容，确保患者和医保部门能够清晰了解每项服务的费用情况。这些收费标准通常基于政府指导价或市场调节价，并符合相关医保政策的要求。

（二）规范的费用清单和结算单据

医疗机构会向患者提供详细、规范的费用清单，列明每项服务的名称、数量、单价及总费用。同时，在与医保部门进行费用结算时，医疗机构会提供准确、完整的结算单据，确保医保资金使用的合规性。

（三）严格的物价管理制度

医疗机构会建立完善的物价管理制度，包括物价审查、调整、监督等环节，确保收费项目的合理性和合规性。这些制度还会定期对收费项目进行审查和调整，以适应医疗技术的进步和市场需求的变化。

（四）积极的物价合规培训和宣传

医疗机构会定期对医务人员进行物价合规培训和宣传，提高他们对医保物价政策的认识和理解。通过培训，医务人员能够更好地遵守物价规定，为患者提供合规的医疗服务。

（五）配合医保部门的监管和审查

医疗机构会积极配合医保部门的监管和审查工作，提供必要的

资料和数据，接受医保部门的检查和指导。同时，医疗机构也会主动向医保部门反馈物价管理中的问题和建议，共同推动医保物价合规工作的不断完善。

三、医疗机构医保物价合规的相关风险

医疗机构医保物价合规的相关风险主要包括经济风险、法律风险、医疗风险、管理风险、行政处罚风险、声誉损失风险、经营风险等类型。主要说明如下。

（一）经济风险

如果医疗机构违反医保物价政策法规，被医保部门发现并受到处罚，可能会承担经济损失和名誉损失。

（二）法律风险

患者如果认为医疗机构的收费不公或存在欺诈行为，可能会提起法律诉讼，要求医疗机构承担相应的法律责任。如果医疗机构违反医保物价政策法规，构成犯罪行为，就会被追究刑事责任。

（三）医疗风险

如果医疗机构违反医保物价政策法规，为了谋取经济利益而提供过度医疗服务，可能会导致医疗质量下降，给患者带来不良后果。

（四）管理风险

如果医疗机构违反医保物价政策法规，可能会导致内部管理混乱，给自身运行带来不稳定因素。

（五）行政处罚风险

医疗机构违反医保物价政策，可能会受到行政处罚，如罚款、暂停医保结算等。这会对医疗机构的声誉和经营产生负面影响。

（六）声誉损失风险

医疗机构如果存在不当收费行为，可能会影响其声誉和信誉

度。这会对医疗机构的业务和发展产生负面影响。

（七）经营风险

医疗机构如果存在违规收费行为，可能会导致医保基金的流失，进而影响医疗机构的收入和经营状况。

为了避免以上风险，医疗机构应该加强内部管理，增强合规意识，严格执行国家和地方的医保物价政策法规，建立并完善医保物价管理制度，公示医保物价信息，接受医保部门的监管，配合医保部门的检查和调查，保障患者的合法权益，从而实现可持续发展。

第三节　医疗机构医保物价合规现行制度体系

一、医疗机构医保物价的定价模式

医疗机构医保物价的定价模式是医疗机构在确定医保支付价格时所采用的方法和策略。由于医疗机构提供的医疗服务具有多样性和复杂性，医保物价的定价模式也需要考虑多种因素。

（一）成本加成模式

在这种模式下，医疗机构会首先根据提供的医疗服务或药品的生产成本计算价格，然后在成本上加上一定的利润和税金制定最终价格。这种定价方法的优点是简单易行，能够反映医疗服务的实际成本，但没有考虑市场需求和竞争情况，可能会导致价格与市场脱节。

（二）市场调节模式

在这种模式下，医疗机构可以根据市场需求和竞争情况自主确定医保物价。这种定价方法的优点是能够反映市场需求和竞争情况，但可能会导致价格波动和不合理收费。

(三)政府指导价模式

政府机构会根据一定的程序和原则制定医保物价标准,医疗机构需要按照标准执行。这种定价方法的优点是能够保证价格的公平性和公正性,但缺乏灵活性,不能及时反映市场需求的变化。

(四)谈判定价模式

谈判定价指医保机构和医疗机构会协商确定医保物价。这种定价模式的优点是能够考虑市场需求、竞争情况和医保基金的支付能力等多方面因素,但需要双方进行协商和达成共识,可能需要耗费较多时间和精力。

二、医疗机构医保物价的执行模式

医疗机构医保物价的执行模式是医疗机构在提供医疗服务时贯彻和实施医保物价政策的过程。其关键要素包括以下五个方面。

(一)政策执行力度

医疗机构应积极贯彻和执行国家和地方的医保物价政策法规,严格按照规定的收费项目、收费标准、药品价格等收取费用,确保医保物价的合法性和合理性。同时,医疗机构应建立健全内部管理制度,明确医保物价管理的职责、权限和流程,确保政策的执行力度和效果。

(二)信息公示制度

医疗机构应在显著位置公示医保物价信息,包括收费项目、收费标准、药品价格等,方便患者查询和监督。同时,医疗机构应加大信息公示的宣传力度,提高患者的认知度和参与度,增强社会监督的效果。

(三)合理用药用材

医疗机构应按照医保药品目录和诊疗项目目录的规定合理使用药品和医用材料,避免出现过度用药、过度检查等情况,确保医疗质量和安全。

（四）费用审核制度

医疗机构应建立完善的费用审核制度，对医疗服务过程中的各项费用进行严格审核和监督，防止出现乱收费、虚报费用等违规行为。同时，医疗机构应加强与医保部门的沟通和协作，及时反馈和解决医保支付中出现的问题和纠纷。

（五）培训和教育

医疗机构应加强医护人员对医保物价政策的培训和教育，增强医护人员的合规意识和执行能力，确保在医疗服务过程中能够准确执行医保物价政策。

三、医疗机构医保物价的决策

除了医疗机构医保物价的定价模式和执行模式，还有一些关键要素也影响了医保物价的决策和管理。医疗机构医保物价的决策和管理需要从多个方面进行完善和优化，包括医保基金预算和管理、医疗服务质量监管、医保信息化管理、医疗成本核算和控制及医保政策宣传和教育等。只有综合施策、多管齐下，才能实现医保物价管理的科学化、规范化和标准化。

（一）医保基金预算和管理

医疗机构应按照医保基金预算和管理的要求合理使用医保基金，确保医保基金的支出合法、合规和合理。同时，医疗机构应加强与医保部门的沟通和协作，及时结算和支付医保费用，避免出现拖欠或违规使用医保基金的情况。

（二）医疗服务质量监管

医疗机构应加强医疗服务质量监管，确保医疗服务的质量和安全。同时，医疗机构应建立健全内部质量管理体系，明确各项医疗服务的质量标准和要求，加强医疗服务质量的自查和评估，及时发现和解决医疗服务中出现的问题和纠纷。

（三）医保信息化管理

医疗机构应加强医保信息化管理，建立完善的医保信息化管理系统，实现与医保部门的信息化对接和数据共享。同时，医疗机构应加强信息化管理和培训，提高医护人员的信息化素养和技能水平，推动医保信息化管理的普及和应用。

（四）医疗成本核算和控制

医疗机构应加强医疗成本核算和控制，建立健全医疗成本核算体系和控制机制。同时，医疗机构还应加强成本管理和控制意识的培养和教育，增强医护人员的成本意识和节约意识，促进医疗成本的降低和医疗资源的节约。

（五）医保政策宣传和教育

医疗机构应加强医保政策宣传和教育，增强医护人员和患者的医保意识和认知。同时，医疗机构应积极参与医保政策的制定和修改工作，提出建设性的意见和建议，促进医保政策的完善和发展。

四、其他——优化报销机制

2022 年 6 月，国家医疗保障局在《非独家药品竞价规则》中提出，非独家药品若通过竞价成功纳入药品目录，则按规则确定该通用名药品的医保支付标准。价格低于支付标准的药品以实际价格为基础支付；价格高于支付标准的药品，高出部分由参保人承担。这一医保支付标准制定方法将定价与补偿相结合，在 2022 年国家医保目录调整工作过程中取得了一定成效，对我国医药市场产生了深远的影响[一]。德国是最早建立参考定价制度的国家，其经验值得借鉴。

[一] 国家医疗保障局. 关于公布《2022 年国家基本医疗保险、工伤保险和生育保险药品目录调整工作方案》及相关文件的公告［EB/OL］.（2022-06-29）[2024-06-20］. https://www.nhsa.ov.cn/art/2022/6/29/art_62_8340.html.

（一）完善支付标准制定

德国支付标准的制定一方面根据市场最高价与最低价所形成的价格区间，另一方面根据20%处方量○。这两个基于市场公开数据的主要参数相对客观透明且具有一定的实际使用意义，对于药企和医保双方具有较高的客观性、透明性和可预测性。从目前中国非独家药品竞价的相关规则来看，支付标准主要由医保支付意愿决定，但医保支付意愿价格的制定原则和依据尚未公开。参与申报企业的报价与医保支付意愿价格对比后，如企业报价均高于医保支付意愿价格，则该通用名药品不纳入医保目录。从2022年的竞价准入情况来看，竞价成功品种17个，成功率仅为44%，显著低于现场谈判或竞价82.36%的总体成功率。更为明确客观的医保支付意愿和支付标准，有助于提升支付标准制定的客观性和透明性，也可望提升竞价成功率，适当降低博弈成本。

（二）优化报销机制

德国的参考价格体系并未直接限制药品价格○。在参考价格制定后，企业仍可自主设定高于、等于或低于参考价格的药品价格。不高于参考价格的药品将按照实际价格进行医保支付，高于参考价格的部分需要患者自行承担。同时，原研药企可通过净价保密协议避免对其国际价格的负面影响。这些举措在引入良性竞争的同时，为优质高价产品留下了生存空间，也给医生和患者提供了更多的选择权。

我国目前竞价规则的设计，对于成功纳入药品目录的品种与德国规则有相似之处，即价格低于支付标准的药品，以实际价格为基础支付；价格高于支付标准的药品，高出部分由参保人承担。但对于未成功纳入的品种则不予以支付，可能会对相关品种的准

○ 向国春.从德国实践看医保药品支付标准［J］.中国社会保障，2018（1）：80-81.
○ 常峰，崔鹏磊，夏强，等.德国药品参考价格体系对构建我国医保支付标准的启示［J］.中国卫生政策研究，2015，8（7）：55-60.

入和临床需求的满足带来挑战。从 2022 年参与国家医保谈判竞价的情况来看，外资药企参与意愿不强，仅有 5 家外资药企申报竞价准入，其中仅有 1 家企业的哌柏西利胶囊获得成功准入。建议借鉴德国价格参考体系的价格保密协议机制，鼓励更多原研和品牌药企参与竞价，也可为后续临床应用带来更多的选择。

总之，国家医疗保障局 2022 年引入在理念和机制上均有创新性的《非独家药品竞价规则》，在实践中也取得了一定成果。在未来的实施应用中，我国可借鉴其他国家和地区的相关经验，调整适用范围，完善支付标准，优化报销机制，从而进一步降低医药费用支出，鼓励良性竞争，保证医患的用药选择权，实现多方共赢。

现行的医疗机构医保物价合规制度体系是一个综合性的框架，旨在确保医疗机构在提供医疗服务时遵守相关的价格规定，保障医保基金的安全和患者的权益，主要包括：

1. 医保目录与价格管理

医保目录内列明了可报销的药品、医疗服务项目等，并规定了相应的支付标准。医疗机构必须按照目录内的价格提供服务，并确保价格的合理性。

2. 价格公示与透明度要求

医疗机构需将服务项目、价格、医保支付比例等信息进行公示，确保患者能够清晰了解自己所接受的服务和费用情况。

3. 费用审核与结算机制

医保部门会对医疗机构的费用进行审核，确保费用的合规性。同时，医保部门建立了与医疗机构之间的结算机制，确保医保基金能够准确、及时地支付给医疗机构。

4. 监督与处罚机制

对于违反医保物价规定的医疗机构，相关部门会进行监督和处罚。这包括对违规行为的调查、处罚、公示，以维护医保物价合规的严肃性和权威性。

5. 信息化与数据管理

医保部门利用信息技术手段,建立医保物价数据库和信息系统,对医疗机构的收费数据进行实时监控和分析,提高管理效率和准确性。

6. 培训与指导

医保部门加强对医疗机构的培训和指导,提高其对医保物价政策的理解和执行能力,确保医疗机构能够正确、规范地提供医疗服务。

第四节　医疗机构医保物价合规表现形式

一、医疗机构医保物价合规的内控制度

医疗机构医保物价合规的内控制度是医疗机构为了保障医保物价管理的规范化和标准化而建立的一系列内部管理制度和措施。

规范医疗服务行为、减轻群众看病就医负担是医疗机构医保物价合规的长远目标,该长远目标的达成,需要医保筹资、待遇、支付和监管各项制度的建立、完善和实施⊖。理论上,医保筹资、待遇、支付和基金监管等各项制度都有其特定目标,每一个特定目标的达成都有助于实现前述长远目标。例如,基金监管制度的目标就是在现有执法资源条件下,通过基金监管执法确保医保筹资、待遇和支付制度能得到最大限度的遵守⊖。一些常见的医疗机构医保物价合规的内控制度包括:

(1)医保物价管理制度。医疗机构应建立完善的医保物价管理

⊖ 陈俊强,梁冰,林汉城,等.以智能化信息技术促进医院医保精细化管理——以广西某三甲医院为例[J].中国医疗保险,2020(12):57-58.

⊖ 魏永.新医改形势下医院提升医疗质量与加强成本费用管控的思考[J].新金融世界,2020(2):191-193.

制度，明确医保物价管理的职责、权限和流程，确保医保物价管理的规范化和标准化。

（2）收费标准管理制度。医疗机构应建立收费标准管理制度，明确各项医疗服务项目的收费标准和收费流程，确保收费的合法性和合理性。

（3）药品和医用材料管理制度。医疗机构应建立药品和医用材料管理制度，明确药品和医用材料的采购、使用、保管和报废等环节的管理要求和流程，确保药品和医用材料的安全和有效使用。

（4）费用审核制度。医疗机构应建立费用审核制度，对医疗服务过程中的各项费用进行严格审核和监督，防止出现乱收费、虚报费用等违规行为。

（5）信息公示制度。医疗机构应在显著位置公示医保物价信息，包括收费项目、收费标准、药品价格等，方便患者查询和监督。

（6）培训和教育制度。医疗机构应加强医护人员对医保物价政策的培训和教育，增强医护人员的合规意识和执行能力，确保在医疗服务过程中能够准确执行医保物价政策。

二、医疗机构医保物价合规的内控流程

随着我国基本医疗保障体系的进一步完善，医保基金的监管越来越受到各省各级卫生管理监督机构、医疗保障机构及医院的重视。医院的医疗保险办公室是基本医疗保障体系健康运行的第一窗口，也是直接对一线医生、护士医保收费项目进行监管、审查的第一防线，更是让广大患者从基本医疗保障体系受惠的第一部门。因此，信息化改造和精细化管理已经成为各大医院医疗保险办公室重点发展内容和趋势，各省的医疗基金中心均会对所辖定点医疗机构的诊疗收费记录进行审查。

在这一形势下，福建省立医院医保办公室（医保办）和信息管理中心，结合自身的医保审查业务需要，开发了院内医保合规自查平台，实现了每日对住院患者医保支付项目和费用的智能化监督、审查和预警，有效地降低了医保项目违规的例数和违规金额，实现了对医保项目的精细化管理○。福建省立医院医保办公室在信息管理中心的配合下，根据自身的业务审查需求，与"钉钉工作平台（福建省立医院企业版）"相结合，开发了院内医保合规自查平台。院内医保合规自查平台运行的主要流程包括：医保规则输入，患者日周期内医疗项目和费用数据搜集，智能分析违规数据，钉钉自动化提醒。首先，医保办将各级医保中心制定的医保规则、飞行检查的反馈内容、国家和省审计部门发现的问题等进行整理后输入院内医保合规自查平台，形成监察的医保规则标准。其次，该平台每日 24 点自动化收集住院患者的诊疗项目和费用明细信息数据，并与医保规则标准进行智能化匹配，分析违规的数据。最后，该平台会将每天分析得到的违规数据通过钉钉工作平台发送给各病区的医生、护士长，以提醒各病区的医生、护士对违规项目或金额进行整改。

结合上述案例，医疗机构医保物价合规的内控流程需要从建立健全内部管理制度和机制、严格执行收费标准和管理要求、加强内部审核和监督、建立信息公示和监督机制、加强培训和教育及定期进行自查和评估等方面进行完善和优化○。只有这样，才能保障医保物价管理的规范化和标准化，提高医疗质量和安全水平，主要包括：

（1）建立健全内部管理制度和机制。医疗机构应建立健全内部管理制度和机制，包括医保物价管理制度、收费标准管理制度、

○ 翁燕榕，李秋艳.医保合规自查平台在院内医保精细化管理中的应用［J］.福建医药杂志，2023，45（4）：132-133，179.

○ 丁锦希，白庚亮，黄泽华，等.药品医保支付价格制度框架下的支付模式实证研究［J］.中国医药工业杂志，2015，46（6）：647-652.

药品和医用材料管理制度、费用审核制度、信息公示制度和培训和教育制度等,确保医保物价管理的规范化和标准化。

(2)严格执行收费标准和管理要求。医疗机构应按照国家和地方的规定,严格执行各项收费标准和收费流程,确保收费的合法性和合理性。同时,医疗机构应加强对药品和医用材料的管理,在确保其安全性的基础上得到有效使用。

(3)加强内部审核和监督。医疗机构应建立完善内部审核和监督机制,对医疗服务过程中的各项费用进行严格审核和监督,防止出现乱收费、虚报费用等违规行为。同时,医疗机构应加强与医保部门的沟通和协作,及时反馈和解决医保支付中出现的问题和纠纷。

(4)建立信息公示和监督机制。医疗机构应在显著位置公示医保物价信息,包括收费项目、收费标准、药品价格等,方便患者查询和监督。同时,医疗机构应加强社会监督,建立健全社会监督机制,鼓励患者和社会各界对医疗机构医保物价的监督和举报。

(5)加强培训和教育。医疗机构应加强医护人员对医保物价政策的培训和教育,增强医护人员的合规意识和执行能力,确保在医疗服务过程中能够准确执行医保物价政策。

(6)定期进行自查和评估。医疗机构应定期进行自查和评估,检查内部管理制度和机制的执行情况,评估医保物价管理的效果和质量,及时发现和解决存在的问题和不足。

三、医疗机构医保物价合规的科技融合

医疗机构医保物价合规的科技融合是指利用信息技术和手段,加强医保物价管理和监管,提高医疗质量和安全水平。如图12-1所示,医疗机构医保物价合规的科技融合需要从多个方面进行完善和优化,包括医保信息化管理、大数据分析、人工智能技术、

移动医疗技术和远程医疗技术[1]。

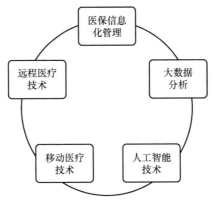

图 12-1　医疗机构医保物价合规的科技融合

通过科技融合措施的应用，可以加强对医保物价的管理和监管，提高医疗质量和安全水平，推动医疗事业的可持续发展。常见的医疗机构医保物价合规的科技融合措施有：

（1）医保信息化管理。医疗机构应加强医保信息化管理，建立完善的医保信息化管理系统，实现与医保部门的信息化对接和数据共享。通过信息化手段加强对医疗服务项目和药品目录的管理，确保医保物价的合法性和合理性。

（2）大数据分析。医疗机构可以利用大数据技术对医疗服务数据进行分析和挖掘，发现医疗服务中问题和不足，及时调整和优化医疗服务流程和质量。同时，通过对医保数据的分析，可以发现医保支付中存在的问题和不足，提出改进和优化建议。

（3）人工智能技术。医疗机构可以利用人工智能技术建立智能化的医保物价管理系统，实现自动审核、自动监控等功能。通过人工智能技术，可以快速发现和解决医疗服务中存在的问题和不足，提高医疗质量和安全水平。

---

[1] 但彦铮.国家智慧医保实验室助力医保制度改革实现"智"的飞跃[J].中国医疗保险，2021（8）：22-25.

（4）移动医疗技术。医疗机构可以利用移动医疗技术，为患者提供便捷的医疗服务。通过移动医疗技术，患者可以随时查询医保物价信息、进行网上预约、进行在线咨询等操作，提高医疗服务的质量和效率。

（5）远程医疗技术。医疗机构可以利用远程医疗技术，为患者提供远程诊疗服务。通过远程医疗技术，可以实现远程会诊、远程诊断等功能，提高医疗服务的可及性和质量。

四、医疗机构医保物价合规的生态重塑

医保物价监管涉及被监管对象行为的数据信息量巨大，监管依据的相关行业法律法规等内容庞杂，传统的人工稽核和稽查方式成本较高，在执法资源有限的条件下很难支撑对医保基金的常态化监管[一]。医保物价智能监控方式主要通过计算机技术采集、分析和使用医保数据，并进一步采取后续监管行为来规范医保基金的使用行为，以较低的成本实现合规。《中共中央 国务院关于深化医疗保障制度改革的意见》提出，"建立监督检查常态机制"和"实施大数据实时动态智能监控"。

国家医保局自 2018 年成立以来，一直在大力推动医保智能监管，现有国家和省级统一医保信息平台的应用实现了全国医保一张网，为智能监管奠定了基础。《国务院办公厅关于加强医疗保障基金使用常态化监管的实施意见》（以下简称《实施意见》）进一步提出，依托全国统一的医保信息平台，充分运用医保智能监管子系统，建立行政检查和执法全流程指挥调度平台，加强对医保基金使用行为的实时动态跟踪，实现事前提醒、事中审核、事后监管全过程智能监控，提升精准化、智能化水平。加快医保基金智能监控知识库、规则库建设和应用，加强动态维护升级，不

㊀ 张卿. 加强医保基金使用常态化监管的特定目标和主要路径［J］. 中国医疗保险，2023（9）：27-31.

断提升智能监控效能。实施国家医保反欺诈智能监测项目，常态化开展医保数据筛查分析，通过大数据分析锁定医保基金使用违法违规行为，发现欺诈骗保行为规律，有针对性地加大宏观管控、现场检查执法和精准打击力度。

现阶段医保智能监管主要是在知识库相关基础上，通过人工设定智能监控规则，为违法违规行为划出"红线"，进而识别这些行为并进行预警。具体而言，在医保智能监管实践中，医保部门往往通过使用设定的智能监控规则，监测分析医保基金使用相关数据，通过账号流转高速交叉对比，可以将个体数据整合成系统数据，及时发现医保基金使用中违反上述规则的异常使用状况。相对于人工稽核，智能监控方式大大提高了监管效率。但是，医保基金监管涉及海量数据信息，且规则精细复杂，人工设定的医保基金智能监管规则往往不够全面、不够精准，还需进一步优化提升。

因此，建议引入人工智能的前沿技术，模拟专家思维，研发医保基金智能监管工具，让计算机系统机器学习自行发展更加全面和精准的规则，实现更加先进的智能监管，更好地做实医保基金常态化监管。除此之外，医保部门还需要确保智能监控方式符合相关法律法规的要求，即确保合规性，包括明确医保数据的收集使用范围与程序、技术使用规则、数据安全、法制审核和技术审核等方面的具体规定。

同时，《实施意见》要求实施分类处置，综合运用协议、行政、司法等多种手段分类施策，既要"完善行刑衔接机制"，又要"做好协议处理与行政处罚的有效衔接""对涉嫌违纪和职务违法、职务犯罪的问题线索及时移送纪检监察机关，建立健全重要线索、重大案件联查联办和追责问责机制，强化震慑效应"。综合运用多种监管方式并不断优化的目的是发挥上述多种监管方式的各自优势，在有限监管执法资源的前提下，以较小的社会总成本来实现对违法、违约行为的有效震慑，从而获得最大限度的法律遵守和提高医保基金使用效率。为完善行刑衔接机制，组织应充分认识行政处罚相比刑事处罚手段成本明显较低这一优点。震慑力相对较强的刑事处罚应在行政处罚无法形成有效震慑的情况下使用㊀。

医疗机构医保物价合规的生态重塑方式需要采用数智化手段，加强法务风险合规内审内控的融合，建立智能化风控模型，强化社会监督并建立可持续发展模式，如图12-2所示。这些措施有助于提高医疗质量和安全水平，保障患者的合法权益，推动医疗事业可持续发展。

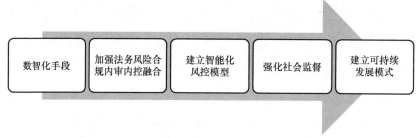

图12-2　医疗机构医保物价合规的生态重塑

（1）数智化手段。医疗机构应采用数智化手段，加强对医保物价数据的采集、分析和利用。通过大数据分析、人工智能等技术，实现医保物价的智能化监管和管理，提高医疗质量和安全水平。同时，数智化手段可以提高医疗服务的可及性和效率，为患者提供更好的医疗服务。

（2）加强法务风险合规内审内控融合。医疗机构应建立完善的法务风险合规内审内控融合方案，加强法务、风险、合规、内审、内控等部门之间的协作和配合；通过建立完善的制度、流程

㊀ 最高人民法院，最高人民检察院.最高人民法院、最高人民检察院关于办理诈骗刑事案件具体应用法律若干问题的解释：法释〔2011〕7号［EB/OL］.（2011-04-08）[2024-06-20］. https：//www.court.gov.cn/zixun/xiangqing/2472.html.

和机制，加强对医疗服务项目和药品目录的审查和管理，确保医保物价的合法性和合理性。同时，法务风险合规内审内控融合方案可以加强对医疗机构的内部管理和监督，提高医疗质量和安全水平。

（3）建立智能化风控模型。医疗机构应利用人工智能等技术，建立智能化风控模型，实现对医疗服务过程和医保支付过程的全面监控和管理。通过智能化风控模型，可以及时发现和解决医疗服务中的问题和不足，提高医疗质量和安全水平。同时，智能化风控模型可以加强对医保基金的监管和管理，防止出现乱收费、虚报费用等违规行为。

（4）强化社会监督。医疗机构应加强社会监督，建立健全社会监督机制，鼓励患者和社会各界对医疗机构医保物价的监督和举报；通过社会监督的力量，加强对医保物价的管理和监管，提高医疗质量和安全水平。

（5）建立可持续发展的模式。医疗机构应建立可持续发展的模式，实现医保物价管理的长期稳定和可持续发展。同时，医疗机构应加强与医保部门、卫生健康部门等相关部门的沟通和协作，共同推动医保物价管理的改革和发展。

第五节　医疗机构医保物价合规途径

一、医疗机构建立医保物价合规的路径总览

如图 12-3 所示，医疗机构建立医保物价合规的路径需要从建立明确的目标、组建专业的团队、构建健全的内控制度、做好科技融合创新、实现风控合规一体化的融合、实现医疗高质量发展的生态重塑等方面进行全面考虑和实施，从而确保物价管理的规范化和标准化，提高医疗质量和安全水平，保障患者的合法权益，

推动医疗事业的可持续发展[一]。

图 12-3 建立医保物价合规路径

医疗机构在建立医保物价合规的路径上，需要从以下六个方面进行全面考虑和实施：

（1）建立明确的目标。医疗机构需要明确医保物价管理的目标和要求，确保物价收费符合相关法规和政策。这涉及对医保物价政策的深入理解和遵守，以及根据机构自身的运营情况和市场环境制定相应的管理目标。

（2）组建专业的团队。医疗机构需要建立专门的医保物价管理团队，明确各岗位的职责和任务，以提高团队协作效率。这个团队应包括有经验丰富的管理人员、财务人员、医护人员及法务人员等，以便全面覆盖医保物价管理的各个方面。

（3）构建健全的内控制度。制定并执行医保物价管理制度是实现合规化的基础。这包括建立完善的收费标准、收费流程、审核规则等，确保物价管理的规范化和标准化。同时，医疗机构还需要加强内部审核和监督，对医疗服务过程中的各项费用进行严格审核和监督，防止出现乱收费、虚报费用等违规行为。

（4）做好科技融合创新。借助信息化、大数据、人工智能等技术手段，可以提高医保物价管理的效率和准确性。例如，利用大

[一] 陈兵，夏迪旸. 平台经济常态化监管的路径研究［J］. 中国市场监管研究，2023（3）：30-35.

数据技术对医疗服务数据进行分析和挖掘，发现医疗服务中的问题和不足，及时调整和优化医疗服务流程和质量；利用人工智能技术建立智能化的医保物价管理系统，实现自动审核、自动监控等功能，提高管理效率。

（5）实现风控合规一体化的融合。建立法务、风险、合规、内审、内控等部门的一体化融合机制，可以加强监管和内部管理。各相关部门需要密切合作，共同参与医保物价管理，确保物价管理的合法性和合规性。同时，还需要加强对医疗服务项目和药品目录的审查和管理，确保其符合医保物价政策的要求。

（6）实现医疗高质量发展的生态重塑。医疗机构需要建立可持续发展的模式，加强与相关部门的沟通和协作。具体来说，医疗机构应与医保部门、卫生健康部门等相关部门保持密切沟通，共同推动医保物价管理的改革和发展；同时还需要加强与供应商、患者等利益相关方的合作与沟通建立良好的医疗物价管理生态圈。

二、医疗机构建立医保物价合规的路径分解

医疗机构建立医保物价合规的路径分解是实现合规化和标准化的关键，如图12-4所示。

以下是对路径分解的详细说明。

（1）明确目标。在明确医保物价管理的目标和要求时，医疗机构需要深入理解和遵守相关的法律法规和政策。这些目标应包括提高医疗服务质量、控制医疗费用、保障患者权益等，以确保医疗机构在提供医疗服务时符合相关规定。

（2）组建团队。为了有效实施医保物价管理，医疗机构需要成立专门的团队，并明确各岗位的职责和任务。这个团队应包括有经验丰富的管理人员、财务人员、医护人员及法务人员等，以全面覆盖医保物价管理的各个方面。团队成员需要具备专业知识和技能，以便有效履行各自的职责。

图12-4 医疗机构建立医保物价合规的路径分解

（3）制度建设。制定医保物价管理制度和相关规定是实现合规化的基础。这包括建立完善的收费标准、收费流程、审核规则等，以确保物价管理的规范化和标准化。同时，还需要制定内部审核和监督制度，对医疗服务过程中的各项费用进行严格审核和监督，防止出现乱收费、虚报费用等违规行为。

（4）科技融合。借助信息化、大数据、人工智能等技术手段，可以提高医保物价管理的效率和准确性。例如，利用大数据技术对医疗服务数据进行分析和挖掘，发现医疗服务中的问题和不足；利用人工智能技术建立智能化的医保物价管理系统，实现自动审核、自动监控等功能，提高管理效率。

（5）风控合规一体化融合。建立法务、风险、合规、内审、内控等部门的融合机制，可以加强监管和内部管理。各相关部门需要密切合作，共同参与医保物价管理，确保物价管理的合法性和合规性；同时，还需要加强对医疗服务项目和药品目录的审查和管理，确保其符合医保物价政策的要求。

（6）动态协议管理。医疗机构与医保部门签订《医保定点服务协议》，明确双方的权利和义务。协议应包括医保药品目录、诊疗项目目录及医疗服务和设施目录等要求，确保医疗机构按照协议规定提供服务。此外，协议还应包括服务质量和费用控制等方面的要求，以促进医疗机构的可持续发展。

（7）内部监督。相关部门加强对医疗服务项目和药品目录的审查和管理，确保其符合医保物价政策的要求。同时，应建立内部审核和监督机制，对医疗服务过程中的各项费用进行严格审核和监督，防止出现乱收费虚报费用等违规行为。同时，还应加强对内部管理流程的监督，确保各项制度和规定的执行有效性。

（8）沟通协作。医疗机构与医保部门、卫生健康部门等相关部门保持密切沟通，共同推动医保物价管理的改革和发展；加强与供应商、患者等利益相关方的合作与沟通，建立良好的医疗物价管理生态圈，通过有效的沟通协作促进各方的合作和共识，共同推动医疗事业的可持续发展。

（9）持续改进。根据实际情况不断完善和优化医保物价管理制度和相关规定，确保医疗机构在医保物价管理方面做到合规、高效、优质。同时，还应加强对员工的培训和教育，提高员工的物价管理意识和能力，从而为医疗机构的可持续发展提供有力的保障。

第六节 医疗机构医保物价合规实践指引

一、医疗机构建立医保物价合规的生态重塑的合规落地实践

医疗机构在建立医保物价合规的生态重塑过程中，采用数智化方式可以提升管理效率、优化服务流程、提高患者满意度及促进

机构可持续发展。从合规实践落地建议角度来说，通过医保物价层面的数智化方式，有助于系统实现医疗机构的分步走实施进程。具体合规实践设计与指引模式如下。

（一）数据基础建设

（1）数据集成。医疗机构需要将内部各项数据集成到一个统一的数据平台，包括医疗服务数据、药品数据、财务数据等。这需要打破部门之间的信息壁垒，实现数据的互联互通。

（2）数据标准化。制定统一的数据标准，确保数据的规范性和可操作性。这包括定义数据的格式、质量标准、交换规则等，以便实现数据的共享和交换。

（3）数据治理。建立数据治理机制，确保数据的有效性和可信度。这包括数据安全、隐私保护、质量管理等方面，确保数据的准确性和完整性。

（二）数据分析与挖掘

（1）数据分析。利用大数据技术和数据分析工具，对集成后的数据进行深入分析。这包括对医疗服务质量、成本、效率等方面的分析，以发现问题和优化流程。

（2）数据挖掘。通过数据挖掘技术，发现数据中的潜在规律和模式，为决策提供支持。例如，通过分析患者的就诊记录和用药情况，可以发现潜在的医疗需求和用药问题。

（3）数据可视化。将数据分析结果以图表、报告等形式呈现出来，以便更直观地了解数据信息和发现问题。这可以帮助医护人员更好地理解患者需求和机构运营状况。

（三）智能化应用

（1）智能化决策支持。利用人工智能技术，为医疗机构提供智能化的决策支持。例如，通过分析患者的就诊记录和健康状况，可以提供个性化的疾病诊断和治疗方案。

（2）智能化监管。通过智能化的监管手段，对医疗服务过程进行实时监控，防止出现乱收费、虚报费用等违规行为。例如，利用智能审核系统对医疗服务项目和药品使用进行审核和监督。

（3）智能化服务优化。通过智能化手段，优化医疗服务流程和质量，提高患者满意度和医疗机构运营效率。例如，利用智能排班系统优化医生排班和就诊流程，提高服务效率和质量。

二、医疗机构医保物价实践生态合作落地

医疗机构医保物价实践生态合作落地如图 12-5 所示。

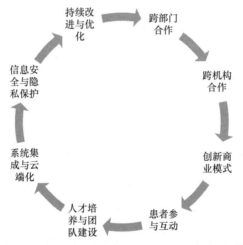

图 12-5　医疗机构医保物价实践生态合作落地

医疗机构医保物价实践生态合作落地包括以下内容：

（1）跨部门合作。促进医疗机构内部各部门之间的合作，形成协同效应。这需要打破部门之间的壁垒，加强沟通与协作，实现资源共享和优势互补。

（2）跨机构合作。与其他医疗机构、医保部门、卫生健康部门等相关机构开展合作，共同推动医保物价管理的改革和发展。通过信息共享和技术合作，实现互利共赢和资源优化配置。

（3）创新商业模式。探索新的商业模式，创造新的价值点。例如，基于大数据的精准营销、个性化医疗服务等新兴业务模式，

为医疗机构带来更多的发展机遇。

（4）患者参与互动。加强与患者的沟通和互动，了解患者需求和反馈，优化医疗服务体验。同时，鼓励患者参与医疗服务评价和监督，促进医疗服务质量的持续提高。通过建立互动平台和反馈机制，实现患者与医疗机构的良性互动。

（5）人才培养与团队建设。加强对医护人员和管理人员的培训和教育，提高他们的数字化素养和技能水平，培养一批具备数字化思维和能力的专业团队，以支持医疗机构在医保物价管理方面的可持续发展。通过定期培训、学术交流和实践锻炼等方式，培养医护人员和管理人员的数字化思维和能力，提升他们在医保物价管理方面的专业素养和综合能力，为医疗机构的可持续发展提供人才保障。

（6）系统集成与云端化。整合现有的信息系统，实现系统集成和云端化，以支持数据的流动和共享，提高管理效率，并降低运营成本，同时为未来拓展新的业务模式提供技术支持。通过引入云计算等技术实现信息系统集成和云端化处理，提高数据处理能力和效率，降低运营成本，并为未来业务拓展提供技术保障。

（7）信息安全与隐私保护。重视信息安全和隐私保护工作，建立健全信息安全和隐私保护机制，保护患者信息不被泄露和滥用，同时确保医疗机构的合法利益不受侵害。通过加强信息安全防护措施，保护患者信息不被非法获取和使用，维护医疗机构的声誉和合法权益。

（8）持续改进与优化。定期评估数智化方式在医保物价管理中的应用效果，根据实际情况不断优化和改进相关措施，以适应医疗市场的变化和满足患者需求。同时，积极关注行业发展趋势和技术创新动态，以便及时引入新的技术和方法，提高医疗机构在医保物价管理方面的核心竞争力。通过定期评估和反馈机制了解实际应用效果，并根据市场需求和技术发展不断优化相关措施，增强医疗机构的竞争力和可持续发展能力。

第十三章 医疗机构财务内审专项合规

第一节 医疗机构财务内审合规定义

一、医疗机构财务内审合规定义

《中华人民共和国审计法实施条例》第二条对审计的定义是："审计是审计机关依法独立检查被审计单位的会计凭证、会计账簿、会计报表以及其他与财政收支、财务收支有关的资料和资产，监督财政收支、财务收支真实、合法和效益的行为。"内部审计受聘于组织，为内部提供审计服务，是一群被赋予崇高使命、埋头苦干，实现组织价值和自我价值的人。

国家卫生计生委《卫生计生系统内部审计工作规定》第九条也规定："各部门、各单位内部审计机构主要职责包括：内部控制评价及风险管理审计。"所谓内部控制审计就是以内部控制制度为基础的审计，通过对被审计单位的内部控制制度的审查、分析测试及评价，确定其可信程度，从而对内部控制是否有效做出鉴定的一种现代审计方法。

内控控制审计工作是内审部门围绕确认和评审被审计单位内部控制设计、内部控制运营缺陷及缺陷等级、缺陷成因、改进内部控制的意见等方面全面审计的过程。实施内部控制审计，可以对医院的内部控制状态、内部控制水平和内部控制机制是否发挥作用等方面进行检查，从而对改善控制、提升管理水平起到促进作用。

二、医疗机构财务内审的定位

（一）新时代内部审计职能定位

随着内部审计理论和实践的发展，国际内部审计师协会（IIA）曾先后7次对内部审计含义进行修订，内部审计职能予以不断演化完善，逐步从最初的单一财务会计审计转向现代的多元化经营管理审计。这一过程中始终突出内部审计的独立性、客观性，以期达到帮助组织实现目标、增加价值的目标。随着我国社会经济的蓬勃发展，国内对内部审计职能的认识和定位也在不断加强和深化。《中国内部审计准则1101号——基本准则》和《审计署关于内部审计工作的规定》（审计署11号令）等权威性文件，均明确指出内部审计在保障单位财政财务收支的合规性、监督经济业务活动的正当性、促进内部控制建设的有效性、加强风险管理等方面，发挥独立、客观的监督、评价和建议作用[一]。这些职能的发挥，旨在推动组织内部治理的完善，进而助力组织目标的达成。

（二）新时代公立医院内部审计职能定位

《卫生计生系统内部审计工作规定》（国家卫生计生委令第16号）中关于内部审计的职能定位秉承上述我国内部审计职能定位，深入发挥促进组织完善治理，提升管理水平和服务能力作用。作为我国医疗体系的关键支柱，随着新医改进入攻坚期，"十四五"规划对公立医院建设提出了更高要求，强调管理必须更加精细化和规范化。在这种管理环境变革的背景下，公立医院的内部审计

[一] 赵灵敏.新时代公立医院内部审计职能定位与实现路径探究［J］.经济师，2022（3）：92-93，95.

工作也需随之调整，将监督与服务作为核心使命。这要求审计工作要贯彻"统筹发展和安全"的理念，通过不断创新内部审计的组织机制，从传统的查错纠弊职能中脱胎换骨，转而以推动组织治理体系和治理能力现代化为核心目标。这样，内部审计的价值将不断得到提升，并在监督、评价、系统管控和咨询等方面发挥关键职能，为公立医院的稳健发展保驾护航。监督职能的核心在于通过细致审查医院各项经济活动及其内部控制机制，及时发现并揭示违规行为，尤其要重点关注"三重一大"事项及权力集中的部门，确保权力行使的规范性和合法性，从而有效推动医院的深化改革，实现降本增效。评价职能则侧重于对医院经济运行与发展状况进行真实、客观、全面的反映。基于这一基础，进一步评估医院决策方案的执行情况，查找运营管理中可能存在的缺陷和漏洞，并提出具有针对性和指导性的建议，以助力医院在经济效益和社会效益两方面的提升。系统管控职能旨在通过完善医院内部控制体系，强化内部权力的制约与监督，规范各项经济业务活动的运行，积极防范潜在运营风险，确保医院在持续发展中保持稳健态势。最后，咨询职能要求内部审计部门在发现问题的同时，提供有效的解决方案和建议，为医院管理层提供决策依据。这要求公立医院内部审计团队必须强化服务意识，将提供高质量的咨询支持作为工作的重要部分。

三、医疗机构财务内审合规的主要义务

目前，公立医院内部审计机构的设立普遍遵循国家卫计委的规定，然而这些机构大多仅满足了最低的标准要求，未能全面适应和满足医院日常业务运作中的审计需求。部分医院选择将内部审计部门与纪委监察部门合并办公，导致党政监督与审计监督的界限模糊，职责重叠；还有一些医院内部审计部门则依附于财务部门，这样的安排使得内部审计的独立性无法得到保障。这种机构设置更多

是为了满足医院等级评审或外部检查的需要，而非真正聚焦于医院管理内部可能存在的风险和问题，从而削弱了内部审计应有的监督职能，未能充分发挥其在风险防范中的前瞻性作用[一]。

随着我国医疗改革的不断深化，公立医院改革进入新阶段，内部审计如何围绕医疗改革的总体规划，紧跟医院高质量发展的整体布局，开展和推进高效的信息化内部审计已成必然趋势。但是目前我国关于开展和推进高效的信息化内部审计没有完善的理论体系和工作指引等，其信息化转型工作还存在很多问题，已有的研究成果较少且不能满足实践发展的需要。

因此，结合我国公立医院的行业特点和综合改革的需要，针对医院高质量发展实际情况中存在的问题提出理论依据、解决思路和改善建议，对如何实施我国公立医院内部审计转型具有指导作用，对内部审计理论研究也具有重要意义。

第二节 医疗机构财务内审合规的意义

一、医院内审合规的意义

内部财务审计是单位组织进行财务监督的一种重要手段，涉及对财务活动进行审核、监督、评估等一系列工作，不仅能够加强医疗机构内部的控制与监督，促进财务工作的规范化、透明化，还可以为管理层提供决策依据，帮助他们更好地掌握医疗机构的财务状况和运营风险[二]。财务内审也是提高医疗服务质量的重要途径之一，因为它能够确保医疗机构在资金使用、资源配置等方面的科学性和合理性，从而保障医疗服务的质量和效率。医院内部财务审计能够有效对医院的财务收支情况进行监督控制，是保证

[一] 姜赟.新形势下医院内部审计工作开展路径探索[J].市场周刊, 2020, 33 (12): 91-93.
[二] 陈涛.内部审计转型助推医院高质量发展的策略探究[J].财经界, 2023 (22): 165-167.

财务收支真实合法的有效措施，但仍存在一些问题。因此，需要对医院的内部财务审计进行全面管理控制，并加强医院内部财务审计，以保证财务收支情况真实可靠。

二、医院内部财务审计的作用

（一）有效监督作用

内部财务审计能够对医院的财务收支情况进行有效监督，防止在医院经济活动中出现一系列不合法的行为。医院内部的财务管理可以确保财务运营的正常和稳定。内部财务审计对于医院管理层的行为也能够起到监督作用，因此它有助于医院建立完善的监督机制。

（二）完善管理机制

内部财务审计能够有效促进医院内部的管理机制，改善医院财务管理，在医院管理人事变动过程中加强审计，有效避免重复监管，提高管理效率。内部财务审计是一种内部财务的管理手段，主要是对经济活动进行监督审查，能够促进医院加强经济管理。财务审计也是进行绩效评价的依据，因此它能够完善医院的人事、经济等管理机制。

（三）提高经济效益

内部财务审计的对象是财务，也就是医院各项经济活动。对内部财务进行审计，能够规范医院经济活动，完善在经济活动中的不足之处，也可以有效进行财务控制管理，保障医院财务收支情况稳定运行。内部财务审计能够促进医院自我完善，适应市场经济的规律，从而提高市场竞争力，提高医院的经济效益。

三、医疗机构财务内审合规的相关风险

（一）人员操作违规

在医院的内部审计流程中，有时会发现一些医务人员在业务执行过程中存在违规行为。为了有效遏制此类问题的蔓延，开展针

对医务人员的专项警示教育显得尤为重要。为此，为了积极响应党的二十大精神，特别针对公立医院中的"关键少数"人员——党组织书记和院长，可以组织一场集中培训。培训不仅能让相关人员深入学习党的二十大精神，还可以围绕"新时代好干部的标准"和"如何提升党委领导下的院长负责制运行质量"等主题进行详细讲解。在培训过程中，学员们还应结合各自医院的实际情况进行深入的研讨和交流，对党委领导下的院长负责制进行全面的经验总结、问题分析和工作思路梳理。这种高标准、严要求的培训活动，可以对公立医院"关键少数"领导干部产生深远的影响，极大地提高他们的政治站位，坚定他们的理想信念，促使他们更加积极地贯彻落实党中央的各项决策部署。医疗机构通过业务风险提示、案例警示和合规操作培训等方式，可增强领导干部的规则意识和自律能力，确保他们能够以身作则，带头遵守规章制度，切实履行好自身的监管职责。

（二）缺乏内部审计意识

尽管国家层面明确要求行政事业单位，包括医疗机构，实施内部审计监督制度并设立相应机构，但现实中许多医疗机构对于内部审计的重视程度明显不足[一]。具体来说，在医疗体制改革的大背景下，一些医疗机构的管理层更倾向于将资源和精力集中在提升竞争力、扩大经营收入上，认为加强内部审计会增加额外的成本，从而对此持消极态度。此外，非内部审计部门担忧加强内部审计会加大对其业务运作的监管力度，可能会限制其工作灵活性和效率，因此也普遍对内部审计持抵触心理。更为关键的是，医疗机构内部尚未形成一个有利于内部审计开展的有效环境，基层员工往往对内部审计的重要性和价值缺乏深刻认识，难以形成对内部审计活动的积极认同和支持。这种整体上的缺乏重视和认同，无疑给医疗机构内部审计工作的推进带来了不小挑战。

[一] 王怡.强化医疗机构内部审计提升医疗服务质量[J].中国商界，2023（6）：62-64.

(三）内部审计人员素质不足

内部审计活动因其专业性和技术性要求，需要采用特定的审计程序和方法，但当前部分医疗机构在内部审计人员素质上存在一定的不足。具体来说，一些内部审计人员在学习能力上有所欠缺，他们的知识结构相对单一，主要局限于财务专业知识，而缺乏内部审计所需的专业能力和技巧。此外，这些审计人员对于医疗机构的业务运作了解不够深入，难以从医疗业务的角度出发制定具有针对性的审计策略。更为关键的是，部分医疗机构尚未建立起针对内部审计人员的长期培训机制，导致在面对日益复杂的医疗机构审计业务时，既无法制定全面而系统的培训课程，又无法根据内部审计人员的知识短板制定具有针对性的培训方案。

(四）审计工作程序不规范

当前，部分医疗机构的内部审计工作存在明显的程序不规范和方法简单等问题，导致内部审计工作未能充分发挥其应有的效用，往往流于形式。具体而言，这些医疗机构的内部审计多数偏向会计导向，过度聚焦于会计资料的准确性和有无因疏忽造成的错误，而对潜在风险因素的分析和评估明显不足。同时，在执行审计工作时，这些医疗机构并未严格按照既定的审计程序进行，导致内部审计工作缺乏系统性和规范性，常常处于无序状态。尽管一些医疗机构已经制定了内部审计制度，但这些制度往往缺乏与之相匹配的质量控制机制。这种缺乏有效复核的情况使审计计划在制订时缺乏审慎性，审计程序在执行时也难以得到准确的指导和监控。因此，所实施的审计取证和审计程序往往不完整，难以全面反映医疗机构运营的真实情况。此外，部分医疗机构的内部审计工作仍停留在对一般性财务事务的简单检查层面，缺乏对深入业务分析和资料印证的重视。这种缺乏深度和广度的审计方式导致内部审计工作难以发现潜在的问题和风险，也无法为医疗机构的管理层提供有价值的决策支持。

(五)内部审计技术手段落后

部分医疗机构的内部审计工作目前仍受限于传统的财务审计模式,主要侧重于查找财务错报,并采用普通的查账方式进行。其审计范围主要局限于医疗机构的预算和财务收支,而对于内部控制制度的全面审计及基本建设项目资金的深入审计则尚未全面展开。这使内部审计的潜在功能无法得到充分发挥。另外,医疗机构在采用现代化审计方式上也存在明显的滞后性。部分医疗机构的内部审计方法相对落后,未能跟上信息化的发展步伐,与财务和医疗业务部门相比,其信息化程度明显不足。这导致它们难以利用大数据技术来构建高效的信息化审计平台,进而无法实现对业务和财务数据的全面汇总、精准对比和深入分析。这种现状不仅影响了内部审计的效率和准确性,也限制了医疗机构在风险管理和决策支持方面的能力。

第三节 医疗机构财务内审合规现行制度体系

一、医疗机构财务内审的现行体系

完整的内部审计制度是制约和规范医院管理行为的标准。它能有效地防范医院管理风险,及时纠正错误和舞弊行为,确保管理结果和财务状况真实可靠,确保财产和资源的安全,确保医院的持续有效运作⊖。目前,国内很多医药企业的合规管理从体系建设到执行管控都还处在逐步完善期,仍有改进的空间,主要表现为:一些企业完全以营销驱动为主,销售费用占比较高,对合规管理的重视程度却较低。具体而言:医药企业的合规体系建设要从组织架构、制度流程、投入保障三个方面加强建设;有些医药企业专职的合规管理部门或者合规管理人员队伍需要充实;在医药反

⊖ 王福乐.风险导向的L公立医院内部审计研究[D].沈阳:沈阳工业大学,2018.

腐集中整治的大背景，部分医药企业的管理层对合规管理的重视程度、投入程度也将不断提高。内部审计项目质量框架如图13-1所示。

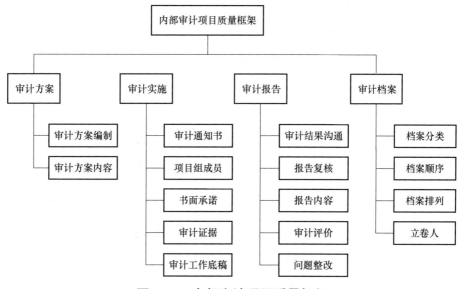

图 13-1　内部审计项目质量框架

二、医疗机构财务内审的执行模式

医院新的内部审计模式是要确立医院监事会（医院所有者代表）直接领导下的内部审计工作。其主要内容是在医院监事会内设置内部审计委员会，内部审计委员会成员由监事会成员组成，医院内部审计实施机构在其领导下进行工作。内部审计委员负责拟定医院内部审计章程、安排医院内部审计业务实施的工作经费，选定医院内部审计实施机构的工作人员，讨论并确定医院内部审计短期工作计划和长期发展规划，医院内部审计实施机构要将审计业务实施的结果向其报告。

之所以这样设置内部审计模式，原因如下：

（1）在这样的设置下，医院内部审计能够获得最强的独立性，医院内部审计独立性的强弱与内部审计领导机构层次高低息息相关，监事会是医院主要领导机构，所以在其领导下医院内部审计够获得最强的独立性。

（2）这种单一领导模式可以克服领导层意志不统一造成的弊端，有利于医院内部审计工作的开展。

（3）这是一种从上至下的内部审计领导模式，内部审计施行机构与最高领导之间直接进行信息传递，没有通过中间环节传导，可以降低信息传导失真的可能性，提高信息传递的效率，从而提高医院内审施行机构的工作效率。

第四节 医疗机构财务内审合规的表现形式

一、医疗机构财务内审合规的内控环境

近年来，随着我国医疗卫生体制改革步伐的加快，以及国家一系列医疗改革政策的出台，医院面临前所未有的机遇和挑战。如何适应形势变化，创新工作思路，努力探索符合医院实际的经营管理模式，成为摆在各级卫生主管部门面前亟待解决的重要课题。加强医院内部审计工作风险意识，首先，转变观念，树立科学发展观，坚持以人为本。其次，更新观念，深化医院经济责任制，明确政府投资项目的投入主体，加大财政拨款比例，实行绩效工资，建立健全医院财务管理体制，健全医院内部会计监督制约机制。最后，积极推进医院信息化建设，构建现代医院管理体系，实现数字化医院。只有这样，才能更好地发挥审计监督作用，真正做到防患于未然。因此，医院要转变思维方式，树立现代审计理念，充分发挥内审机构在医院经营管理工作中的监督作用，积极探索新形势下开展医院内部审计的新思路、新途径，努力实现医院内部审计职能向综合效益审计方向转移，积极拓展社会服务领域。

二、医疗机构财务内审合规的内控要求

公立医院开展内部审计工作,可对日常财务活动起到约束作用,同时可检验医院管理制度的合理性。内部审计人员通过对重要影响事项进行事前、事中、事后的监督评价与风险评估,及时发现存在的问题,提出相应的解决措施,建立和完善内部控制制度,保证医院良性运行[一]。另外,内部审计人员开展业务收入增长点执行情况审计调研,分析比对新增医疗设备投入产出率,增强医疗设备预算编制、论证等流程的合理性,从而有效提升医院经济效益。在医疗改革新政下,药品零加成、"医联体"、"医共体"、分级诊疗、按病种付费、临床路径等举措,使公立医院运营环境发生了显著变化,政策风险与经营风险并存。内部审计需利用专业能力与技术或借助外部专家的力量,开展绩效审计和加强咨询服务,助力医院日常运营和内部控制机制等的建立和完善,调动各方的积极性,保障医院的可持续运营。

(一)内部控制评价体系构建的整体思路

公立医院采用"分类事项管控设计"的方法,整理出与经济行为密切相关的关键管理指标,并以《行政事业单位内部控制规范》(以下简称《内控规范》)和内控体系框架为依据,梳理公立医院预算管理、收支管理、采购管理、建设项目管理、资产管理、合同管理、药品管理、科研项目管理8类专项经济业务内控机制和管理流程,建立分析框架。在此基础上,明确单位层面和业务层面各关键内控指标的名称、评价分值、指标说明、操作细则、支撑材料及其要素。

(二)内部控制评价体系的构建过程

内部控制评价体系的构建过程先后包括:根据《内控规范》形

[一] 林莎璐.公立医院内部审计存在的问题和对策探讨[J].中国乡镇企业会计,2019(11):218-219.

成公立医院内控运行评价指标体系框架，按照公立医院单位层面和业务层面进行分类；根据各管理目标的重要性、时间顺序和管理逻辑，对管理目标进行排序整理，制定公立医院内控运行指标评价体系的指标名称细化清单；将指标名称细化清单与评价指标体系框架进行对标，形成细化的公立医院内控运行评价指标名称清单（指标体系）；通过分析细化的运行评价指标内容进行穿行测试，明确每项指标涉及的流程、岗位、部门及相关的材料要求；通过穿行测试找到该指标能够明确的关键控制要素及支撑材料，作为指标的支撑材料及其要素；进行试点单位运行评价验证，根据验证反馈结果修改迭代。

（三）内部控制评价的标准说明

为确保内控评价标准清晰明确，便于操作执行及复核，需进一步明确指标名称、指标说明、评价分值及操作细则、支撑材料及其要素等。具体来说，指标名称是运行评价中具体的评价客体的名称，包含某项工作的开展与否、某项工作的职能所属、某项业务的具体内容、某个职责的工作流程等。

三、医疗机构财务内审合规的科技融合

在审视当前公立医院数据中心的建设现状时，可以看到尽管大多数医院已经建立了企业资源计划（ERP）信息系统平台，旨在实现全院系统平台化、业务一体化和应用智能化的管理目标，但仍然存在一系列问题[⊖]。这些问题主要包括信息系统复杂多样、数据标准不统一、接口不兼容等，都制约了信息的有效互通。即便是能够在一定程度上实现信息互通的公立医院，也面临数据传输规则、数据保存格式、数据表现类型等方面的巨大差异，甚至存在数据不匹配的情况。为了应对这些挑战，公立医院需要积极寻

⊖ 胡家奎.大数据背景下公立医院内部审计现状及改进策略[J].中国农业会计，2023，33（12）：64-66.

求解决方案，打破"数据孤岛"的困境。这意味着医院需要转变以往对信息数据的管理模式，按照全院统一的标准，将各业务系统、管理系统、运营保障系统的数据进行整合集成，形成一个集中、统一的"数据库"，为智慧医院的构建奠定坚实的基础。在大数据的运用上，内部审计部门可以依托这一整合后的平台，将原先分散在各个系统中、利用价值不高的信息汇集到"审计大数据中心"。通过对这些数据的分析，内部审计部门可以更深入地了解不同部门、项目和业务的需求，实现动态审计，提高审计工作的效率和准确性。同时，考虑到大数据技术的快速发展和变化，公立医院还需要做好数据中心的更新迭代工作。这包括及时优化数据传输效率、提升数据处理能力等方面，以确保医院管理效率能够随着技术的发展而不断提升。

在公立医院整体信息化变革的大背景下，大数据正成为内部审计领域的重要助手。因此，公立医院必须把握新形势，强化大数据思维，提升大数据引入效率，借助前沿信息技术，在打通传统审计边界、提高内审工作效率、降低审计成本、实现审计全覆盖的同时，为风险防控和未来发展提供前瞻性决策建议。

四、医疗机构财务内审合规的生态重塑方式

数字化审计对医院内部控制系统中审计、纪检需要重点督查内容进行分类，对重点领域、重点岗位的工作内容进行数据化处理。运用数字技术对原始数据进行转换、整理、加工、分析、验证等，形成中间表，之后运用查询分析、多维分析、数据挖掘等多种技术方法在中间表的基础上构建模型，通过平台的分析模型进行数据访问和数据挖掘，发现异常或者疑点。这样监督人员就能根据平台分析结果确定重点，进行精确延伸，从而收集审计证据。

大数据在我国各行各业应用广泛，新技术的蓬勃发展也带动了各企事业单位管理模式的转变和管理效率的提升，近年来这一变

化也延伸到公立医院。2021年，国务院办公厅印发《关于推动公立医院高质量发展的意见》，鼓励公立医院创新管理体制和运营模式，对公立医院科学化、精细化管理提出了更高的要求，这使其在引入大数据方面的需求越来越迫切。与此同时，多家公立医院为响应国家医疗改革号召，在医保支付便捷化等工作上依托大数据开展了有益探索。

这些措施虽然带动了医院管理模式的优化和效率的提升，但也给公立医院的内部审计工作带来了新的挑战，如部分地区在政府采购督导、医保飞行检查、医院内部预算执行方面的审计上先后暴露出多个问题。究其原因，主要是公立医院经过多年的发展，基本上建立了庞大的信息管理系统，这些系统依托于复杂的信息平台，日常产生的数据量非常大，但各医院信息系统、医嘱系统、综合办公系统、财务系统、病案系统等条块化特征明显，独立性较强。受制于信息流通不畅、数据传输滞后、手工处理效率低等因素，面对公立医院前端业务环节和流程的调整，传统的审计方式已无法满足实际需求。

为保障日常运营，目前绝大部分公立医院建立了相对完善的业务模块系统。但由于设计理念、运营时间、上线背景等因素的差异，各个系统之间的连通性较差，内部审计工作在数据的提取、梳理、交叉分析等方面仍然停留在手工操作阶段。在这种情况下，内部审计工作最大的制约因素就是可获取大数据的技术平台少，工作人员无法批量、动态获取不同系统的数据，不得不依赖经验，这就使内部审计与业务融合的效果欠佳。在大数据背景下，内部审计能否采取大数据模式，取决于公立医院内部信息系统是否完备。通过登录委属（管）医院和省属医院等规范化程度相对较高的医院的门户网站和卫健委等权威部门官方网站，搜索"大数据审计"等关键词可获取的信息较少，基本为各医院收费、建设工程等单一领域的大数据审计。

这充分证明，当前我国公立医院大数据审计的覆盖率仍然偏低，绝大多数公立医院仍采用手工审计模式或处于简单进行数据归集、分析的互联网审计1.0阶段，大数据审计工作刚刚起步。在信息化控制方面，与其他领域相比，近年来公立医院内部审计有关数据安全问题的案例不多，但主要原因是内审利用大数据力度不足、内审系统相对独立。随着后续内部审计接入医院数据平台，以及对云端数据的读取、存储量持续提升，公立医院必须提前考虑数据安全性，因为数据丢失或被窜改将直接影响公立医院内部审计工作成效。

第五节　医疗机构财务内审合规的途径

一、医疗机构建立财务内审合规的路径总览

公立医院在内部审计方面面临多重挑战。第一，其内部审计管理体制和独立性均受到一定程度的限制，使得内部审计工作的进行受到阻碍；第二，由于新的审计法修正草案尚未正式出台，内部审计在法律层面上的保障显得相对不足，与外部审计所享有的充分法律保障形成鲜明对比；第三，公立医院内部审计团队的人员配置较为有限，在工作中主要聚焦于对财务收支、经济合同、政府采购等常规项目的审计，而较少关注本单位在政策落实、风险防范、重要业务开展及重要职责履行等方面的审计需求。

随着医院党委或党组织对医院重要事项管理力度的加大，内部审计在保障医院运营安全和促进医院治理现代化方面的重要性越发凸显。然而，当前公立医院内部审计的现状与这一需求之间存在一定的差距，须将上述内容列为审计内容和重点⊖。内审合规

⊖　梁正辉.新时期公立医院内审的路径及保障措施［J］.环渤海经济瞭望，2021（12）：22-24.

实现路径如图 13-2 所示。

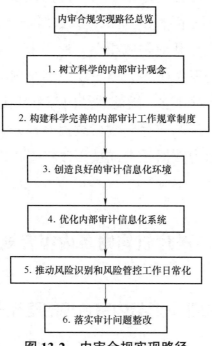

图 13-2 内审合规实现路径

二、医疗机构建立财务内审合规的路径分解

（一）树立科学的内部审计观念

公立医院内部审计机构应坚定贯彻新时代内部审计的发展理念，从医院管理的宏观战略视角出发，紧密结合医院的中心工作来规划年度审计计划。在推动内部审计向高质量发展的过程中，必须全面、准确、完整地贯彻新发展理念，确保内部审计的目标与医院整体发展目标高度契合。内部审计工作应从简单的"有无"问题检查，转向对"好劣"的深入评估，实现从传统的查错纠弊职能向推动组织治理体系和治理能力现代化的转变。同时，审计工作的重点也应从满足审计主体需求，转向更好地服务于审计客体，不断拓展审计的内容和范围。依托医疗大数据，内部审计应

深入开展医院经济责任审计，促进物资采购、经济合同、对外投资、合作项目运行、科研经费管理等专项审计的全面进行，有序推进审计全覆盖，从而为医院领导层提供有力、及时的信息支持，辅助决策制定。

（二）构建科学完善的内部审计工作规章制度

无规矩不成方圆。公立医院内部审计部门要按照审计法律法规及上级部门的相关文件，结合工作实际，建立科学完善的内部审计工作规章制度。首先，要明确内部审计在组织中的地位、性质、权限，以及内部审计工作具体内容；其次，要建立内部审计联席会议制度和实施办法，包含组织协调、审计内容、审计评价、审计程序、审计结果运用等内容；最后，要持续优化各项审计实施办法、内部审计工作程序规则、质量控制管理办法以及具体的各专项审计的制度文件，制定所涉及领域的审计规定或实施办法形成完整的内部审计工作机制，如经济责任审计实施办法、建设项目全过程审计实施办法、科研经费审计实施办法、审计整改实施办法、公务支出审计制度、审计公告制度等，以便审计机构能独立行使自己的职权和确保审计工作的公正与公平。

（三）创造良好的审计信息化环境

为了保障公立医院内部审计信息化建设的顺利推进，主观上提高内审人员的信息化认知、客观上构建优良的审计信息化环境至关重要。内部审计信息化建设不应仅仅停留在口号层面，公立医院需要在实际行动中体现出对其重要性的深刻认识。

首先，公立医院领导层和管理团队应高度重视内部审计信息化建设，深入了解其风险防范功能及内部审计工作的具体流程。领导层的理解和支持是信息化建设的基石，将内部审计信息化建设纳入医院经营管理的整体框架，充分意识到其重要性，是有效推动内审工作顺利开展的关键。

其次，公立医院应当全面培养全体员工对内部审计信息化的意识和认知，清晰阐述其概念和作用。这不仅是强调内部审计工作的重要性，更是要激发员工的配合和支持，减少工作协作中的障碍，从而提高内部审计工作的效率和效果。

最后，公立医院应构建互联互通、信息共享的信息系统，确保内部审计工作与各部门信息系统之间的数据同步和流通。这样做能够充分发挥内部审计的作用，避免内部信息数据缺失或不一致而导致审计工作困难。

综上所述，从以上这三个方面出发，公立医院可以全面提升对内部审计信息化建设的认识，为内部审计工作的顺利开展创造有利条件。

（四）优化内部审计信息化系统

目前市场上的内部审计信息化软件普遍未能全面展现内部审计的多元职能，特别是在风险防范方面的作用。因此，优化审计系统成为实现内部审计信息化风险防范功能的关键。公立医院在选用内部审计信息化软件时，往往会因为对软件功能理解不足及软件供应商未能充分调研医院实际需求，导致软件应用与医院具体环境脱节，极大地降低了审计效率。为解决这一问题，公立医院需要更深入地分析自身需求，选择合适的内部审计信息化系统。同时，软件供应商也应积极与医院沟通，根据医院的实际情况开发定制化的软件产品。例如，公立医院可以积极参与到软件的研发过程中，以标准化的信息化审计软件为起点，与软件公司深入交流，明确需求、考虑操作便捷性和成本效益，共同开发出适用于不同公立医院的专用内部审计信息化系统。在资源有限的情况下，公立医院和软件供应商需要找到平衡点，既要保证软件的适用性和功能完善，又要保证软件供应商的合理利润。这样的合作模式将有助于公立医院开发出真正符合自身需求的审计软件，提升内部审计的质量，同时也为软件供应商提供了更广阔的市场空间，实现双方的共赢发展。

（五）推动风险识别和风险管控工作日常化

为响应党的最新指导方针，公立医院内部审计部门需将风险管理作为日常工作的重要内容，并严肃对待党赋予的职责与使命；首先，完善医院的风险管理体系，构建一个清晰、有效的风险管理组织架构；其次，明确风险管理各岗位的职责与权限，确保责任到人，形成严密的责任体系；最后，在此基础上，通过建立健全风险管理和内部控制的相关制度，对医院在新形势下涵盖的12项关键业务领域进行日常性的监督与评估，为医院的稳健运营保驾护航。

（六）落实审计问题整改

审计工作的成效不仅体现在发现问题上，更重要的是对问题的整改与解决。单纯重视问题发现而忽视整改，将无法推动管理水平的提升。因此，医院党委应高度关注整改工作，确保整改措施得以有效实施。在这一过程中，内部审计部门扮演着关键角色。该部门需细致建立整改台账，对已完成的整改进行逐一核对与确认，同时针对尚未完成整改的问题，应积极与被审计部门沟通，协调各方资源，共同推动整改工作的顺利进行，以实现管理水平的全面提升。

第六节 医疗机构财务内审合规的实践指引

一、数字化审计平台设计

（一）数字化审计平台概述

近年来，公立医院在信息化建设方面取得了显著进展，已经建立了涵盖医院管理、医疗、护理、财务运营、后勤保障等多个方面的平台，信息化管理和应用水平较高，积累了大量的数据资源，为研究工作奠定了坚实基础。为了满足实际工作需求，编委群组织团队致力于探索构建一个基于信息系统运行现状和审计要求的数字化审计平台（简称"平台"）。该平台旨在实现审计工作的全覆盖，强调规范化和精益化，依托大数据和规则引擎技术，将大数据技术与审计方法、外部数据资源与内部信息利用、业务运营与审计监督服务、过程管理与结果应用等方面紧密结合，推动审计模式的创新，在很大程度上促进了基于数据的决策方式变革⊖。

（二）总体架构

数字化审计平台总体架构分为数据中台、数据治理、数据应用三个层级，如图 13-3 所示。数据中台是整个架构中最基础、最重要的部分，包括大数据存储平台、大数据开发平台和数据治理平台。数据中台主要是从各级管理系统、生产系统/设备、外部数据

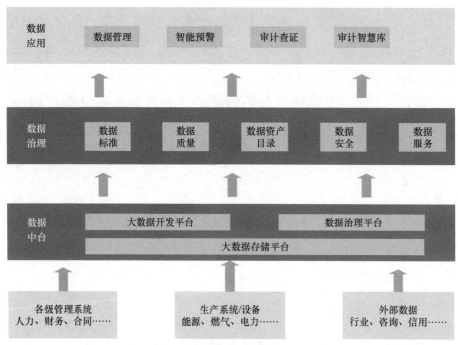

图 13-3　数字化审计平台总体架构

⊖ 祝芳芳，操礼庆，程敏，等.高质量发展背景下公立医院数字化审计平台建设与应用［J］.中国卫生经济，2023，42（10）：80-84.

等采集获取的镜像数据；数据治理主要包括日常管理收集的行业、咨询、审计库等外部数据。数据治理层具备大数据的数据标准、数据质量、数据资产目录、数据安全、数据服务等实现医疗海量数据的分布式存储；数据应用层为审计业务扩展创新提供技术保障。通过以上技术对数据进行抽取、清洗和转换，形成统一的数据标准，支撑应用层功能的实现，是大数据运用能力的集中体现。数据应用层包括数据管理、智能预警、审计查证和审计智慧库等业务应用，对各个模块进行详细设计，分别服务于数据采集治理、审计结果的多维度分析、审计疑点的查证举证和审计依据的提供，是平台架构中的核心部分。

二、数字化审计平台功能模块与价值

（一）主要功能模块

数字化审计平台包括数据管理、智能预警、审计查证、审计智慧库四大功能模块，支持医疗服务价格、药品、耗材、预算执行与财务收支、基建工程、经济合同、招标采购七大领域的应用，能够实现预警性提示、智能化审计、可视化管理。

1. 数据管理模块

数据管理模块是一个基于大数据技术的核心组件，它负责审计对象原始数据的全面采集、高效处理与精准装载。这些数据随后被分布式地存储在审计业务模型中，以支持对业务数据的深入分析和应用。通过精心构建的审计模型，该模块为智能预警系统、审计查证工具和审计智慧库的建设与应用提供了关键的数据输入和技术支撑。数据管理模块包含4个关键子功能：数据采集、规则模型管理、展示字段管理和数据调度管理。数据采集功能以可视化方式展示审计所需源数据的采集情况，以适应不同审计业务类型的需求，展现相应的数据表信息。规则模型管理功能负责将审计规则从业务层面转化为计算机语言规则，并固化成审计模型，以便根据工作需要实时、灵活地进行维护。例如，在医疗服务价格审计中，已成功构建了7个基于审计规则的审计模型，涵盖同日不兼容收费、超数量收费、超价格标准收费等多个方面。展示字段管理功能允许用户针对每个审计规则个性化选择需展示的字段名称。以经济合同审计为例，对于"合同与招标文件不符"这一审计规则，用户可以在该界面选择性地勾选合同编号、合同类别、签订时间、合同金额、归口科室等字段，勾选并保存后，审计结果将根据这些维护字段进行展示。数据调度管理功能根据源数据的接入调度情况，分为离线数据调度和实时数据调度两种模式。离线数据调度主要针对离线导入的数据，而实时数据调度则针对通过数据库接口实时导入的数据。这两种模式均能显示目标表名称、数据源类型、数量及调度时间等关键信息，确保数据调度的准确性和效率。

2. 智能预警模块

智能预警模块是通过引入医院制度、审计规则及模型、审计问题、内部控制要求等建立风险评估体系，设置多维化预警指标，对违反审计规则或超出标准指标范围的事项进行自动预警、自动跟踪，实时捕捉审计线索，生成审计记录，形成审计分析报告，并能够根据数据输入信息的变更，自动更新预警结果，达到实时分析、动态预警的效果。该模块可针对某一时间段、不同院区、审计业务类型所涉及的风险数、风险涉及金额、风险涉及部门（科室）数、涉及风险规则等进行风险指标预警，还提供分组排序、分类汇总、图表统计等可视化分析展示。以基建工程审计为例，预警模块能够自动分析某一时间段内工程项目的送审金额、审定金额、核减金额、送审项目数量等，若出现与事前设定的审计规则或指标范围偏离过大的情况，如送审金额超合同价10%、签证变更金额超30万元、实际工期超过合同工期等，则平台能够自动筛选分析，详细列示该事项所涉及的院区、具体项目、归口管理科室等信息，既能实现审计工作效率的提升和关键环节风险防控的目标，又能为领导层管理决策提供数据支撑。

3. 审计查证模块

审计查证模块是将智能预警生成的疑点数据进行挖掘分析，按照特定的审计业务领域自动比较业务数据，从疑点数据中查找审计线索、定位审计问题、在线举证去疑，集查证、反馈、整改、再反馈等管理流程于一体，实现资料交接留痕、全过程跟踪整改和闭环管理。该模块包括首页、医疗服务价格审计、药品购销存审计、耗材购销存审计、预算执行与财务收支审计、基建工程审计、经济合同审计、招标采购审计8个子功能。首页主要是对近半年审计情况、风险分布、问题分布、公告通知、待办事项等内容进行总体展示；其余7项子功能支持审计风险列表分类展示、具体审计清单数据查看，并能够将待查证记录自动推送至审计和业务部门，业务部门自查该事项是否合规、是否存在漏洞或缺陷，系统根据结果确认情况进行分类推送。

4. 审计智慧库模块

审计智慧库模块主要借助人工录入、关联发布渠道等方式对国家医保、药品、耗材、工程、财务等法律法规、制度文件、行业规范、审计规则进行整合和存储，形成结构化、模式化、易操作的知识集群，并按照业务类型分类保存，能够通过模糊或精确查询等方式进行相关内容检索，实现知识和信息有序化，帮助审计人员快速获取政策、规则的支撑，提供审计业务开展的经验、方法支持。该模块包括审计制度库、审计方法库和审计问题库3个子功能。其中，审计制度库主要围绕纪检监察、医疗改革、人力资源、财务资产、后勤管理、采购管理、科研项目、合同管理、工程管理九大类，制度以文本形式导入，以表格形式展示，包含制度名称、专业名称、文号、发文单位、文件属性、发文日期等；审计方法库主要围绕重大决策落实、经济责任、运营与绩效、工程建设与结算管理、内控和风险管理、八项规定九不准、问题整改七大主题进行审计方法的指引,以文本形式导入,以表格形式展示,包含前置审计的审计方法、具体数据、资料需求、现场审计的检查方法、现场资料需求等;审计问题库主要围绕"三重一大"决策、财务资产管理、物资管理、价格管理、招投标管理、合同管理、工程项目管理、内控和风险管理八大类,问题由平台自动归集,以表格形式展示,包括审计项目名称、被审计部门、实施年度、事实表述、问题涉及金额、法规依据、审计意见、整改责任部门、整改类型与期限、审计整改情况等。

(二)系统应用价值

通过建立和应用这一综合平台,能有效应对当前审计工作中遇到的数据提取困难、甄别复杂及利用局限等挑战。该平台依据统一的标准和规范,将医院财务、基建、物资、药品等各个业务系统的数据统一推送至基础数据库。同时,辅以传统审计业务的日常管理和丰富的历史数据,共同构建一个完善的审计基础库。这一举措使原本分散的医院数据信息得以集中整合,实现信息共享,从而为智慧管理和智慧审计的建设提供了坚实的数据支撑。这些审计模型的构建和应用使得组织能够持续监控医院关键业务领域和环节,自动识别和筛选潜在的审计风险点,进而进行针对性的核查。这种方式不仅减少了人工机械性重复的工作,而且有效提升了内部控制关键环节的风险监控和审计监督质量,为医院的稳健运营提供了有力保障。

在新的阶段,对于公立医院的运营与发展,内部审计的视野越发凸显其重要性。尤其是对于医院的财务管理而言,进行财务审计改革、优化内部管理机制成为提升整体运行效率的必经之路⊖。这意味着不仅要建立和完善一套健全的财务审计制度,确保审计工作的规范性和有效性,而且要不断更新和创新审计观念,以应

⊖ 周梦敏. 基于内审视角下医院财务审计创新策略 [J]. 活力,2023,41 (22):55-57.

对复杂多变的市场环境。为了确保医院财务收支的平衡和透明，强化对财务审计的监控与控制是必不可少的环节。这不仅要加大日常审计工作的力度，还要拓宽和扩展财务审计的范围，确保审计工作的全面性和深入性。此外，提高财务核算的准确性也是达成财务审计目标的关键。通过精确核算，能够更准确地把握医院的财务状况，为决策提供有力支持。综上所述，公立医院通过加强财务审计改革、优化审计观念、强化监控与控制、拓宽审计范围、建立新的数据库及加强人员培训等多方面的努力，能够有效提升内部管理水平，确保财务审计工作顺利进行，为自身健康发展提供坚实保障。

参考文献

［1］王益谊，杜晓燕，吴学静，等.《合规管理体系　要求及使用指南》标准解读与应用［M］.北京：企业管理出版社，2022.

［2］陈瑞华.企业合规制度的三个维度——比较法视野下的分析［J］.比较法研究，2019（3）：61-77.

［3］汤敏志，晏高兴，陆柏谕.合规管理的价值——从"两道防火墙"说起［EB/OL］.（2024-06-14）[2024-06-17］.https://mp.weixin.qq.com/s/4orTOeHbyrZwOFufcpcMfA.

［4］赫拉利.人类简史：从动物到上帝［M］.林俊宏，译.北京：中信出版集团，2017.

［5］冯钰.法人概念论［M］.北京：法律出版社，2021.

［6］陈瑞华.企业合规基本原理［M］.3版.北京：法律出版社，2022.

［7］陈瑞华.有效合规的中国经验［M］.北京：北京大学出版社，2023.

［8］周镕.企业合规管理全流程：政策讲解＋热点解析＋操作实务［M］.北京：人民邮电出版社，2023.

［9］解志勇，那扬.有效企业合规计划之构建研究［J］.法学评论，2022（5）：161-173.

［10］李本灿.企业视角下的合规计划建构方法［J］.法学杂志，2020，41（7）：76-77.

［11］陈瑞华.论企业合规的性质［J］.浙江工商大学学报，2021（1）：51-52.

［12］陈瑞华，李玉华.企业合规与社会治理［M］.北京：法律出版社，2021.

［13］李铁铮.合规管理的历史溯源：从美国司法实践到ISO 19600合规管理国际标准［EB/OL］.（2017-05-25）[2024-06-10］.https：//www.senior-rm.

com/newsmorelist.aspx？nid=114.

［14］陈瑞华.企业合规视野下的暂缓起诉协议制度［J］.比较法研究，2020（1）：1-18.

［15］陈瑞华.论企业合规的中国化问题［J］.法律科学（西北政法大学学报），2020（3）：34-48.

［16］李玉华.企业合规与刑事诉讼立法［J］.政法论坛，2022（5）：91-102.

［17］行海洋.【新京报】专访最高检第四检察厅厅长张晓津：推进涉案企业合规改革刑事诉讼全流程适用［EB/OL］.（2024-03-06）［2024-06-20］.https：//www.spp.gov.cn/spp/zdgz/202403/t20240306_647533.shtml.

［18］肖远企.合规管理模式的变迁路径及其启示［J］.银行家，2006（9）：34-38.

［19］郭凌晨，丁继华，王志乐.企业合规管理体系有效性评估［M］.北京：企业管理出版社，2021.

［20］陈瑞华.有效合规管理的两种模式［J］.法制与社会发展，2022（1）：1-5.

［21］王益谊，吴学静.《合规管理体系 要求及使用指南》标准解读［J］.冶金管理，2023（14）：24-31.

［22］陈瑞华.企业合规基本原理［M］.2版.北京：法律出版社，2021.

［23］李素鹏，叶一珺，李昕原.合规管理体系——标准解读及建设指南［M］.北京：人民邮电出版社，2021.

［24］孙旭.深度合规管理体系、审查与实践［M］.上海：上海人民出版社，2020.

［25］郭华，李伟，周游，等.中央企业合规管理办法理解与适用指南［M］.北京：中国法制出版社，2022.

［26］吴巍.企业营商风险与合规指引［M］.北京：法律出版社，2020.

［27］陈瑞华，李玉华.企业合规与行政监管［M］.北京：法律出版社，2023.

［28］卢意光.医疗合规典型案例解析［M］.北京：中国法制出版社，2023.

［29］王岳，万欣，辛红.中国医药企业与医疗机构合规蓝皮书（2019—2020）［M］.北京：人民日报出版社，2021.

［30］李雪芳，谭德国，吴迪，等.医院采购合规管理体系［M］.北京：法律出版社，2023.

［31］舒勇，邓爱平，扬帆，等.企业合规管理体系建设热点60问［M］.北京：中国法制出版社，2023.

［32］曹志龙.企业合规管理操作手册［M］.北京：中国法制出版社，2024.

［33］潘琼.合规管理——一个首席合规官的工作手记［M］.北京：机械工业出版社，2024.

［34］法盟，孔祥俊.企业合规实务指引［M］.北京：中国法制出版社，2023.

［35］恒兵.企业合规理论与实践［M］.广州：羊城晚报出版社，2022.

［36］丁继华.六步法创建有效的企业合规管理体系［J］.中国外汇，2019（14）：1-3.

［37］最高人民检察院涉案企业合规研究指导组.涉案企业合规办案手册［M］.北京：中国检察出版社，2022.

［38］刘相文，王德昌，刁维俣，等.中国企业全面合规体系建设实务指南［M］.北京：中国人民大学出版社，2019.

［39］德鲁克.卓有成效的管理者［M］.许是祥，译.北京：机械工业出版社，2019.

［40］夏莽，黄炜.我国公立医院内部控制建设现状分析——基于公立医院内控体系框架研究的发展历程［J］.中国医院，2014，18（2）：76-78.

［41］黄文艺.推进中国式法治现代化 构建人类法治文明新形态——对党的二十大报告的法治要义阐释［J］.中国法学，2022（6）：5-26.

［42］谈在祥，孙煦.现代医院管理制度下我国公立医院法治化建设研究［J］.卫生经济研究，2021，38（6）：3-5，9.

［43］李奋飞.涉案企业合规改革中的疑难争议问题［J］.华东政法大学学报，2022，25（6）：23-37.

［44］刘艳红.企业合规责任论之提倡——兼论刑事一体化的合规出罪机制［J］.法律科学（西北政法大学学报），2023，41（3）：89-102.

［45］陶朗道.论中国治理企业违法的和解合规模式［J］.东北大学学报（社会科学版），2021，23（2）：89-95.

［46］朱萍，兰鑫宇，姜伊菲.超百位院长书记被查"合规"成医院药企必修课［N］.21世纪经济报道，2023-08-02（12）.

［47］江必新，袁浙皓.企业合规管理基本问题研究［J］.法律适用，2023（6）：11-23.

[48] 张伟珂.企业合规视角下单位意志的认定逻辑[J].河北法学，2023，41（9）：60-76.

[49] 张远煌，秦开炎.合规文化：企业有效合规之实质标准[J].江西社会科学，2022，42（5）：124-138，207.

[50] 汪志明，邱智渊，林建华.JCI评审与国内综合医院管理评估的比较研究[J].中国卫生质量管理，2008（6）：20-22.

[51] SZALADOS J E. The medical-legal aspects of acute care medicine: a resource for clinicians, administrators, and risk managers [M]. Berlin: Springer, 2021.

[52] 杨华.美国医疗保障欺诈的内部规制及其启示[J].医学与法学，2022，14（4）：39-45.

[53] SCHACHTER S C, MANDELL W, HARSHBARGER S, et al. Managing relationships with industry: a physician's compliance manual [M]. New York: Academic Press, 2008.

[54] HHS-OIG. Fraud risk indicator [EB/OL].（2024-03-12）[2012-09-05]. https://oig.hhs.gov/fraud/fraud-risk-indicator/.

[55] 威廉斯，史密斯，扬.风险管理与保险[M].马从辉，刘国翰，译.北京：经济科学出版社，2000.

[56] 孙倩影，孙静，李彦彦，等.公立医院合同分类分层管理研究[J].中国医院，2023，27（7）：98-101.

[57] 徐凌.基于内部控制的公立医院经济合同管理研究[J].卫生经济研究，2019，36（9）：35-37.

[58] 梁琳，宣雅波，郭玉红，等.医院依法执业自查指标体系构建研究[J].中华医院管理杂志，2023，39（3）：189-194.

[59] 郑鑫，王明雪，郑宇.合规文化是强化合规管理基础的必然选择[J].农村金融研究，2013（1）：5-9.

[60] 高磊.合规文化的体系地位及其实践路径[J].财经法学，2024（1）：72-86.

[61] 杨阳腾.企业合规体系如何构建——深圳市宝安区打造企业合规示范区调查[N].经济日报，2022-12-29（12）.

[62] 樊王义.大合规体系下企业合规文化的功用及其本土化培育[J].南海法学，2023，7（3）：34-45.

［63］陈瑞华.中兴公司的专项合规计划［J］.中国律师，2020（2）：87-90.

［64］马俊驹，聂德宗.公司法人治理结构的当代发展——兼论我国公司法人治理结构的重构［J］.法学研究，2000（2）：78-90.

［65］赵秉志.论商业贿赂的认定及处理［J］.国家检察官学院学报，2006，14（3）：9-15.

［66］宋立礼.公立医疗机构工作人员收受回扣如何定性［EB/OL］.（2024-03-14）［2024-06-10］.https：//www.ccdi.gov.cn/hdjln/ywtt/202403/t20240321_336056.html.

［67］张娜，张玲，宋大平.医药购销领域商业贿赂问题分析及对策探讨［J］.卫生软科学，2023，37（9）：54-56.

［68］国家监察委员会，最高人民检察院.国家监察委员会、最高人民检察院关于印发行贿犯罪典型案例的通知［EB/OL］.（2022-04-20）［2024-06-20］.https：//www.ccdi.gov.cn/.

［69］施祖东.医疗机构反商业贿赂专项合规监管的设想［J］.中国卫生法制，2022，30（4）：44-47.

［70］马文瑞，于凯，姜茂敏.互联网医疗患者隐私保护对策探讨［J］.中国卫生事业管理，2021，38（5）：366-368，389.

［71］吴丁娟.大数据背景下医疗数据的隐私关注及其影响因素——基于保护动机理论的实证研究［J］.河南师范大学学报（哲学社会科学版），2020，47（5）：23-29.

［72］黄国彬，郑琳.大数据信息安全风险框架及应对策略研究［J］.图书馆学研究，2015（13）：24-29.

［73］甫瀚咨询.浅析医药企业的合规之路［J］.中国内部审计，2013（10）：78-79.

［74］王甜宇，张柯欣，孙艳秋，等.基于区块链的中医药大数据云存储共享方案研究［J］.中华中医药学刊，2022，40（2）：132-135.

［75］佘维，陈建森，刘琦，等.一种面向医疗大数据安全共享的新型区块链技术［J］.小型微型计算机系统，2019，40（7）：1449-1454.

［76］梅春英，王菡，李晓军，等.智慧医疗的伦理和法律问题及其应对策略［J］.中国医院管理，2023，43（3）：70-74.

［77］孙陈敏，田侃."互联网+"背景下移动医疗发展现状研究［J］.卫生经济研究，2019，36（8）：42-44.

［78］张瑞利，王刚."互联网"医疗服务供给：模式比较及优化路径［J］.卫生经济研究，2022，39（3）：32-37.

［79］汪盛玉.深层民生保障视域下"病有所医"的可行性路径探究［J］.广西社会科学，2023（9）：18-25.

［80］李立清，丁海峰."互联网＋医疗"背景下我国患者隐私泄露风险及防控策略［J］.医学与社会，2023，36（1）：57-63.

［81］国务院办公厅.国务院办公厅关于加强医疗保障基金使用常态化监管的实施意见：国办发〔2023〕17号［EB/OL］.（2023-05-31）［2024-06-25］.http：//www.ningnan.gov.cn/sy/zgzfw/202305/t20230531_2489984.html.

［82］张卿.现阶段医疗保障基金监管的最优执法理念和共治路径研究［J］.中国医疗保险，2021（5）：35-39.

［83］国家医疗保障局.关于公布《2022年国家基本医疗保险、工伤保险和生育保险药品目录调整工作方案》及相关文件的公告［EB/OL］.（2022-06-29）［2024-06-25］.https：//www.nhsa.gov.cn/art/2022/6/29/art_62_8340.html.

［84］向国春.从德国实践看医保药品支付标准［J］.中国社会保障，2018（1）：80-81.

［85］常峰，崔鹏磊，夏强，等.德国药品参考价格体系对构建我国医保支付标准的启示［J］.中国卫生政策研究，2015，8（7）：55-60.

［86］陈俊强，梁冰，林汉城，等.以智能化信息技术促进医院医保精细化管理——以广西某三甲医院为例［J］.中国医疗保险，2020（12）：57-58.

［87］魏永.新医改形势下医院提升医疗质量与加强成本费用管控的思考［J］.新金融世界，2020（2）：191-193.

［88］翁燕榕，李秋艳.医保合规自查平台在院内医保精细化管理中的应用［J］.福建医药杂志，2023，45（4）：132-133，179.

［89］丁锦希，白庚亮，黄泽华，等.药品医保支付价格制度框架下的支付模式实证研究［J］.中国医药工业杂志，2015，46（6）：647-652.

［90］但彦铮.国家智慧医保实验室助力医保制度改革实现"智"的飞跃［J］.中国医疗保险，2021（8）：22-25.

［91］张卿.加强医保基金使用常态化监管的特定目标和主要路径［J］.中国医疗保险，2023（9）：27-31.

［92］最高人民法院，最高人民检察院.最高人民法院、最高人民检察院关于

办理诈骗刑事案件具体应用法律若干问题的解释（法释〔2011〕7号）[EB/OL].（2011-04-08）[2024-06-20］. https://www.court.gov.cn/zixun/xiangqing/2472.html.

［93］陈兵，夏迪旸.平台经济常态化监管的路径研究［J］.中国市场监管研究，2023（3）：30-35.

［94］赵灵敏.新时代公立医院内部审计职能定位与实现路径探究［J］.经济师，2022（3）：92-93，95.

［95］姜赟.新形势下医院内部审计工作开展路径探索［J］.市场周刊，2020，33（12）：91-93.

［96］陈涛.内部审计转型助推医院高质量发展的策略探究［J］.财经界，2023（22）：165-167.

［97］王怡.强化医疗机构内部审计提升医疗服务质量［J］.中国商界，2023（6）：62-64.

［98］王福乐.风险导向的L公立医院内部审计研究［D］.沈阳：沈阳工业大学，2018.

［99］林莎璐.公立医院内部审计存在的问题和对策探讨［J］.中国乡镇企业会计，2019（11）：218-219.

［100］胡家奎.大数据背景下公立医院内部审计现状及改进策略［J］.中国农业会计，2023，33（12）：64-66.

［101］梁正辉.新时期公立医院内审的路径及保障措施［J］.环渤海经济瞭望，2021（12）：22-24.

［102］祝芳芳，操礼庆，程敏，等.高质量发展背景下公立医院数字化审计平台建设与应用［J］.中国卫生经济，2023，42（10）：80-84.

［103］周梦敏.基于内审视角下医院财务审计创新策略［J］.活力，2023，41（22）：55-57.